円高・円安と
バブル経済の研究

松本　朗 著

駿河台出版社

まえがき

　2001年、21世紀を迎えたこの年の春、門出を祝福する桜が一層の彩りを増していたのとは裏腹に、日本経済は深刻な不況にあえいでいる。『失われた10年』に対する本質的で真摯な経済分析がないまま、不良債権一括処理をもとめる政策が宣伝されている。日本経済の先行きを一層暗くしているものこそ、失業者がさらに増えることを当然のことのように受け入れさせようとするこの論調である。その一方で、日本銀行が「マネー・サプライを増やす政策をしていない」とする批判と「調整インフレ」待望論とを背景にした「金融の量的緩和」政策なるものが声高に叫ばれている現状をみると、我々国民はいったいどこに向かって舵取りされているのか懐疑的にならざるを得ない。

　'80年代、いち早くスタグフレーションから抜け出した優等生国であった日本経済がバブルに浮かれた時代を経て今日のような状況を呈しているのは、市場原理至上主義という旗頭の元、市場開放と規制緩和を手始めにすべてをマーケット・メカニズムに任せようという政策を採り続けてきた結果ではなかったのだろうか。にもかかわらず、今日の状況下でもまだ、「マーケット・メカニズム」に基づいた「効率的」経済運営によってのみ、神のみえざる手は救いの道を開いてくれるかのような欺瞞が渦巻いている。

　本書の中心的な課題は、変動相場制移行後に展開されてきたこうした市場原理至上主義の経済運営が、どのような形でわが国経済をゆがめてきたかを明らかにすることである。そうした課題に接近するために、本書では次の3つの柱をおいた。第1に、変動相場制移行後、為替相場理論はもっぱら為替相場の変動にのみ目が奪われるようになってきており、為替相場の絶対水準についての研究がおろそかになってきている。そこで、為替相場の水準という問題を意識しながら、変動相場制移行後の外国為替相場変動の要因を、実質的要因と名目的要因という二要因に峻別し、その内容と特徴とを検討した。さらに、変動相場制下の為替相場のあるべき水準＝絶対的水準を実証的に明らかにすることを試みた。第2は、理論研究での成果をできるだけ現実問題へと応用展開するこ

とである。本書で獲得された理論ツールによって、変動為替相場制下における円ドル相場変動の特徴とその日本経済への影響を析出した。さらに、バブル経済の構造的要因を明らかにするために、わが国バブル経済の発生・崩壊と円相場との関連を考察した。その際、国内面でのマネー・サプライ問題にも言及した。第3に、地域経済の視点にたって、変動相場制とバブル経済あるいは金融構造改革の影響を考察することである。

　本書の各章の構成は次の通りである。
　第1章では、マルクス為替相場理論を概観し、外国為替相場変動の二要因——実質的要因（一国の対外取引の結果）と名目的要因（通貨価値の比率）——の内容を検討し、その特徴を明らかにした。第2章では、外国為替相場変動の実体経済（特に対外経常取引）への作用の異同に着目して為替相場変動の二要因を分析した。第3章では、比較生産費構造と為替平価・為替相場との関係を理論的に分析し、そこから導出された理論によって内外価格差の発生と拡大の問題を分析した。第4章では、これまでの理論分析に基づいて、為替相場の「あるべき水準」（絶対水準）を推計することを試みた。具体的には、変動相場制下における円ドル相場を取り上げて、推計した。算出された絶対水準を「調整PPP」と呼び、現実の為替相場がそこからどの程度離れているか（PPP Gap）によって円のドルに対する過大評価あるいは過小評価が規定されると主張した。さらにこの章では、これまでの理論分析の前提をなしている現代の金の貨幣性についての考察を行った補論を付した。
　第5章では、バブル経済の理論的意義と発生原因について分析を行った。その際、特に、'80年代後半以降に現れた日本のバブル経済発生とプラザ合意後の円高との関係に着目して分析を試みた。さらに、バブル崩壊とその過程で現れた円高との関係についても考察を行った。第6章は、バブル崩壊過程で発生した国内の通貨問題に目を向けた章である。北海道拓殖銀行および山一証券の破綻の際にとられた日本銀行の緊急融資（いわゆる日銀特融）がインフレーションの原因になるのか否かという問題提起を受けて、日本銀行券の発行メカニズムとインフレーション発生との関係を考察した。その際、バブル期に造られ

た巨額な架空金融資産（いわゆる不良債権）処理の理論的意義についても触れた。第7章では、バブル期の日本の対外投資に目を向け、バブル経済の世界的な拡大に対する分析を試みた。分析対象としてバブル期の日本の対米不動産投資に焦点をしぼり、それと円ドル相場および国内でのバブル発生との関連を明確にすることに分析を集中した。第8章では、'90年代の為替市場と為替相場変動の特徴を分析することに主眼をおいた。特に、実物経済を大きく上回る金融経済の拡大が国際経済の面でどのように現れているかを明らかにすることに焦点をあてた。第2に、'90年代の円ドル相場変動がどのような特徴を持っていたかを分析した。

第9章以下では、地域経済に射程をおいた。第9章では、変動相場制下の外国為替相場変動が地場産業にどのような影響を与えたかを前章までに獲得された理論ツールを使って分析した。ここでは特に、円の過大評価が地場産業に与えたダメージの大きさに着目した。第10章では、'80年代から進んできた金融構造改革とそれに伴って着手された金融制度改革（いわゆる金融ビッグ・バン）の背景・概要・予想される影響などについて地域経済という視点に立って考察した。さらに金融ビッグ・バンによって現れてくると予想される影響に対して求められる政策的な課題についても言及した。

　本書執筆に際して書きおろした部分もあるが、ほとんどの章がすでに何らかの形で発表したものを基礎においている。だが、できるだけ加筆・修正しており、新たなデータ・知見も含んでいる。ただ、内容の性質上、他章との重複が見られたり、データがやや古くなっていても、最低限の修正にとどめて発表当時のまま載せた論文もある。

　いずれも愛媛大学法文学部に赴任後に発表してきた論文である。その点で、本書の上梓にあたり、職場である愛媛大学の教職員の方々にまず感謝の言葉を述べたいと思う。大学改革と大学多忙化現象の中でやりくりをしながら、研究を継続できる環境を与えていただけたことが、拙いながらもこの一書をまとめることにつながった。特に、この間退官された小林漢二先生、西田博先生、そして所属講座の先生方に、御礼を申し上げたい。

松山大学の先生方をはじめとする愛媛および松山の方々にも多くのご高配を賜った。もともと縁の薄いこの松山の地において、親しくかつ温かく接していただけた十年を越える年月は筆者にとってはかけがえのない日々であった。

　振り返れば、二十年あまり前、母校・國學院大学において先生方と家族的な中にも厳しい師弟関係を持つことができたことが、今現在の生活の出発点であった。特に、恩師故酒井一夫先生、山田喜志夫先生、紺井博則先生には一言では言い尽くせないほどの学恩を賜った。先生方には、私生活における態度から始まり、学究の徒としての姿勢に至るまで、さまざまにご叱責、ご教示いただいたが、いまだに自省を繰り返すばかりである。すべてのお名前を挙げることができないことは誠に心苦しいのであるが、今に至るのも叱咤激励を下さる母校の先生方には改めて深謝する次第である。また、その後もつきあいの続く大学院時代の先輩・後輩諸氏にも同様に感謝の意を表したい。

　この他にも筆者の所属する金融学会、信用理論研究学会を中心とする学会関係の先生方に感謝申し上げなければならない。実に多くの先生方からご指導、ご叱責、激励を賜った。お名前を出す余裕が無く申し訳ないが、ここに感謝の言葉を記すことでご容赦いただきたく思う。

　なお、本書の出版にあたっては、日本学術振興会より科学研究費補助金（研究成果公開促進費）を受けている。また、本書の編集・出版には、（株）駿河台出版社遠藤慶一会長の温かいご助言と共に、同社井田洋二社長の多大のご配慮があった。記して感謝したい。

　最後に、私事にわたって恐縮であるが、本書をこの完成を待っていてくれた両親、そして亡き義母梅田とみ子に捧げる。

2001年初夏

熟田津をめぐる伊予松山において

松　本　　朗

目　次

まえがき

第1章　外国為替相場変動の二要因 …………………………… 1
　Ⅰ．はじめに……1
　Ⅱ．マルクス為替相場論の概観……2
　Ⅲ．為替相場変動の二要因とその特徴……3

第2章　外国為替相場変動の作用 ……………………………… 13
　Ⅰ．はじめに……13
　Ⅱ．為替相場変動の作用……13
　Ⅲ．二要因論への批判と留意すべき論点……21

第3章　外国為替相場変動と内外価格差 ……………………… 29
　Ⅰ．はじめに……29
　Ⅱ．本章の方法と前提……30
　Ⅲ．国民的生産性格差と為替相場……33
　Ⅳ．為替相場変動と内外価格差……41
　Ⅴ．留意点と今後の課題……42

第4章　変動為替相場制における円の
　　　　　過大評価と過小評価 ……………………………… 47
　Ⅰ．はじめに……47
　Ⅱ．事実上の為替平価の推計方法……47
　Ⅲ．事実上の為替平価とPPP Gap の推計……51
　補論　現代の金問題……58

第5章　バブルと円高 ……………………………………… 75

- Ⅰ．はじめに……75
- Ⅱ．バブルとは何か……76
- Ⅲ．バブル発生の構造的要因……78
- Ⅳ．超金融緩和政策（超低金利政策）と円高……80
- Ⅴ．円高不況とは何だったのか……82
- Ⅵ．バブル不況と円高……85

第6章　日銀特融とインフレーション ……………………… 97

- Ⅰ．はじめに……97
- Ⅱ．日本銀行券の発行と銀行の信用創造……98
- Ⅲ．日銀特融と日本銀行券……105
- Ⅳ．今後の課題……108

第7章　資本移動とバブル経済 ……………………………… 113

- Ⅰ．はじめに……113
- Ⅱ．日本の対米不動産投資……114
- Ⅲ．対外不動産投資、外国為替相場、利子率……119
- Ⅳ．巨額対外投資の構造的要因……125
- Ⅴ．むすびにかえて……128

第8章　'90年代の為替相場変動と為替市場 ……………… 131

- Ⅰ．はじめに……131
- Ⅱ．'90年代の外国為替市場と為替相場……132
- Ⅲ．インフレ格差の縮小と'90年代の為替相場変動……138
- Ⅳ．'90年代の円・ドル相場――実質的要因から――……142
- Ⅴ．むすびにかえて――ドルを支えた日本の対米投資――……147

第9章　変動相場制下の地場産業 ……………………… *151*

    Ⅰ．はじめに……*151*
    Ⅱ．分析方法……*152*
    Ⅲ．愛媛のタオル産業と変動為替相場制……*154*
    Ⅳ．変動為替相場制と造船業……*164*
    Ⅴ．むすびにかえて……*172*

第10章　地域経済から見た金融ビッグ・バン ……………… *177*

    Ⅰ．はじめに……*177*
    Ⅱ．「ビッグ・バン」という言葉……*178*
    Ⅲ．金融ビッグ・バンの概要……*179*
    Ⅳ．金融ビッグ・バンの背景……*182*
    Ⅴ．地域経済と地域金融……*189*
    Ⅵ．金融ビッグ・バンと地域金融……*190*
    Ⅶ．金融ビッグ・バンで予想される格差の広がり……*194*
    Ⅷ．CRA（Community Reinvestment Act）について……*196*
    Ⅸ．求められる行政の役割──自己責任原則の落とし穴──……*197*
    Ⅹ．むすびにかえて……*199*

あとがき

第1章　外国為替相場変動の二要因

I. はじめに

　戦後わが国マルクス経済学の為替相場論は、ニクソン・ショック後の為替平価調整の問題や変動相場制下の相場変動の分析へと応用することが試みられてきた。しかし、マルクスの為替相場変動についての議論は金本位制を前提にしている。そのため、マルクスが示唆した為替相場理論が今日のように明示的な為替平価を喪失した変動相場制下の相場変動分析へと発展展開できるのかどうかについて疑問が提起されてきた。そうしたこともあり、このような為替相場論をさらに展開しようとする作業も少なくなったように思われる。

　マルクス経済学における為替理論の現状という問題から離れてより一般的な状況をみてみると、変動相場制における為替相場変動を問題にする経済理論は、もっぱら為替相場の変動率あるいは変動そのものを問題とするようになり、為替相場の絶対的な水準を問題にしなくなったように思われる。例えば、「円高・円安」という言葉を使う場合、円相場が変化する方向を示す言葉として使われるようになり、そこでは為替相場の絶対的な水準は議論する余地が無くなったことがそうした事実を示しているのではないだろうか。

　しかし、その一方で、変動相場制移行後の相場変動が年を追うごとに大きくなり、為替相場の乱高下が目立つようになってきている現状から、経済的ファンダメンタルズを反映した「適正な為替レート」はどこにあるのかを問題にする議論が出てきた[1]。

　これに加えて問題になったのが、為替相場変動が対外収支、特に貿易収支や経常収支の動向へどのような影響を及ぼすかということである。例えば、通産省の『通商白書』（平成7年版）では、1985年のプラザ合意後の円高と1993年に始まった円高とを比較し、変動幅（円高率）ではプラザ合意前後の円高の方がはるかに大きかったにも関わらず、'93年以降の円高の方がその影響の程度が大きかったことを指摘して問題にしている[2]。

　今まで述べてきた事実によって指摘したいことは、為替相場の絶対的な水準

はどのように規定されるのかという問題と、為替相場変動がどのように対外取引に影響するのかという二つの問題が、変動相場制下においても依然として存在しているということである。本書の第1の目的は、マルクス為替相場理論の現代への展開を試みることであるが、それは同時にこれまで示したような変動為替相場制下で迫られている現実的な問題に一定の回答を示すことでもある。こうした課題へ迫るために、本章では出発点として基礎理論としてのマルクス為替相場理論について検討を加える。

Ⅱ. マルクス為替相場論の概観

マルクスの為替相場論は、『資本論』第3巻第35章における周知の指摘が起点である。以下、当該箇所を引用する。

「外国為替相場が変化しうるのは、
(1) そのときの支払差額によってである。これがどのような原因によって規定されるのか、すなわち、純粋に商業上の原因によってか、外国への資本投下によってか、それとも、戦争などにさいして外国で現金支払がなされる限りでの国家支出によってか、を問わない。
(2) 金属貨幣であれ紙幣であれ、一国における貨幣の価値減少によってである。これは純粋に名目的である。もし1ポンド・スターリングがいまでは以前の半分の貨幣を表わすにすぎないならば、自明のことではあるが、それは25フランではなく、12 1/2フランに換算されるであろう」[3]。

マルクスのこの指摘は、銀行制限期の通貨論争を嚆矢として古典派経済学によって展開されてきた為替相場変動論を継承してきたものと考えられている。ここで示された変動要因のうち(1)は、当該国の対外的な支払差額（例えば国際収支）の状況を反映する為替相場の変動要因であり、(2)は当該国通貨の対外価値を反映した為替相場変動を指摘したものであることは、周知の事実である。多くの論者がこの区別を出発点に為替相場変動要因についての議論を重ねてきており、さらに近年では、積極的にこの区別を適用し、現代の変動為替相場制

における相場変動分析を試みている[4]。

　次節では、このマルクス為替相場変動論の理論的な含意を検討し、為替相場変動の二要因とはなにか、という点を明らかにしていく。

Ⅲ．為替相場変動の二要因とその特徴

　交易の発展した二国間における貿易取引の決済は、金による決済か、どちらかの国の通貨建て為替手形による決済で行われる。為替手形の決済は為替手形の売買とその相手先への送付と呈示という行為を通して行われる。決済に使われる為替手形はどちらかの国の通貨建て手形であり、送金手形と取立手形の二つに区別される。この意味で為替手形は対外決済のための外貨請求権であり、対外債権と言い換えることができる。従って、為替手形による決済に際して成立する為替相場は、対外決済を行うために外国為替市場で購入する為替手形の価格、言い換えれば対外債権を売買するときに成立する価格[5]である。

　一方、二国間の決済では両国の異なった通貨の交換が必要となる。為替手形の売買にはこうした二国間通貨の両替という性格も含まれている。それゆえ、為替相場変動は、為替手形に対する需要・供給関係によって規定される側面と、二国通貨間の比較価値（二国通貨間の代表金量の比率）の変化によって規定される側面という二面性を持っている。為替平価（二国通貨間の代表金量の比率）は為替相場の水準をも規定しているので、上記為替相場変動の要因の二面性のうち後者の変化は為替相場水準の変化を規定するといえる。

　為替手形の需要・供給関係には、二国間のあらゆる取引が反映する。この「あらゆる取引」は、二国間の現実の経済取引関係の結果を示しているのであるから、これらに規定された市場の需要・供給関係を為替相場変動の「実質的要因」あるいは「実質性」と呼ぶ。

　ところでこれまでの議論では、この「為替の需給関係」をどのように捉えるべきか、あまり厳密な議論が行われてきていないように思われる。通常は、便宜的に、その内容を近似的に表す指標として国際収支統計を使用してきたといって良い。しかし、現実には「ある瞬間に決済されるべき貨幣額を表示する外国為替収支」[6]と異なり、今日の国際収支統計は外国為替市場の状況を近似的

にも表す指標とは言えない。そこでここで「実質的要因」という場合、次に述べる二国通貨の比較価値以外の要因、つまり為替市場での為替手形の需給量に影響するすべての要因を指すことにする[7]。

こうした立場の議論の特徴は次の点にあるといえる。すなわち、金本位制下においては、当該国通貨の価格標準に規定される為替平価を中心に、金現送点の範囲内で、日々の為替需給の状態を反映した現実の為替相場（いわゆるスポット・レート）が変動した[8]。このような相場変動法則は変動相場制下においても貫徹しており、現代の為替相場も通貨の事実上の代表金量を基礎とする当該国通貨の対外価値を中心に、現実の為替相場がその上下を変動している。確かに通貨と金との交換性のない現代では、為替相場変動が金現送点という範囲内に規制されることはなくなった。また、法制的な価格標準が失われ、明示的な形で通貨の代表金量を表わすことができなくなった。しかし、こうした現状においても相場変動の絶対的水準と実質的要因による相場変動の違いは重要である[9]という主張である。

本書では、この主張を肯定的に受け入れる。次項ではこの議論をさらに詳しく展開していく。

1. 固定相場制を前提に

すでに上で述べたように一般的に受け入れられていることは、古典派以来の経済理論はマルクスを含めて、為替相場変動の変動要因を(1)実質的要因と(2)通貨の比較価値（二国間の通貨の代表する金量の比率）の変更という要因とに区別して捉えてきたということである。そして現実の為替相場はこの二要因が複合した結果現象したものと定義する[10]。

ここからは、この二要因がどのように為替相場変動に作用するのかを考察してみたい。まず、固定相場制を代表させて金本位制を前提に考えてみよう。

金本位制下では一国内において当該国通貨の代表する金量（価格標準）が法制的に決められており、この法制的な価格標準は中央銀行における無制限兌換によって保証されていた。このような通貨を兌換通貨と呼び、その通貨の価値は法制上の価格標準によってその通貨の代表する金量として確定された。従っ

て、金本位制を採用する二国間では、この法制上の価格標準に基づいて二国間通貨の比較価値が必然的に確定する。さらに、この比較価値に基づいて二国間の為替相場の基準である為替平価が成立する。

　今仮にこの二国間のどちらかで価格標準が変更されるような事態が起こった場合を考える。例えば、1円＝金0.01gという価格標準が1円＝金0.005gに切り下げられたとしよう。この時相手国（例えば、アメリカ）において価格標準（ここでは＄1＝金1gとする）に変更がないとすれば、為替平価は必然的に100円＝＄1から200円＝＄1へと変更されるはずである。この為替平価の変更は、為替市場における手形の需要・供給を規定する実体経済の動向の反映ではなく、あくまで通貨の代表金量の変更という通貨側の要因によって起こったものである。それゆえ、このような為替平価の変更を引き起こすような貨幣的側面からの要因を為替相場変動の「名目的要因」あるいは「名目性」と呼ぶ。

　実質的要因による為替相場変動と名目的要因による為替相場変動との関係を次に考えてみよう。

　上で述べたように、為替相場は為替手形の価格であるから、為替市場での為替手形の需給に変化が起きれば、つまり実質的要因が作用すれば、絶えず変動し続ける。しかし、為替手形の価格が為替平価±金輸送費の点（金現送点）を越えることになれば、金それ自体を送金し決済した方が有利であるので、対外決済はもっぱら金決済されることになる。したがって、為替相場が金現送点を越えれば、為替市場での為替手形の売買は行われなくなり、為替相場は金現送点に張り付くことになる。このように金平価に基づく為替平価が存在している金本位制下では、金現送点が実質的要因に基づく為替相場変動の「アンカー」の役割を果たす。

　金現送点＝為替平価±金輸送費であるから、為替平価は相場変動の中心点である。言い換えれば、金現送点という「アンカー」の支持点（中心点）をなす。したがって、為替平価の変更をもたらす為替相場変動の名目的要因は、実質的要因に基づく為替相場変動の支持点（中心点）を変動させるという役割を果たす。

　同じ固定相場制である旧IMF体制下での特徴を次に考えてみる。国内的に兌換が行われているか否か。つまり、金平価に基づく為替平価が存在している

かどうかの相違はあるものの、旧 IMF 体制は人為的な固定相場制であった。それゆえ、基本的には金本位制下における相場変動の特徴が旧 IMF 体制下でも見られる。つまり、為替の需給関係に基づく実質的変動要因と通貨の事実上の代表金量の比率に基づく名目的変動要因という二重の要因によって為替相場は変動する。

　国内的に不換制に移行している旧 IMF 体制下では金本位制と異なって為替相場の固定（IMF 平価の上下 1％以内）は、通貨当局の介入という人為的手段によって達成されていた。したがって、人為的であるにせよ相場が固定されていたという点から見れば、旧 IMF 体制下における介入点は、相場変動の「アンカー」を意味し、旧 IMF 平価は相場変動の中心点（支持点）という役割を担っていた。

　国内的には管理通貨制に完全に移行した旧 IMF 体制は、常にインフレーションの脅威に、つまり名目的要因による為替平価変更の脅威にさらされている。他方、IMF 平価は、平価である以上、二国間通貨の比較価値（代表金量の比率）によって規定されている[11]。従って、旧 IMF 平価は二国間のインフレ率格差によって影響を受けるといえる。逆に、両国のインフレ率が等しければ IMF 平価の変更には至らない（名目的要因による為替変動は起こらない）。この点を以下で考えて見よう。

　例えば、どちらか一方の国の通貨にインフレーションが発生した場合、事実上の為替平価の変動に対応して現実の為替相場は変動し、相場は IMF 平価±1％の上下どちらかの介入点に張り付くであろう。ここで、為替の需給関係に変化が無い、つまり為替相場の実質的要因に変化が無いと仮定し、事実上の為替平価の変動を引き起こすインフレーションの程度が、旧 IMF 体制の介入点よりもっと大幅なものであったとしよう。すると、通貨減価に伴って介入点に張り付いた現実の為替相場は、事実上の為替平価よりも高い点ないしは低い点にあると言える。これは、後の章でみるように、相場の過大・過小評価が存在している状態である。この状態のままでは、インフレ国にとっては貿易上不利が、非インフレ国にとっては貿易上有利が発生し、貿易収支の不均衡（黒字）が発生する。このように、名目的要因によって事実上の為替平価が変動してい

るにもかかわらず、現実の為替相場が事実上の平価の点まで調整されていない矛盾が貿易収支不均衡という形で集中的に現れる。

　この矛盾は次の二つの方向で解決される。第一は、通貨当局による固定相場維持のための介入及び金融政策である。インフレ国では、自国通貨の相場の下落を防ぐための介入が行われ、同時に金融引き締め政策も採られることになるから、インフレが抑制される。この結果、事実上の為替平価が上昇し、IMF平価の下限に張り付いた現実の相場と一致し、インフレ国通貨の過大評価は解消される。

　さて、非インフレ国ではどうであろうか。非インフレ国では自国相場の上昇を抑えるための相場介入と金融緩和政策とが採られることになるから、インフレ促進的に働く（いわゆる調整インフレ[12]）。仮にこのような操作によって国内インフレが発生したとすれば、非インフレ国通貨の事実上の為替平価は下落し、IMF平価の上限に張り付いていた現実の相場と一致し、非インフレ国通貨の過小評価は解消され、貿易収支の黒字は減少する。

　第二の調整は平価変更という形で行われる。上記したように、名目的要因による事実上の為替平価の変更は、インフレ国と非インフレ国との間の貿易収支不均衡という形で集中的に現れる。事実上の為替平価と現実の為替相場の乖離という矛盾は、IMF平価が変更され、それが事実上の為替平価と一致することによって解消される。他の条件に変化がないとすれば、上記したような為替相場に現れた矛盾を原因として発生した貿易収支の不均衡もその時解消される。

　このように、二国間の貿易収支に現れた矛盾を調整するという形で相場が調整されるものの、名目的要因による為替相場変動は事後的・結果的には為替の需給関係を変化させていない。こうしたことは、旧IMF体制下においても為替相場変動の名目的要因が通貨の事実上の代表金量の比率によって規定されていることを示唆している。

2．変動相場制下における実質性と名目性

　今日のような変動相場制ではこの二要因は為替相場変動に対してどのような特徴を持つかを考えてみよう。まず、二国間における対外取引は通貨制度の変

化にかかわりなく歴史貫通的に継続していくはずである。同時に、そうした対外取引の結果として為替手形の需給関係は絶えず変化し続ける。為替手形の需給関係の変化による為替相場変動、つまり実質的要因に基づく為替相場変動は、二国間の経済取引が続く限り、金本位制と同じように認められる。

　すでに述べたように今日の資本主義社会は、管理通貨制度をとっている限り絶えずインフレーションの脅威に晒されている。二国間通貨の比較価値（代表金量の比率）によっても規定されている為替相場は、旧IMF体制下と同じようにインフレによって影響を受けるはずである。つまり、二国間のうち一方の国において通貨の事実上の代表金量の減少であるインフレーションが発生し、他方の国においてインフレーションが発生していないとすれば、二国間通貨の比較価値は変化し、名目的要因による為替相場変動が起こる。言い換えると、名目的要因による為替相場変動とは、インフレーション（通貨の代表金量の減少）の発生によって二国間の通貨の比較価値に変化が起こることであり、いわば事実上の為替平価（事実上の価格標準に基づく為替平価）の変更を意味する。

　変動相場制下では明示的な為替平価が存在しないため、名目的要因による為替相場の変動は為替相場の需給関係を通して貫徹せざるを得ない。従って、一見すると為替相場変動の名目的要因は無くなり、実質的要因による相場変動だけが起こっているように見える。しかし、事後的・結果的には名目的要因による為替相場変動を捉え、抽出することが可能である。以下、プロセスを追ってこのことを考えてみよう。

　今二国間の一方の国でインフレーションが発生したとしよう。インフレーション（通貨の代表金量の減少）による名目的な物価騰貴は、一般的・全般的な物価騰貴であり、すべての商品価格に一様に影響を及ぼす。従って、インフレ国の輸出商品物価（非インフレ国から見ればインフレ国からの輸入商品価格）は上昇し、他方、非インフレ国からの輸入商品価格（非インフレ国から見ればインフレ国への輸出商品価格）はインフレ国の商品に対して相対的に下落する。インフレ国の貿易収支は赤字になり、インフレ国通貨の為替相場は非インフレ国通貨に対して下落する。他の条件に変化がないとすれば、このような両国の貿易状態は、インフレ国通貨の相場が両国の事実上の為替平価の点まで下落し

たところで解消されるはずである。なぜなら、インフレによって発生した物価騰貴に比例した為替相場の変動が達成されなければ、次章で見るようにインフレ国の貿易競争上の不利と非インフレ国の貿易競争上の有利が発生し、貿易収支上にその矛盾が集中的に現れるからである。為替相場の事実上の為替平価へ向かっての変動が達成されて、はじめてこの矛盾が解消する。

　ところで、上で検討してきた為替相場変動発生プロセスの期間が短ければ短いほど、また名目的要因以外の他の条件に変化が起きなければ、変動相場制下における名目的要因による為替相場変動の特徴が顕著に現れるであろう。ということは、このような場合、名目的要因による為替相場変動の特徴は、事後的に捉えることができるのである。すなわち、名目的要因による為替相場変動は事後的に見た場合、為替市場における為替手形の需給関係を変化させたのではない。むしろ、名目的要因によって為替市場での手形にたいする価格付けのみが変化したと考えられるからである。

　もしも許されるならば、為替相場変動の二要因の特徴を次のように表現してみたい。為替相場変動の名目的要因は、為替相場（為替手形の価格）の需要・供給曲線における縦軸（価格）の軸目盛りの付き方（一種の価格体系）を変化させたのに対して、実質的要因は為替手形の需要・供給関係そのものを変化させた、と言い換えることができる。他の条件に変化がないと仮定すれば、名目的要因による為替相場変動の場合、事後的に見て、貿易収支の順逆の状態も、為替手形の本来の需給量にも変化がなく、為替市場における為替手形の価格が名目的物価騰貴に比例して変化している→これが名目的要因による為替相場変動の特徴である。

　ここで三点の問題が発生する。第一の問題は、今日の変動相場制下では国内的には通貨の兌換が、国際的には金決済が行われなくなってしまっていることから発生する。法制上の価格標準が失われ、対外的な金決済が行われない現代では、金の現送ということがない。それゆえ、為替相場変動は金現送点という範囲内に規制されることはない。そのため、変動幅は拡大し、変動そのものは不安定（volatile）である。

　しかしその一方、現実の為替相場は事実上の為替平価を中心に変動している

と考えられる。一見、無秩序に見える為替相場変動が一定の中心点（事実上の為替平価）を中心に変動するメカニズムを解明する必要がある。

　第二に、他の条件に変化がないと仮定し、事後的に見た場合に名目的要因の特徴を上記のように捉えられるものの、現実の作用は為替市場における需給関係を通して貫徹している。従って、作用の進行中には相場変動の実質的な影響が実体経済に及ぶものと考えられる。当然過程が長ければ長いほどその影響は大きくなる。名目的要因の作用の進行中にどのように実質的な影響が実体経済に及んでいくかを考える必要がある。

　第三は、通貨減価の必然性が存在するにもかかわらず、通貨減価を明示的に捉える手段が失われていることである。従って、通貨減価の結果である名目的要因に基づく為替相場変動は金本位制（ないしは固定相場制）のようには明示的に捉えることはできない。また、金市場価格も市場の日々の需給状況により大幅に上下動をくりかえすので、通貨の代表金量を正確に表現しているとは限らない[13]。この第三の点を根拠にして、今日の為替相場変動において名目性を議論することに疑問が投げかけられている。こうした疑問については章を変えて検討することにして、ここでは次の点を指摘しておこう。

　筆者の反省も含めて述べるならば、従来の議論は、現実の相場変動において一見「実質為替相場変動」と「名目為替相場変動」という二重の相場変動が起こっているかのような誤解を与え続けてきたと思われる。とくに、「名目為替相場変動」を為替平価の変更と同義のものと捉えたことで、法制上の（あるいは明示的な）為替平価そのものが無い今日、「名目為替相場」なるものの存在を疑問視する見方が出てくることになったように思われる。

　しかし、ここで取り上げている為替相場論の意義は、為替相場変動の「二重の変動」を強調しているところにはない。むしろ、現実の相場変動が原理的には二つの要因によって変動することを主張しているところにあると言える。すでに述べたように、現代において「通貨の代表金量の減少」であるインフレーションの発生を認めるとすれば、それが現実の為替相場変動にたいして何らかの影響を引き起こす事を認めざるを得ない。つまり、為替相場変動の名目的要因が無くなったことを意味しないと言うことである。

第1章　外国為替相場変動の二要因　　　　　　　　　　　　　　　　11

　金本位制（ないしは固定相場制）は、ここで述べてきた二重の要因によって起こった為替相場変動を明示的に捉えることが可能であるが、今日の変動相場制下では、明示的には捉えられない。しかしそうだからといって、現代において為替相場変動の二つの要因が消滅したとは言えない。ということは、現実の為替相場変動は、二つの要因が複合的に作用した結果として現象しているといえるであろう。

────────────

（1）例えば、宮川努、「なぜ円高が問題か」『ESP』1993年、第256号。あるいは、通産省、『通商白書』平成7年度版、90頁～93頁。
（2）通産省、前掲書、88頁～90頁。
（3）Marx, *Das Kapital III,* MEW Bd.25, S.605（邦訳、新書版『資本論』第3巻第11分冊、新日本出版社、1033頁）。
（4）こうしたアプローチを試みる論者の整理については、吉田真広『今日の国際通貨と国際収支』梓出版社、1997年を参照されたい。
（5）為替相場の本質をめぐっては、さまざまな議論が行われてきた。本稿ではそれらを立ち入って検討する余裕はない。詳しくは以下の論文を参照されたい。為替相場論争については、とりあえず以下を挙げておこう。片岡尹「為替相場論争」、信用論研究会 編『信用論研究入門』有斐閣、1981年。また、為替論をめぐる議論を包括的にサーベイしたものとして次の論文を参照されたい。海保幸世「為替論をめぐる論争」、木下悦二、村岡俊三編『資本論体系第8巻 国家・国際商業・世界市場』有斐閣、1985年。
（6）村岡俊三「第1章　国際収支」、小野朝男・西村閑也 編『国際金融論入門（第3版）』（有斐閣双書）、有斐閣、1989年、15頁。なお、今日のIMF統計とは異なり戦前型の国際収支表は、「外国為替統計に依拠して、…、国際間の取引が一国の金・外国為替資金ポジションにどのように影響したかを主眼として作成され」ていた（同書、16頁）。
（7）従って、為替相場変動の撹乱的な要因である資本移動も「実質的要因」である。
（8）近年、一般に「為替相場の名目変動」という言葉が多く使われる。この場合の「名目」とは、「表面的な」という意味で使われている。この意味で、この場合の「名目変動」はここで言う「現実の為替相場変動」（あるいはスポット・レート）と近い意味を持っている。
　　ところで、本書の後の部分では、「為替相場変動の名目的要因」という用語を使

い、「通貨価値（通貨の代表金量）の変化を原因とする事実上の為替平価の変更」である為替相場変動を分析している。つまり、「通貨価値（通貨の代表金量）の変更」を示す場合に「名目」を使っており、その点では通説的な意味での「名目」と全く異なる。

　後に改めて指摘することになるが、本書では通説的な意味の「名目変動」との混同を避ける意味でも、従来から使われている「実質的変動」、「名目的変動」という言葉の使用を避けている。
（9）例えば山田喜志夫氏は、次のように述べている。「…為替相場の絶対水準は名目的為替相場によってのみ説明可能である。実質的為替相場は為替相場の変動を規定する要因ではあるが、為替相場の水準自体を規定する要因ではない。為替相場の水準自体（絶対値）は名目的為替相場によってのみ規定される」（山田 喜志夫）「不換制下における名目的為替相場と実質的為替相場」『国学院経済学』（国学院大学）、第39巻第2号、1991年、73頁）：再録『現代貨幣論──信用創造・ドル体制・為替相場』第8章、青木書店、1999年。
（10）W. ブレイクは、この二要因の複合として現れた現実の為替相場を「算定為替（computed exchange）」と呼んでいる。W. Blake (1810), *Observations on the principles which regulate the course of exchange; and on the present depreciated state of the currency, in* M'Culloch (ed.)(1857), *A select collection of scarce and valuable tracts and other publications on paper currency and banking,* 〔邦訳：酒井一夫監訳『外国為替相場変動論』駿河台出版社、1992年〕
（11）旧IMF平価が正確に事実上の代表金量を表現していたかどうかは議論の分かれるところである。しかし、不十分ではあるが、$1＝金1/35オンスの金市場価格が維持され、それに基づいて平価調整が行われている以上、ここでは一応、事実上の代表金量を表現していた時期があった、という前提で議論を始める。
（12）バブル不況と不良債権問題の深刻化に直面して、1990年代後半から「調整インフレ」論が展開された。これは基本的に、インフレーションによる不良債権処理と担保価値維持を目的としたものであって、本文で指摘したようなIMF体制下での為替相場維持を目的とした「調整インフレ論」とはやや異なる議論と言えよう。近年の「調整インフレ論」の検討は、拙著『日銀の量的緩和政策とインフレーション』『経済』（新日本出版社）No.72、2001年9月号を参照されたい。
（13）金は今日においても貨幣であり、金市場価格は、金商品の価値表現である「価格」を意味しているのではないことを認めた上で、なおかつ金市場価格は市場の需給状態によって変動せざるをえない、ということを指摘しておく。本書第4章補論も参照されたい。

第2章　外国為替相場変動の作用

Ⅰ．はじめに

　前章では、外国為替相場とは何かという点に触れた上で、為替相場変動がどのような要因で変動していくか（ないしは調整されていくか）を考察し、そのプロセスを明らかにした。言い換えれば、為替相場の本質と為替相場変動の要因とを考えた。前章の考察の特徴点は、為替相場変動を実質的要因と名目的要因との二要因でとらえようとしている点にある。

　しかし、為替相場変動の考察としてはこの点だけでは不十分である。外国為替相場変動は実体経済にさまざまな影響を与える。実は、前章で考察した為替相場変動の二要因は、実体経済への作用という点から見ても特徴の違いがみられる。そこで本章では、為替相場変動が実体経済（例えば、貿易収支および経常収支）に及ぼす影響という点に焦点をあて、為替相場変動の二要因の特徴を考察する。

Ⅱ．為替相場変動の作用

　為替相場変動の実質的要因と名目的要因の異同は、単に相場変動の原因という点だけに求められるわけではない。この「両者は原因と、結果のその効果において、もっとも本質的に相違する」[1]。本節では、この指摘に従って、為替相場が変動要因の違いによって実体経済にどのような異なった作用を及ぼすのかを考えていく。なお、問題を考察する際には、前章と同様に固定相場制と変動相場制とにわけて問題を考える。

1．固定相場制を前提に

　実質的要因によって引き起こされる為替相場変動は、その変動を通じて為替手形にプレミアムあるいはディスカウントを発生させる。ここでも固定相場制の典型例として金本位制を前提に考えれば、このことは次のように説明できる。例えば、今、A、B両国でA国通貨1X＝金1ｇ、B国通貨1Y＝金0.1ｇ

という価格標準が決められているとすれば、必然的にA、B両国の間には1X＝10Yという為替平価の関係が成立する。仮にいま、A国とB国との間でA国のB国に対する貿易収支が黒字になったとしよう。為替市場ではA国宛の為替手形需要が供給を上回り、A国通貨が上昇する。例えば、1X＝10Y→1X＝11Yのように。この1YがA国通貨建て手形にとってのプレミアムといい、B国通貨建て手形にとってのディスカウントという。

プレミアム・ディスカウントが発生すると、その分だけ貿易商品にたいして価格上「有利」ないし「不利」な状況が発生する。上記の例で考えてみよう。国内価格が1XのA国のB国向け輸出商品αは、為替相場が平価にある時には、B国において10Yで販売される。しかし、A国通貨の為替相場がB国通貨に対して上昇（A国通貨高）になった後では11Yで販売されることになる。つまり、A国のB国向け輸出商品αは、A国通貨にプレミアムが発生した分だけB国内で値上げを余儀なくされ、商品を販売する際、価格競争上の不利が発生する。逆にB国からA国への輸入商品（B国のA国向け輸出商品）βには、価格競争的に有利な状況が発生する。このように、実質的な要因による為替相場変動は、貿易商品の輸出入価格に一定の影響を及ぼす（ここではこれを「価格効果」と呼ぶことにする）。従って、このような為替相場変動は二国間の交易関係（特に貿易収支あるいは経常収支）を通して国内経済（実体経済）に実質的な影響を及ぼす。この意味で、為替市場における為替手形の需給関係を為替相場変動の実質的要因と呼ぶのである。

名目的要因によって発生した為替相場変動が実体経済に及ぼす影響について考えてみよう。すでに述べてきたように金本位制下では「為替平価の変更を引き起こすような通貨的原因による為替相場変動要因」を為替相場変動の名目的要因あるいは名目性と定義した。このような為替平価の変更は、国内において価格標準の変更を伴うような通貨の代表金量の変更（具体的には、インフレーション）が起こったときに発生する。例えば、通貨の代表金量が切り下げられたとき、相手国の価格標準に変更が無ければ、当該国の為替平価は切り下げられる。上記の例で言えば、A国通貨1X＝金1g、B国通貨1Y＝金0.1gという価格標準が、A国通貨1X＝金1g、B国通貨1Y＝金0.05gになったこ

とによって、A国通貨1X＝B国通貨10Yであった両国の為替平価は1X＝20Yになる。つまり、B国通貨が半分に切り下げられたということである。

　ところで法制上の価格標準が切り下げられるのは、とりあえず、すでに減少している通貨の代表金量を追認するかたちで行われると考えて良いであろう。ということは、為替平価の切り下げは、通貨の代表金量の減少に伴う国内物価の上昇を追認する形で行われる。インフレーションによって物価が上昇していても、B国内では金1gの価値と等しい価値を持っている商品は相変わらず金1gで販売されるはずである。同様に、金1gの価値と等しい価値を持っているB国への輸入商品も相変わらず金1gで販売されるはずである。そのため、インフレーションを原因とする為替平価の変更は、B国内での物価上昇の追認であるかぎり、貿易商品には何らの価格効果も持たないはずである。

　上記の例でこのことをもう少し詳しく見てみよう。B国通貨の代表金量の減少に伴ってすでに2倍に上昇しているB国の物価を追認するように、A国とB国との間の為替平価は1X＝10Yから1X＝20Yになった。為替平価が1X＝20Yになれば、B国に輸出される1XのA国商品は値上げをせざるを得ないであろう（10Y→20Yへと）。しかし、B国内ではすでに物価が全般的に2倍になっているはずなので、B国内の同種商品も2倍に上昇しているはずである（10Y→20Yへと）。したがって、両者の間には価格上の有利・不利は発生しないはずである。このように、インフレーションに伴う為替平価の変動では価格効果は発生しない。名目的要因から発生した為替相場変動は、両国貿易商品の価格競争力に対して結果的には影響を与えないことは明らかである。

　簡単に整理してみよう。為替平価の切り下げを引き起こすような通貨の代表金量の減少（または、為替相場変動の名目的要因）は、それに先だって一般的・全般的な物価の名目的騰貴を引き起こす。理論的に純粋に考えれば、名目的物価騰貴（＝インフレーション）を原因とする為替相場は、通貨減価を追認するために他の一般商品が価格を上昇させるのと逆比例するように、下落する。従って、たとえ為替平価が切り下がっても、当該国の輸出商品の価格競争力には結果的には変化は生じない。この相場変動要因は二国間の対外取引関係に結果的に影響を及ぼさない、という意味で名目的なのである。

旧IMF体制下どうであろうか。すでに前節で見たように、旧IMF体制下における平価調整は、通貨の比較価値（代表金量の比率）の変化に基づく事実上の為替平価の変化とIMF平価の維持との間の矛盾によって貿易収支不均衡が発生したために起こった。しかし、他の条件に変化が無い場合、平価変更によって矛盾が解消されれば、貿易収支不均衡も解消される。つまり、事後的には、名目的要因による相場変動は貿易収支の状態に変化を引き起こしていない。変更のプロセスにおいて貿易収支不均衡が発生したのは現実の為替相場と事実上の為替平価の間に乖離が発生、つまり、実質的な要因がそこに現れたからと言える。ともあれ、他の条件に変化が無い場合、事後的に見れば、名目的要因による為替相場の変動は貿易収支の結果的な状態を変化させないという特徴を持つ。

2．実質的要因による相場変動と名目的要因による相場変動との関係

　前項では、相場変動の「結果」（影響）という点から見ても、相場変動の要因には実質性と名目性の二面性が捉えられることを見てきた。次に変動相場制下において、その点がどのようになるかを考えなければならない。しかし、その前に実質的要因による相場変動と名目的要因による相場変動との関係について見ておこう。

　上記で述べてきたように実質的要因による為替相場変動は、価格効果をもつことによって二国間の貿易収支（実体経済）に影響を与えた。この価格効果の程度は、事実上の為替平価（二国間の通貨の代表金量の比率を正確に反映している限りでの為替平価）からの乖離幅によって規定される。上記の例では、実質的要因によって発生したプレミアム1Yが、A国の輸出商品にコスト上何らかの形で影響を及ぼすことになる。実質的要因による為替相場変動によってさらにこのプレミアムが増大すれば、A国の輸出商品コストへの影響はそれだけ大きくなる。

　このことは次のように言い換えることができる。実質的要因による変動は、為替手形にプレミアムあるいはディスカウントを付けることを通して、貿易取引に価格効果を及ぼし、輸出数量あるいは輸入数量に影響を与える。この価格

効果が作用しているということは、言い換えれば、為替市場における為替手形の需給の変化によって、現実の相場（直物相場）が、両国通貨の比較価値（両国通貨の事実上の代表金量の比率）を反映している事実上の為替平価から乖離し、当該国通貨が相手国通貨に対して過大評価あるいは過小評価になっていることを意味している。つまり、事実上の為替平価は、現実の為替相場が過大評価になっているのか、または過小評価になっているのかの基準になっている。こうしてみると為替相場変動の名目的要因は、為替相場の絶対的水準を変動させるとも言ってよい。

　例えば、日本の対米貿易黒字化（あるいは、その増大）によって為替市場における＄１手形の供給量が増加し、為替平価を上回る相場（円のドルに対する上昇）が現れた場合を考えてみる。為替平価は両国通貨の比較価値を表わしているから、円は相場上昇によって両国通貨の比較価値に比べて過大に評価されていることになる。その意味でこの時の相場は、円高・ドル安といえる[2]。ところでこの時、円は過大に評価されているのであるから、その分だけ輸出商品にとって価格上不利が、逆に輸入商品にとっては有利な状態が生じることになろう。これが実質的要因による為替相場変動の価格効果である。また、価格効果の程度は、過大・過小評価の程度すなわち現実の為替相場（スポット・レート）が事実上の為替平価からどの程度乖離しているかに依存している。言い換えれば、現実の為替相場が事実上の為替平価の点にあれば、価格効果は生じない。つまり、現実の為替相場と事実上の為替平価が一致している場合には、為替相場の過大・過小という要因以外の当該国の基礎的な要因によって輸出競争が行われるといえる。そこで、現実の為替相場が事実上の為替平価にある場合の輸出競争力をここでは「基礎的・構造的競争力」と呼ぶことにする。

　前章の考察も含めて考えてみると、事実上の為替平価は、①実質的要因による為替相場変動という視点から見た場合（相場変動の「アンカー」の支持点）と②相場変動による実体経済への影響という視点から見た場合（「為替相場変動が実体経済への影響する度合いの基準点」）という二側面において「基準」という性格を持っていると言える。

3．変動相場制下における貿易収支への影響

ここでは、変動相場制下において為替相場変動が貿易収支（実体経済）にどのような影響を及ぼすかを考えてみたい。前章で見たように、変動相場制下では相場変動の二要因は明示的に捉えることはできない。しかしながら、為替相場変動そのものは実質的要因と名目的要因の複合作用によって引き起こされているはずである。言い換えれば、名目的要因によって事実上の為替平価（為替相場水準）の変更が規定され、実質的要因は名目的要因によって決まる為替相場水準からの現実の為替相場の乖離を規定していると言える。

変動相場制下においては為替相場変動の貿易収支（実体経済）に及ぼす影響も、相場変動への作用と同じように、複合的に理解しなければならないだろう。前項においては、固定相場制を前提にして為替平価からの乖離が価格効果の程度を規定し、その価格効果が貿易収支に一定の影響を及ぼすことを明らかにしてきた。本項では、この価格効果が変動相場制下でどのように起こるかを分析しなければならない。

この関係を図2-1で説明する。この図は、横軸に時系列を、縦軸には現実の為替相場（スポット・レート）がおかれてあり、A国通貨XがB国通貨Yにた

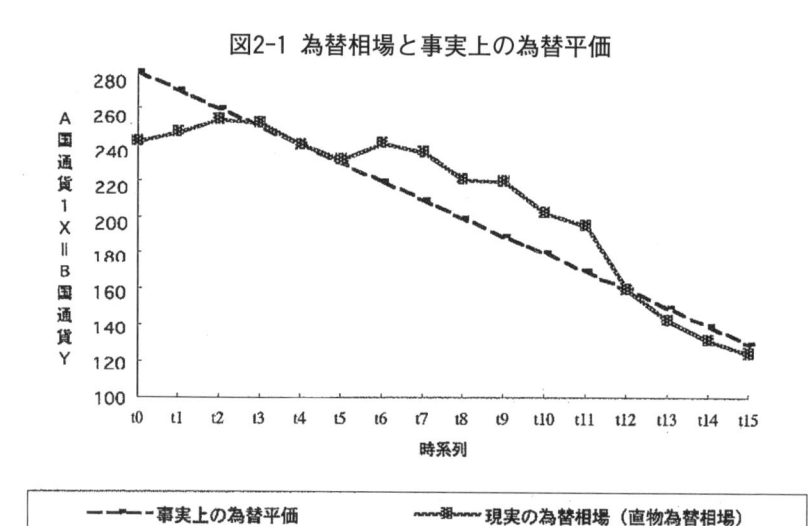

図2-1 為替相場と事実上の為替平価

――――事実上の為替平価　　――――現実の為替相場（直物為替相場）

いして年々10Yずつ減価（相場下落）したことを示している。仮にこの間B国通貨Yの事実上の代表金量に変化が無かったのだとすれば、A国通貨Xは14年で代表金量を半分に減らした（減価した）ということを意味している。

さらに、図では事実上の価格標準の比から求められる為替平価を点線で示している。この点線は、現実の為替相場変動のトレンドをも規定している。なぜならば、この点線は事実上の為替平価という相場の基準（絶対水準）が変動している、言い換えれば、名目的要因による為替相場の基準（絶対水準）が変動していることを示しているからである。

さて、t4の時点とt12の時点の為替相場は事実上の為替平価と一致している。つまりこの二つの時点での相場は、相場の「基準」点にある相場と言える。それゆえ、現実の為替相場変動に基づく価格効果はここでは発生しない。t4の時点とt12の時点の為替相場は、それが事実上の為替平価に一致しているので、為替相場変動による貿易商品の価格競争力への、言い換えれば、貿易取引（ないしは経常取引）に対する影響は生じない。つまり、A国とB国の間では「基礎的・構造的競争力」によって両国間の経常取引が行われている。

一方、t4の時点とt12の時点以外の為替相場は、「基準」（事実上の為替平価）から乖離している相場である。為替相場変動の実質的要因に規定されているこの乖離幅だけ、価格効果が発生しているものと考えられる。この価格効果は、「基礎的・構造的競争力」にたいしてプラスないしマイナスの影響を及ぼす。

ところで、この価格効果（為替相場の過大・過小）は、長期間続けば当該国の産業構造に大きな影響を及ぼし、「基礎的・構造的競争力」の水準に変化を及ぼすことになるはずである。しかしここでは、t5からt11までの時点間に実質的要因に基づく為替相場変動が、当該国の国民経済の基本構造を変化させるような作用を及ぼさなかったとする。つまり、他の条件に変化が無かったと仮定する。すると、t4では1X＝240Yだった相場が、t12の時点では1X＝160Yになり、B国通貨Yにとって相場が上昇していることになる。にもかかわらず、t4時点とt12時点でのB国の対A国貿易収支はどちらも同じ状態であるはずである。なぜなら、t4時点の相場とt12時点の相場との相違は為替相場変動の名目的要因にのみ規定されており、t4時点とt12時点での両国の

「基礎的・構造的競争力」には相違はないからである。実質的要因はどちらも同じ水準にあるものと考えられる。

また、t3の相場よりもt11の相場の方がX国通貨にとっては直物相場としては明らかに高い相場である。しかしながら、t11時点での相場の方がA国にとって有利（過小評価）、言い換えればB国通貨Yに対してA国通貨X安になっている。なぜなら、名目的要因によって事実上の為替平価が1X=170Yの水準にあるからである。実質的要因によって成立したt11の時点での1X=196Yという相場は、「基礎的・構造的競争力」を示す相場の基準（事実上の為替平価）に対してA国通貨Xにとって過大、B国通貨Yにとって過小に評価されているのである。言い換えれば、t11時点での相場ではA国の輸出商品にたいしてはマイナスの、B国の輸出商品に対してはプラスの価格効果が発生し、それぞれの対外取引には不利ないし、有利に作用しているはずである。

変動相場制下では、相場の二要因が複合して実際の相場変動を引き起こす。従って、相場変動の影響も複合的に現れるとみなければならない。変動相場制移行後、フリードマンなどのマネタリストが中心になって主張した相場変動による貿易収支調整効果が、彼らが期待したほどには現れてきていないという事実が見られる。特に1985年のプラザ合意に基づく円・ドル相場の急激な調整やそれ以降の急激な円高基調にもかかわらず日本の対米貿易収支黒字は減少していない。このように現実の為替相場変動が貿易収支へストレートに影響してこない一つの理由は、上記で示したように現実の為替相場変動が実質的要因による相場変動と名目的要因とによる相場変動との複合されたその結果であることが原因と考えられる（この点は後の章で詳しく検討する）。

実質的要因による相場変動のみが発生しているとすれば為替相場変動の方向は、そのまま相場の「過大・過小」を意味し、相場の変動分だけ価格効果を発生し、貿易収支に一定の影響を与えるものと考えられる。しかし、現実の為替相場変動は名目的要因によっても引き起こされている。その結果、為替相場変動の基準（あるいは水準、より具体的には事実上の為替平価）の変動も発生していることを加味しなければならない。つまり、現実の為替相場変動が為替相場の基準（事実上の為替平価）の切り下げを伴っているために、期待された価

格効果を持つほどの変動になっていないということが、相場変動の効果を生まない原因と考えられるのである。

Ⅲ．二要因論への批判と留意すべき論点

　今まで述べてきた為替相場変動の二要因論は、名目的要因による為替相場変動を事実上の為替平価の変動と理解してきた。このためこの理論は、購買力平価説にみられる二国間の物価変動格差から導きだされる適正レート論と同様の議論として整理され、その点に集中して多くの批判が提起された。本節ではこの批判を取り上げながら、われわれが留意しなければならない論点を明確にしておこうと考える。まずここで批判点を引用し、整理しておこう。

　「…、わが国のマルクス派の理論家の間に有力な為替相場論」では「基準為替相場は両国通貨単位の代表する金量によって決まる」。「つまり、金本位制放棄後も『隠された金平価』を想定している」。したがって、ある二国が「ともに金本位制を放棄していると、インフレ格差によって修正することで両国通貨の代表する金量が決まることになるであろうから、結局、購買力平価説に一致するわけである。つまり、『隠された金平価』説と購買力平価説との間には発想において顕著な親近性が認められよう。これは『流通必要金量』という概念自体が測定不可能な単なる観念的な想定であるために、基準時点からの変化を通して為替平価を確定しようと発想する購買力平価説にあっての基準時点と、論理的には同じ役割を果たすに過ぎないことから、この類似性が起こるのである」[3]。

　このように、為替相場の変動を先に述べた二要因の複合として捉える理論は、購買力平価説との類似性が認められることがまず指摘される。しかし、批判の中心はそこにあるのではない。たんにその点が問題なのではなく、この類似性によって、古典派以来の為替変動論が購買力平価説と同じ問題を孕むことが明らかになるという点に批判の中心がある。具体的には次の二点に集約される。

(1)　通貨と金との兌換が失われた現代では、物価変動の逆数たる貨幣の相対的価値の変動と通貨の代表金量の変化であるインフレーションとを区別する方

法はない。そうなると、短期的に見てその時々の貨幣の相対的価値をも反映して変動している実質的な為替相場変動を、インフレーションに基づく名目的な為替相場変動と区別する手段は現実にはない[4]、ということである。インフレーション格差を反映する為替平価は単なる「観念的なもの」・「主観的な基準」になってしまうか、あるいは、「国際収支の不均衡をそのまま『通貨の実勢』からの逸脱とみなす購買力平価説に近づく」。

(2)「金平価（＝名目為替相場──引用者）は」、「決して『価格均衡化メカニズム』によって」為替相場を規制していたのではない。「…名目為替相場説が、もし実質為替相場の変動を終局的に規制するという考えに立っていて、そのような作用効果を不換制下の名目為替相場に期待するとすれば、それは『価格均衡化メカニズム』以外にはあるまい。すなわち通貨の過大評価ないし過小評価によって国際収支が不均衡に陥り、平価からの逸脱が輸出入量の変動を通じて是正され、均衡化すると考えるのでは、事実上購買力平価説に陥っているといわざるをえない」[5]。

以上、この批判の要点は次の二点にあるといえよう。「マルクス派の…有力な為替相場論」では、第一に、変動相場下における名目為替相場変動が明示的に捉えることができない。第二に、名目為替相場が「価格均衡化メカニズム」の中心点、すなわち適正レートとしての意義を持っている可能性があり、その点で問題がある。このことは、購買力平価説との類似性という点からも言えることである。

第一の批判点はいわゆる「名目性の不可知論」として多く提出されている議論である[6]。つまり、今日の為替相場変動やインフレーションを議論する場合に、変動の名目性が不可知ゆえに、名目性の議論が無意味であるという論理である。しかし、すでに前章で述べたように「不可知」になったことと「存在」しなくなったことは別物である。不換制下の今日、明示的に捉えられるかどうかは別として、不換通貨の代表金量の減少（インフレーション）の発生を認める[7]とすれば、それによる物価変動ないし為替相場変動が発生していることを認めざるを得ないだろう。問題は、そうした名目的要因による変動をどのよう

に実証的に捉えることができるかであり、同時に変動が明示的に現れてこない結果としてどのような問題を実体経済上に発生させているかを明らかにすることであろう。

第二の批判点を検討するにあたってまず、従来行われてきた為替相場の二要因論の説明を引用しよう。

変動相場制のように、「平価をもたない為替相場の変動は、もっぱら為替市場における需給関係によってきまるように見える。すなわち国際収支の差額だけによって決定されると見えるわけだ、しかしそうなると、はじめに述べた為替相場の二重の変動は、変動相場制においては止揚されてしまうのであろうか。それがそうでないことは、需給が均衡化したときの為替相場を考えてみればすぐわかることである。需給の作用によって説明されえない、したがって国際収支の差額によっては説明されえない為替相場の水準は、関係国貨幣価値の比率を示すものにほかならない。換言すれば、2国通貨の代表する金量によって定まる為替平価以外のものではないのである」[8]。

この論述の意図は、現代のような変動相場下においても名目的要因による為替相場の変動は、実質的要因による相場変動では説明がつかないような場合（＝引用文では国際収支が均衡状態にある場合）に捉えられる、ということを主張しようとしたものであった。この点について、この議論では相場の二要因のうち実質的要因の捨象すなわち国際収支の均衡を前提にした。しかしこの前提は、批判者の主張するように、対外収支の均衡点[9]（黒字・赤字が発生していない点）を意味する「均衡レート」ないし「適正レート」と事実上の為替平価との一致を想定しているのではない。そのことは、この議論が実質的要因の中に通貨の代表金量の変化である名目的要因以外の要因をすべて含めていることからも言える。

為替相場変動の実質要因は、貿易取引だけに限定されるものではない。ウイリアム・ブレイクの論理のなかにおいても、今日的な意味で言えば貿易外収支を構成する政府支出や短期資本移動を想起させるような金移動を実質為替相場を規定する要因として取り上げている[10]。ブレイクも想定したように、現実の為替相場の実質的要因には資本取引も含まれているのであるから、その状態

によっては為替相場が事実上の為替平価の位置にありながら、貿易収支の不均衡が併存するということはあり得る。今日のように金決済が行われておらず、為替取引における資本取引の比重が増大し、投機的取引が増大していることを考えるならば、むしろ貿易収支の不均衡が存在しながら現実の為替相場と事実上の為替平価とが一致しているということがあり得るのである。重要なことは、貿易収支と資本取引とがどのような状態のときに現実の為替相場が事実上の為替平価と一致するかを明らかにすることであろう。

　ここで購買力平価説と本書での論理（為替相場変動の二要因論）との相違について整理しておきたい[11]。批判者の論述のように購買力平価説では、「購買力平価のもとで、国際収支が均衡すると仮定」している。ここでは、「物価だけが国際収支に影響するとの前提、すなわち国際取引を貿易だけに限定するという論理抽象がなされて」いる。従って、購買力平価説では、物価が一致した点つまり事実上の為替平価において貿易収支が均衡するという考え方が成立している。購買力平価説は物価＝国際収支均衡論であり、貨幣数量説を基本においている。そのことは、購買力平価説において貨幣の相対的価値と通貨の代表金量の変化との区別が、つまりは為替相場変動の実質性と名目性との区別がなされていないことを意味する。

　他方、為替相場変動の二要因論の論理では、第一に、貿易収支の均衡と事実上の為替平価を同一視していない。つまり、貿易収支不均衡でありながら為替相場が事実上の為替平価にあることを認めている。第二に、購買力平価説が主張するような均衡回復過程を前提にしない。確かに、我々は、事実上の為替平価からの乖離によって二国間の貿易収支に価格効果が発生することを認めている。しかし、その価格効果が均衡回復的に作用することをアプリオリに認めていない。この価格効果によって貿易収支が均衡化するかどうかはここでは問題ではない。少なくとも、事実上の為替平価から為替相場が乖離した場合、価格効果が発生し、一定の影響を実体経済に与えていることが問題である[12]。

　次のような事態によっても価格効果（通貨の過大・過小評価）が存在しながら、相場が為替平価から乖離したある水準に張り付いて、動かないということがあり得る。例えば、何らかの理由で事実上の為替平価から為替相場が乖離し、

それが原因で貿易収支の赤字が発生した場合を考えてみよう。この国では貿易収支赤字につれて為替相場が下落し、貿易収支赤字を発生させた価格効果が喪失し、当該国輸出品の競争力を回復させるはずである。だが、当該国が高金利政策を採用しているような場合、短期資本が当該国に流入するため、当該国通貨の為替相場は当初予想されているほどには下落することはないであろう。そればかりか、資本取引の規模によっては、全く逆の変動をする。この場合、価格効果（通貨の過大・過小評価）が長期に継続していることが、貿易収支の不均衡をますます拡大するように影響を及ぼす。資本取引の増大によって、相場の絶対的水準である事実上の為替平価から現実の為替相場が大きく乖離して変動する可能性が大きくなっている[13]。現状ではこのような事態が起こりやすく、対外的な不均衡はますます拡大していく。

　なお、こうした状態は一つの矛盾であって、中・長期的にはそうした価格効果をもった相場を調整しようとする動きが現われる可能性は少なくない。しかし、その矛盾の解消を目指して相場を事実上の為替平価に収斂させようとすることが、対外均衡を達成することを意味するわけではなく、また対外均衡を達成するような相場調整を意味するものでもないことをつけ加えておく。

（1）Blake, W. (1810), *op.cit.,* p.56.
（2）今日、円高・円安といった場合、為替相場の変動方向を議論している場合がある。しかし、ここではその意味で円高・円安という表現を使っていない。
（3）木下悦二『外国為替論』有斐閣、1991年、162頁。木下氏の批判は、前著においても見られる。木下悦二『国際経済の理論』有斐閣、1979年、177〜179頁、および182〜184頁。
（4）松本久雄氏は近著（『国際価値論と変動為替相場』、新泉社、1995年）において、金市場価格を事実上の価格標準としてもっとも狭義に解釈し、金市場価格の上昇を通貨の減価の指標としてのみ理解する見解を示している。松本氏の考え方によれば、対外収支の逆調による金の流出に伴う金市場価格の上昇は通貨の減価であり、それに対応する為替相場の変動は「名目的為替相場」と規定する。しかし、為替相場の上昇も金流出も対外収支の逆調に伴うものである以上、それは「実質

的」なものである。この点で、われわれは松本氏の議論に同意することができない。

　松本氏の議論の意図は、通貨の代表金量による減価と貨幣の相対的価値の変動に伴う減価とを区別することが不可能な現実のなかで、論理的に後者の減価を否定することで「名目的」変動の存在をクローズアップさせることにあったと思われる。それは同時に本文中の木下氏の主張へのアンチテーゼをも意識されたのであろう。しかし、為替相場における「実質性」と「名目性」さらには物価変動における「実質性」と「名目性」は今日においても渾然としながらも厳然と存在していると考えられる。

　さらに、金市場価格においても次のような事が言えるであろう。確かに、金価格は事実上の価格標準を表すものとして理論的に規定しなければならない。しかし、現実の金市場価格は、「市場価格」である以上、市場の需給関係による撹乱的な変動をせざるを得ない。つまり、現実の金市場価格には、事実上の価格標準によって規定されている側面と市場の需給関係（ただし金の価値を表現するのではない）によって規定されている側面と二つの側面がある。

　上記してきたような区別を理論的・実証的に行う必要を我々は主張する。なお、兌換停止下における金市場価格とインフレとの関連については、吉田真広「為替相場の変動と金平価に関する一考察――銀行制限期の為替相場変動を例証として――」『経済学研究』（国学院大学大学院紀要）、第23・24輯、1993年を参照されたい。

（5）木下悦二、前掲書『国際経済の理論』、178〜179頁。

（6）例えば、田中素香氏の一連の論文はそのような議論の延長線上にあるものである。例えば、田中素香「不換銀行券流通と名目的為替相場――J.L.フォスター『商業為替論』を中心に――」『金融経済』（㈶金融経済研究所）、第197号、1982年。；「流通必要金量概念の再検討――金本位制と管理通貨制の比較検討を基礎にして――」『経済学』（東北大学）、第49巻第3号、1987年。；「管理通貨制と金の価値尺度機能の破棄――マルクス紙幣減価論の歴史的性格との関連で――」『経済学』（東北大学）、第51巻第2号、1989年。

　このような不可知論に対して、国際価値論の成果をとりいれ、名目為替相場の推計を行なった論文として以下のものがある。秋山誠一「日米貿易関係を規定する基礎要因――1970年以降における日米製造業の時間あたり生産価値額の国際比較――」『経済論集』（国学院大学大学院）第16号、1988年。

（7）近年マルクス貨幣論の見直しの議論が多く提起されている。それら議論の中心に位置するのが「不可（知）論」である。この「不可知論」は最終的には、不換制下では不換通貨そのものが価値尺度となることに行き着く。こうした議論に対しては、価値尺度となった不換通貨の価値実体はなにか。同時に、通貨の減価とはなにか。同じになるが、インフレーションとはなにか。このような素朴な疑問が想起される。

（8）酒井一夫「変動為替相場制」、小野朝男・西村閑也編『国際金融論入門』有斐閣、

1975年、188頁。
（9）この場合、対外収支の均衡点とは貿易・経常収支の均衡点とほぼ同義と考えてよい。
（10）この点で、金の問題をもっぱら名目為替にかかわらせて議論される松本久雄教授のブレイク理解には、一面性を感じざるを得ない。松本久雄、前掲書。
（11）ここでの検討はまだ完全ではない。購買力平価説については、第3章及び第4章において内外価格差の検討を含めてもう一度検討したい。
（12）為替相場変動の実質的要因と名目的要因との差は、前者が貿易商品に対して「価格効果」をもち、後者はそれを持たないという点に認められるといえる。しかし、従来の議論ではこの差を、「国際収支均衡化」作用の有無として説明してきた。
　「…、為替相場の変動に国際収支の均衡化だけを見るのは一面的たるを免れない。それは為替相場が貨幣の対外価値の表現であることを看過している。たとえば国際収支赤字国においてインフレーションが進行しているとすれば、為替相場は二重に下落するのであって、このばあい実質的下落と名目的下落とが複合している。そしてこの名目的下落にかんしては、すなわち貨幣の減価を反映する限りの為替相場の下落は、国際収支の均衡化作用をもたないのである。けだし輸出入品の国内価格騰貴と為替相場の下落とが相殺されて、それらの外貨価格に変動がないからである」（酒井一夫、前掲論文「変動為替相場制」、189頁）。
　この点にも、「購買力平価説」との類似性を指摘する上記批判が提起される恐れがあったものと考えられる。
（13）山田喜志夫、「不換制下における名目的為替変動と実質的為替変動」『国学院経済学』（国学院大学）、第39巻第2号、1991年、76〜77頁（再録『現代貨幣論』第8章、青木書店、1999年）。

第3章　外国為替相場変動と内外価格差

Ⅰ．はじめに

　1985年以降、円の対ドル相場は長期の円高ドル安局面に入った。同時に注目されたのが「内外価格差問題」である。はやくから「外国と比較したわが国の物価水準をどのように評価するか」という問題意識でこの問題を分析してきた『物価レポート』は円高の進行に伴う「内外価格差」の拡大を、わが国の消費者が「円高」にもかかわらず相対的に「割高な」商品を買わされている現象として捉え、このような「内外価格差」を解消するために、規制緩和や輸入を促進するような経済構造の変革の必要性を主張している。

　このように、「内外価格差問題」は、総じてわが国の流通システムや規制緩和などの制度的な問題に絞って議論されてきた。しかし、円高と経常黒字と内外価格差の三者が併存する原因を制度的・慣習的な側面に限定するのは一面的すぎるのではないか。こうした疑問の上にこの問題への一つの回答を示すことが本章の中心的なテーマである。

　本論に入る前に「内外価格差」をどのように捉えるべきか示しておく。『物価レポート』は「内外価格差」を次のように規定する。「円高になると、内外価格差が自動的に拡大し」、わが国輸出入商品の相対価格が変化する。なぜなら、「わが国国内の物価が上昇しなくても、外国の物価水準を為替レートで円建に換算すると下落するから」である。その結果、「こうした相対価格の変化に対応して」、「貿易を誘発し、また、経済構造が変化し、内外価格差を縮小させる方向への働きが強まる」はずである[1]。

　この説明に従えば、内外価格差という問題には、二つの側面を含んでいるように思われる。第一に、内外価格差には、「為替相場のある一定の状態・水準を所与にしたときに、輸出入を引き起こす二国間の商品価格差」と規定できるという点[2]。これは、ある一時点における商品の国際的な価格差の問題であるから絶対水準の問題といえる。

　第二に、二時点を比較したときに以前の時点に比べて、内外価格差が為替相

場の変動や経済構造の変動によって拡大・縮小するという側面である。本章では、内外価格差のこの拡大・縮小をどのように評価するべきかに特に注目して分析を行う。'80年代〜'90年代にかけて日本の特にアメリカとの内外価格差は著しく拡大したと言われ、それを根拠に市場開放・規制緩和・空洞化が進んだ。その結果として、その後のバブル経済と日本経済の構造的な歪みを造り出したといえる。それゆえ、この問題への理論的な評価を加えることは、日本経済を考える場合に現在でも重要な意味を持っていると言えるからである。

II. 本章の方法と前提

　内外価格差の問題は為替相場変動の貿易収支調整作用の問題と密接に関係している。通説的には為替相場の変動→内外価格差の拡大→貿易収支の調整というプロセスが進行するから、内外価格差の問題は、為替相場変動が内外価格差を拡大させる局面と、内外価格差が貿易収支調整に結びつく局面という二つの論理次元を含む。そこで本章では、為替相場変動と貿易収支調整とを関連させながら内外価格差を考える。

　ここではまず前章までで検討してきた「為替相場変動の二要因論」[3]を確認し、それとの関連で内外価格差問題にどのように接近するべきかを考えておきたい。外国為替相場は、為替市場での手形の需給関係から直接に規定される実質的要因と、二国間の通貨の代表金量の比率を反映する為替平価（不換制下では事実上の為替平価）の変化である名目的要因とによって変動する。

　この二要因は、為替相場の貿易収支調整作用という点で、次の特徴を持つ。まず名目的要因による為替相場変動は、通貨減価（代表金量の減少）に対応して変化するため輸出入商品に対する価格効果を生まず、輸出入に影響しない。他方、為替相場変動の実質的要因は、為替平価からの乖離分だけ輸出入商品に対して「価格効果」を生じ、輸出入に影響を与える——例えば、実質的要因による不利な為替（すなわち対ドル相場の下落＝円安）は、外国手形にプレミアムを生じて輸出商品には奨励金として作用し、輸入商品には関税として作用する。

　さて、'85年以降の円高ドル安局面において名目的要因が作用しているならば、それだけ為替相場変動の対米貿易収支調整効果は減殺される。仮に為替相

場変動が両国通貨の減価の度合いを純粋に反映していれば、為替相場変動は両国の輸出入に影響しないからである。従って、今日、為替相場調整が貿易収支調整に結びつかない理由の一つとして、為替相場変動の純粋に名目的な要因が作用している可能性を指摘できる[4]。

しかし、現実の為替相場は、実質的な要因と名目的な要因とが複合して変動する。従って、名目的要因だけでは為替相場変動の貿易収支調整作用が不完全であることを説明できない。現実には実質的要因による為替相場変動も同時に起こっているのであるから、その面も考慮する必要がある。また、仮に名目的要因によってのみ為替相場変動が起こっているのであれば、それは通貨減価に対応した物価変動を調整する為替相場変動と考えられるから、本章の中心的な課題である内外価格差の問題は起こらないはずである。このように内外価格差の問題を考える場合、実質的要因による為替相場変動と貿易収支調整との関係に目を向ける必要がある。

次に考察の基本的視点を述べる。上述のように実質的要因による為替相場変動は、輸出入商品に価格効果を及ぼし、貿易収支の状態に影響する。これとは別に、経済学では古典派経済学以来、貿易取引の状態あるいは貿易均衡・不均衡を基本的に規定する要因が考えられてきた。国際的な生産性格差＝比較生産費構造がそれである[5]。比較生産費構造をめぐる問題はマルクス経済学において「国際価値論争」[6]として発展している。一般的に言って、国際的な生産性格差が貿易取引状況を基本的に規定している点は疑問の余地がないだろう。従って、本章の出発点は為替相場変動の実質的要因および為替平価と、国際的な生産性格差＝比較生産費構造との関係を明らかにすることにある。

ところで、本章の課題は「国際価値論」に係わるが、本章の目的はこの論争にコミットすることではない。従って本章では、先学の成果を筆者なりに咀嚼するに留め、「国際価値論争」には直接言及しない。ただし、国際価値論を理論ツールとする場合の筆者なりの前提を述べる。

従来から「国際価値論」研究は、貿易均衡化や為替相場変動のプロセスの問題へと応用されてきた。例えば、為替相場ないしは為替平価の背後に固定的な国際間での生産性格差構造が存在すると考えられた。そこでは、貿易収支が均

衡状態となる国家間の国民的生産性格差を反映している為替相場ないし為替平価の存在が意識されたのである。つまり、「適正レート」論と国際価値論が統一的に理解されてきたといえる[7]。

しかし、国際価値論に対しては、「元来、需給要因を捨象した、つまり貿易収支の均衡を前提した展開になって」おり、「競争の次元まで上向展開」されていない、という評価もある[8]。つまり、国際価値論で対象とする比較生産費構造は、静態的な貿易構造を明らかにしようとしたものであって、ある時点での国際収支状況（均衡ないしは不均衡）の基礎的な要因を規定するだけである。言い換えれば、「国際価値論」で問題となる比較生産費構造とは、ある一時点に限った場合の貿易収支の状況を基礎的に規定している国民的な生産性構造あるいは国際間での生産性格差状況を示していると考えられる[9]。このことがむしろ、貿易収支の不均衡がどのようにして、どの程度発生するかを比較生産費構造によって説明することに限界があることを示している。さらに、現実の貿易不均衡は、例えば、多国間の企業間競争や景気循環のような比較生産費構造以外の他の諸要因によっても規定されるが、比較生産費説がそれらを問題対象としていないことも注目すべきである[10]。

他方で、為替相場の変動も貿易収支以外の多くの要素に依存する。とりわけ今日、実需を伴わない資本取引が為替相場に与える影響はきわめて大きい。その意味で為替相場変動の理論を比較生産費説から直接に導き出すことには無理があるように思われる。

こうした限界があることを前提にして、本章では「内外価格差」の問題を解明するという限られた目的に「国際価値論」の成果を応用する。特に着目するのは、「貨幣の相対的価値」の変化の問題である。

また、問題の解明のために設定する理論モデルは貿易収支の均衡状態から開始する。つぎに、比較生産費構造の変化以外の要因によって国際収支状況が変化し、実質的要因が作用して、為替相場が為替平価より乖離したと仮定する。その上で、そのことが一国の比較生産費構造にどのような影響を与えるかを考え、その後に内外価格差の問題を考察する。

次節では、為替相場変動と為替平価との関係の価値論的意義を明らかにする。

Ⅲ. 国民的生産性格差と為替相場

1. 為替平価と国民的生産性格差

　為替平価とは、価格標準——具体的には金平価[11]、あるいは法定(金)平価——を前提とする二国間の貨幣の換算比率である。従って、為替平価と為替相場変動との関係の価値論的意義を考える場合、まず国内において価格標準が価値論的・価格論的にどんな意義を持つかを考える必要がある。

(1) 価格標準と価格変動との関係

　商品の価格は、「貨幣で表現された、つまり貨幣に等置された交換価値」[12]である。金本位制を前提にすると、商品価格は商品の交換価値を一定の貨幣金量で表現したものである。価格の度量標準が確定すると、商品価格は「商品に対象化されている労働の貨幣名」[13]と定義できる。

　価格標準は一定分量の金を価格の度量単位とする貨幣の機能であり、一定分量の貨幣金につけられた貨幣名称である。価格の度量標準の決定は、「一方では純粋に慣習的なものであり、他方では流通の内部で一般性と必然性という性格をもたなければならない」[14]。また、価格標準は一定量の貨幣金と貨幣名称との間の固定関係だけを問題としており[15]、商品と金との間の価値関係とは無関係に決められる名目的な機能であり、任意に決定できる。

　にもかかわらず、価格標準によって確定した一定の貨幣金量の背後には、一定の労働量が前提されている。つまり「諸商品の価格規定そのものには、度量単位として役立つ金量の価値の大きさ、すなわち金の価値は、あたえられたものとして前提されている」[16]。この下で、「価格」は、「諸商品の交換価値が流通過程の内部で現われる転化形態」となる[17]。なぜなら、交換価値の「転化形態」としての価格は、「商品と貨幣との交換比率の指標」であり、従って貨幣と商品との間の対象化された労働の交換比率である以上、商品価値の尺度財としての貨幣の価値は、ある瞬間には所与とされなければならないからである。

　ところで、商品の価格は、「社会的労働時間にたいする或る必然的な」「商品

の形成過程に内在する関係」の表現である「商品の価値量」の「一商品とその外にある貨幣商品との交換割合」で表現されたものである。にもかかわらず、外在的交換比率であるがゆえにつねに商品価値と等しい価格（価値価格）として成立するわけではない。価格は、ある市場条件（一定の需給関係）下では、価値価格「以上または以下」の大きさで表現される。つまり、価格は「価値量との量的不一致の可能性」あるいは「価値量からの…偏差の可能性」がある[18]。

既述のように、価格は「貨幣と商品との間の対象化されている労働の交換比率」であるから、価格の価値からの乖離は、当該商品が社会的に必要な労働量以上で交換されたり、それ以下で交換されたりすることを意味する。

例えば、今、価格の度量標準が1円＝金0.01ｇと確定されたとする。仮に金1ｇの価値が1労働時間（ｈ）であり、ある商品Xの価値が3ｈであるとすれば、X商品の価値価格は300円である。もし市場条件の変化で、このX商品が350円に騰貴したとすれば、3ｈの投下労働量を含んでいるX商品は3.5ｈの投下労働量が投下された金3.5ｇと交換され、価値以上の価格で交換されたことを意味する。このように、X商品にとって350円という価格が価値以上の価格を示すのは、価格標準によって確定した一定の貨幣金量の背後に一定の労働量が前提されているからである。価格標準は純粋に名目的・技術的な機能であるとはいえ、その背後に一定の価値関係を前提している。

(2) 為替平価と為替相場との関係の考察

前項の議論を念頭に、為替平価と為替相場との関係を考察する。為替平価とは、当該国の価格標準を前提とする二国間の貨幣の換算比率、つまり同じ金1ｇの貨幣名称間の交換比率である。従って、価格標準がそうであったように、為替平価は一定量の貨幣金と固定的に結びついた貨幣名称間の関係だけを問題としており、その限りでは二国間の価値関係とは無関係に決められる名目的なものである。このことは、為替相場変動の二要因のうち名目的要因による為替相場変動が貿易収支に影響を与えないことからも裏付けられる。すなわち、名目的要因による為替相場の変動は、通貨の減価に基づく二国間の通貨の代表金量の比率の変化＝事実上の為替平価の変更だけを原因としており、他の経済的

要因の変化によるものではない。また、純粋に名目的要因による為替相場の変動は、通貨減価による物価上昇に対応しているので、貿易収支には影響を与えない。このように、原因・結果の両面において名目的である。この点は、すでに前章までで詳しく分析してきた。

しかし、価格標準と同様に為替平価も一定の金量から導かれるものであり、当該国の貨幣金の価値を背後に持っている。国内的には貨幣金の価値はどこでも同一であり、投下された労働量で決まる。しかし、国際間の場合、労働の移動が自由でないために、二国間の貨幣金に含まれる労働量は同一ではない。換言すれば、「各国の国内において金の同一量が代表する国民的労働」は量的に相違する[19]。これが国際価値論で言う「貨幣の相対的価値」である。そしてこの「貨幣の相対的価値」は、各国の生産「各部門の対外的生産性格差の平均的な（加重平均）ところで規定され、すなわち国民的生産諸力の格差と一致する」[20]。以下、本章で「貨幣の相対的価値」という場合、この意味で使用する。

さて、これまで分析して明らかなように実質的要因による為替相場変動は、事実上の為替平価からの乖離分だけ輸出入に影響を与える。つまり、為替相場の過大・過小評価を規定する。このことを価値論的に考えると、為替平価は、国際価値論的に規定された貨幣の国民的価値の相違を背後に持つため、為替相場変動における過大・過小評価の基準点としての役割を果たすといえる。つまり、実質的要因によって為替相場が為替平価から乖離することは、為替平価の背後にある対外的な労働の交換比率よりもある国に有利ないし不利な労働の交換比率で二国間の貨幣の交換比率が規定されることを意味する。この結果、当該国の輸出入商品に貿易取引上の有利・不利が発生する。これが、為替相場変動におけるプレミアムやディスカウントの価値論的意義といえる。

このように考えてくると不換制下では、（ⅰ）事実上の価格標準の変化による国民的生産性の対外格差＝国際的価値関係とは無関係な名目的要因による為替変動と、（ⅱ）為替相場の過大・過小評価、すなわち平価（＝「貨幣の相対的価値」の相違を背後に持つ貨幣の交換比率）よりも多くの、あるいは、より少ない交換比率を規定する実質的要因という二要因の複合によって為替相場変動が発生している。従って、相場変動による影響も複合的であり、貨幣金を抜

きにして[21]単純に為替平価と国際間の国民的生産性の格差とを直接に結びつけることはできない。同じように金を抜きにして、「適正レート」を導き出す議論もできない[22]。

次節では、本節の分析を前提にし、モデルを使って為替相場が為替平価より乖離した場合の経済的影響について見てみる。

2. 為替相場変動と国民的生産性格差

表（3-1および3-2）に基づいて考察する。前提として日本とアメリカを置き、価値格差の異なるＡ，Ｂ，Ｃという三つの商品を考える。この表（モデル）の各欄は次のことを示している。

（ａ欄）両国の各部門の商品価値（生産性の格差）→ここではアメリカの方がすべての商品についてより生産性が高い。

（ｂ欄）平均的な国民的生産性格差[23]、つまり「貨幣の相対的価値」＝同一金量が代表する日米の労働量の差異

（ｃ欄）商品１単位の価値の金量表示

（ｄ欄）為替平価＝両国の金一定量の貨幣名称の交換比率→ここでは仮に事実上の価格標準を１円＝金0.01ｇ、＄１＝金１ｇとした。

（ｅ欄）為替平価における両国の労働量の交換比率

（ｆ欄）現実の為替相場→このモデルでは、インフレ（事実上の価格標準の切り下げ）は考えないので、実質的要因によってのみ変動する。

（ｇ欄）現実の為替相場における両国の労働量の交換比率

（ｈ欄）商品１単位の国内価格（＝ｃ欄×ｄ欄）

（ｉ欄）ドル換算価格→日本製品のドル表示の国際価格（＝ｃ欄×ｆ欄）

（ｊ欄）円換算価格→アメリカ製品の円表示の国際価格（＝ｃ欄×ｆ欄）

（ｋ欄）国内価格の価格指数（表3-1-Ⅰ＝100）

さらに表3-1-Ⅰは、貿易収支が均衡状態であることを前提し、実質的要因による為替変動がない状態、つまり為替平価が現実の為替相場と一致している状態を考えている。この表からより生産性の低い国（日本）においては、国民的な生産性格差よりも生産性格差の小さい生産部門の商品（Ｃ商品）が輸出され、

第3章　外国為替相場変動と内外価格差

表3-1 比較生産費構造モデル（1）

I

		A JPN	A USA	B JPN	B USA	C JPN	C USA
(a)	商品一単位の価値（国民的労働量）	120時間	50時間	100時間	50時間	80時間	50時間
		(2.4 : 1)		(2 : 1)		(1.6 : 1)	
(b)	金1gの価値（国民的労働量）	10時間	5時間	10時間	5時間	10時間	5時間
		(2 : 1)		(2 : 1)		(2 : 1)	
(c)	商品一単位の金量表示	12 g	10 g	10 g	10 g	8 g	10 g
		(1.2 : 1)		(1 : 1)		(0.8 : 1)	
(d)	為替平価〈金1gの価格比〉	¥100	$1	¥100	$1	¥100	$1
(e)	為替平価における労働量の交換比率	(2 : 1)		(2 : 1)		(2 : 1)	
(f)	現実の為替相場	¥100	$1	¥100	$1	¥100	$1
(g)	現実の為替相場における両国の労働の交換比率	(2 : 1)		(2 : 1)		(2 : 1)	
(h)	商品1単位の国内価格	¥1,200	$10	¥1,000	$10	¥800	$10
(i)	ドル換算価格	$12		$10		$8	
(j)	円換算価格		¥1,000		¥1,000		¥1,000
(k)	価格指数	100.00		100.00		100.00	

II

		A JPN	A USA	B JPN	B USA	C JPN	C USA
(a)	商品一単位の価値（国民的労働量）	120時間	50時間	100時間	50時間	80時間	50時間
		(2.4 : 1)		(2 : 1)		(1.6 : 1)	
(b)	金1gの価値（国民的労働量）	10時間	5時間	10時間	5時間	10時間	5時間
		(2 : 1)		(2 : 1)		(2 : 1)	
(c)	商品一単位の金量表示	12 g	10 g	10 g	10 g	8 g	10 g
		(1.2 : 1)		(1 : 1)		(0.8 : 1)	
(d)	為替平価〈金1gの価格比〉	¥100	$1	¥100	$1	¥100	$1
(e)	為替平価における労働量の交換比率	(2 : 1)		(2 : 1)		(2 : 1)	
(f)	現実の為替相場	¥110	$1	¥110	$1	¥110	$1
(g)	現実の為替相場における両国の労働量の交換比率	(2.2 : 1)		(2.2 : 1)		(2.2 : 1)	
(h)	商品1単位の国内価格	¥1,200	$10	¥1,000	$10	¥800	$10
(i)	ドル換算価格	$10.91		$9.09		$7.27	
(j)	円換算価格		¥1,100		¥1,100		¥1,100
(k)	価格指数（表1-1＝100）	100.00		100.00		100.00	

III

		A JPN	A USA	B JPN	B USA	C JPN	C USA
(a)	商品一単位の価値（国民的労働量）	120.00時間	50.00時間	95.00時間	50.00時間	68.00時間	50.00時間
		(2.4 : 1)		(1.9 : 1)		(1.36 : 1)	
(b)	金1gの価値（国民的労働量）	9.43時間	5.00時間	9.43時間	5.00時間	9.43時間	5.00時間
		(1.89 : 1)		(1.89 : 1)		(1.89 : 1)	
(c)	商品一単位の金量表示	12.72 g	10.00 g	10.07 g	10.00 g	7.21 g	10.00 g
		(1.27 : 1)		(1.01 : 1.00)		(0.72 : 1)	
(d)	為替平価〈金1gの価格比〉	¥100.00	$1.00	¥100.00	$1.00	¥100.00	$1.00
(e)	為替平価における労働量の交換比率	(1.89 : 1)		(1.89 : 1)		(1.89 : 1)	
(f)	現実の為替相場	¥100.00	$1.00	¥100.00	$1.00	¥100.00	$1.00
(g)	現実の為替相場における両国の労働量の交換比率	(1.89 : 1)		(1.89 : 1)		(1.89 : 1)	
(h)	商品1単位の国内価格	¥1,272.08	$10.00	¥1,007.07	$10.00	¥720.85	$10.00
(i)	ドル換算価格	$12.72		$10.07		$7.21	
(j)	円換算価格		¥1,000.00		¥1,000.00		¥1,000.00
(k)	価格指数（表1-1＝100）	106.01		100.71		90.11	

より生産性の格差の大きい商品（A商品）が輸入される蓋然性が高いことがわかる。B商品は国際的な競争戦において互いに拮抗している。

さて、この状態で生産性上昇以外の他の要因、例えば金利格差から実質的な要因による為替相場変動が生じたと仮定する。それが表3-1-Ⅱである。この時、現実の為替相場は円安ドル高（仮に＄1＝100円→＄1＝110円）になっている。これは、為替平価において日本の2時間労働と米国の1時間労働が交換されていたものが、日本の2.2時間の労働と米国の1時間労働が交換されるようになったことを意味する。この結果、例えばB商品、C商品は、日本国内で相変わらずそれぞれ1000円及び800円で生産・販売されているにもかかわらず、米ドルでは＄9.09及び＄7.27で販売できるようになった。

日本のB商品にとって（＄10－＄9.09＝）＄0.91、C商品にとって＄0.73は、実質的要因による為替相場変動によって発生した円の過小評価の結果である。また、C商品を生産する資本は従来のまま＄8でも競争可能だから、超過利潤＄0.73を獲得できる。これは価値論的には、実質的要因による相場変動によって発生した国際的な労働量の交換比率の変化の結果と言い換えることができる。そのため、日本のB、C商品の輸出ドライブがかかり、日本の対米黒字が発生する蓋然性が高くなる。

さてここでは、①通貨減価が起こっていない、また②名目的要因による為替相場変動も発生していないことを前提している。そこで、円の過小評価の原因である金利格差が解消するような場合、あるいは、政策的な為替調整が行われた場合、表3-1-Ⅱで発生した対米貿易黒字と相まって、為替相場は為替平価に接近するはずである。これを示すのが表3-1-Ⅲである。ここでは、現実の為替相場が為替平価と一致するところまで回帰している。ところが表3-1-Ⅲは、為替相場は為替平価と一致したものの国際的な競争戦の結果として、為替平価における二国間の国民的労働量の交換比率が変化している。なぜなら、B商品を生産する資本は、円の過小評価で獲得した輸出競争力を円の過小評価調整局面でも享受しようとして生産性を5％、C商品を生産する資本は超過利潤獲得のため生産性を15％上昇させたため、日本の平均的な国民的生産性がアメリカよりも上昇し、日本のアメリカに対する「貨幣の相対的な価値」が低下したから

第3章 外国為替相場変動と内外価格差

である。

　逆に、円の過大評価局面を示したのが表3-2である。出発点は表3-1-Ⅰと同じである。表3-2-Ⅱでは、金利格差や資本移動ないしは為替調整政策によって為替相場が変動し、円高ドル安局面になっている。

　表3-2-Ⅱのように、実質的な為替相場の変動によって円は過大に評価され、円高ドル安局面になった（仮に＄1＝100円→＄1＝90円）。これは、為替平価では日本の2時間の労働と米国の1時間労働が交換されていたものが、日本の1.8時間の労働と米国の1時間労働が交換されるようになったことを意味する。この結果、例えばＢ商品は日本国内では相変わらず1000円で生産・販売されているにもかかわらず、米ドルでは＄11.11で販売しなければならない。日本のＢ商品およびＣ商品にとって＄1.11および＄0.89は、実質的要因による為替相場変動によって発生した円の過大評価の結果である。これは価値論的には、実質的要因による為替相場変動によって発生した国際的な労働量の交換比率の変化の結果と言い換えることができる。そのため、Ｂ商品は安価になった外国製品の輸入攻勢に晒され、日本の対米赤字が発生する蓋然性が高くなる。

　表3-2も表3-1と同じ前提をおいている。そこで、円の過大評価を生み出していた金利格差が解消したり、政策的な為替調整が行われたりした場合、表3-2-Ⅱの状態で発生した対米貿易赤字と相まって、為替相場は為替平価に接近するようになるはずである。これを示しているのが表3-2-Ⅲである。ここでは、現実の為替相場が為替平価と一致するところまで回帰している。

　ところが、表3-2-Ⅲは、為替相場は為替平価と一致したものの国際的な競争戦の結果として為替平価における二国間の労働量の交換比率が変化している。なぜなら、円の過大評価によって失った競争力を克服しようとしてＢ商品を生産する日本の資本が生産性を円の上昇率と同じ10％上昇させ、Ｃ商品を生産する資本が15％の生産性上昇を達成したため、日本の平均的な国民的生産性がアメリカよりも上昇し、日本のアメリカに対する「貨幣の相対的な価値」が低下したからである。

　今まで見てきたことをまとめる。為替相場が為替平価よりも乖離する、すなわち相場の過大・過小な状態は、国際的な貿易競争に晒されている資本を価格

表3-2 比較生産費構造モデル（2）

Ⅰ

	A		B		C	
	JPN	USA	JPN	USA	JPN	USA
(a) 商品一単位の価値（国民的労働量）	120時間	50時間	100時間	50時間	80時間	50時間
	(2.4：1)		(2：1)		(1.6：1)	
(b) 金1gの価値（国民的労働量）	10時間	5時間	10時間	5時間	10時間	5時間
	(2：1)		(2：1)		(2：1)	
(c) 商品一単位の金量表示	12 g	10 g	10 g	10 g	8 g	10 g
	(1.2：1)		(1：1)		(0.8：1)	
(d) 為替平価〈金1gの価格比〉	¥100	$1.00	¥100	$1.00	¥100	$1.00
(e) 為替平価における労働量の交換比率	(2：1)		(2：1)		(2：1)	
(f) 現実の為替相場	¥100	$1.00	¥100	$1.00	¥100	$1.00
(g) 現実の為替相場における両国の労働の交換比率	(2：1)		(2：1)		(2：1)	
(h) 商品1単位の国内価格	¥1,200	$10.00	¥1,000	$10.00	¥800	$10.00
(i) ドル換算価格	$12.00		$10.00		$8.00	
(j) 円換算価格		¥1,000		¥1,000		¥1,000
(k) 価格指数	100.00		100.00		100.00	

Ⅱ

	A		B		C	
	JPN	USA	JPN	USA	JPN	USA
(a) 商品一単位の価値（国民的労働量）	120時間	50時間	100時間	50時間	80時間	50時間
	(2.4：1)		(2：1)		(1.6：1)	
(b) 金1gの価値（国民的労働量）	10時間	5時間	10時間	5時間	10時間	5時間
	(2：1)		(2：1)		(2：1)	
(c) 商品一単位の金量表示	12 g	10 g	10 g	10 g	8 g	10 g
	(1.2：1)		(1：1)		(0.8：1)	
(d) 為替平価〈金1gの価格比〉	¥100	$1.00	¥100	$1.00	¥100	$1.00
(e) 為替平価における労働量の交換比率	(2：1)		(2：1)		(2：1)	
(f) 現実の為替相場	¥110	$1.00	¥90	$1.00	¥90	$1.00
(g) 現実の為替相場における両国の労働量の交換比率	(1.8：1)		(1.8：1)		(1.8：1)	
(h) 商品1単位の国内価格	¥1,200	$10.00	¥1,000	$10.00	¥800	$10.00
(i) ドル換算価格	$13.33		$11.11		$8.89	
(j) 円換算価格		¥900		¥900		¥900
(k) 価格指数（表2-1＝100）	100.00		100.00		100.00	

Ⅲ

	A		B		C	
	JPN	USA	JPN	USA	JPN	USA
(a) 商品一単位の価値（国民的労働量）	120時間	50時間	90時間	50時間	68時間	50時間
	(2.4：1)		(1.8：1)		(1.36：1)	
(b) 金1gの価値（国民的労働量）	9時間	5時間	9時間	5時間	9時間	5時間
	(1.89：1)		(1.85：1)		(1.85：1)	
(c) 商品一単位の金量表示	12.95 g	10.00 g	9.71 g	10.00 g	7.34 g	10.00 g
	(1.29：1)		(0.97：1)		(0.73：1)	
(d) 為替平価〈金1gの価格比〉	¥100	$1.00	¥100	$1.00	¥100	$1.00
(e) 為替平価における労働量の交換比率	(1.85：1)		(1.85：1)		(1.85：1)	
(f) 現実の為替相場	¥100	$1.00	¥100	$1.00	¥100	$1.00
(g) 現実の為替相場における両国の労働量の交換比率	(1.85：1)		(1.85：1)		(1.85：1)	
(h) 商品1単位の国内価格	¥1,295	$10.00	¥971	$10.00	¥734	$10.00
(i) ドル換算価格	$12.95		$9.71		$7.34	
(j) 円換算価格		¥1,000		¥1,000		¥1,000
(k) 価格指数（表2-1＝100）	107.91		97.12		91.73	

競争上有利ないし不利な状態に置く。こうした中で、資本は不利な状態を克服するために生産性を上昇させる。また、過小評価の解消によって有利な状態を喪失する資本も、有利な状態を維持しようと生産性を上昇させるであろう。このように、為替相場が為替平価より乖離した状態が一定期間続く場合、一方は過大評価の局面で、また他方は過小評価が解消される局面で生産性上昇圧力がかかる。この結果、より生産性を上昇させた国において相手国と比べて平均的な国民的生産性が上昇し、相手国に対する「貨幣の相対的価値」が低下する。

Ⅳ．為替相場変動と内外価格差

　本節では、前節で析出した為替相場変動と「貨幣の相対的価値」の低下との関係を軸に内外価格差の問題を考察する。

　最初に述べたように内外価格差問題には二重の問題を含んでいる。内外価格差を「個別商品の輸出入を促す対外・対内価格差」と定義した場合。これは、ある時点における商品の国際的な価格差の問題であるから絶対水準の問題といえる。それでは内外価格差の絶対水準を規定するものは何か。基本的には、事実上の為替平価における比較生産費構造によって決まる個別商品の対外・対内価格差と定義できる。これは「真の内外価格差」と呼ばれている[24]。

　次に、為替相場の変化と内外価格差の変化との問題について考察する。例えば、ある時点を基準に二国間の物価変動率比と現実の為替相場水準とを比較したとき、当該国の他方の国に対する為替相場水準が二国間の物価変動率の比に対して割高になっている場合、当該国の他方の国に対する内外価格差は拡大しているはずである。これは二時点間の一般物価変動と為替相場変動との比較から内外価格差の変化を問題にしている。

　このことを前掲の表3-1によって考える。表3-1は、為替相場が平価→円安ドル高→平価と変化したことを示していた。この過程で資本間競争が作用し、日本の平均生産性が変化（b欄：10時間→9.43時間）し、同時にアメリカに対する「貨幣の相対的価値」が低下（日本2：米国1→日本1.89：米国1）した。この変化は、他の条件に変化が無かったと仮定した場合、二重の意味を持ってくる。第一に、国民的な平均生産性の上昇は、生産性上昇率の低い（あるいは

生産性が上昇しない）生産部門の生産物の価格上昇につながる。これは一般物価上昇要因のひとつになる。第二に、この生産性の上昇は日本のアメリカに対する「貨幣の相対的価値」を低下させ、他の要因も考慮しなければならないが、アメリカと比較した日本の一般物価の相対的な上昇要因の一つになる。

　このように、為替相場の過大・過小状態を克服するような生産性上昇は、（ⅰ）平均生産性上昇率以下の生産性上昇率しか達成できない生産部門の価格上昇、従って一般物価にたいする上昇圧力を呼び起こす。（ⅱ）同時に、この生産性の上昇は、日本のアメリカ以上の生産性の上昇、すなわち日本のアメリカに対する「貨幣の相対的価値」の低下につながる。このことは、日本のアメリカに対する相対的な物価上昇を意味し、特に平均生産性以下の生産部門の内外価格差の拡大を惹起する。

　仮に為替相場の変動がインフレ（通貨の代表金量の減少）率格差だけを反映し、生産性上昇率の高い国は生産性上昇率の低い国よりインフレ率が低いと仮定する。このとき単純に統計上表面的に捉えられる二国間の物価変動率比と為替相場変動とを比較すると、物価変動率比に含まれる二国間の「貨幣の相対的価値」の変化が無視される。その一方で、生産性上昇率が高く、同時に低インフレである国の通貨の現実の為替相場は、事実上の為替平価の変化を反映して高インフレ国通貨に対して上昇するように現れる。従って、生産性の低い国に対する生産性上昇率が高い国の物価は、現実の為替相場水準で見た場合に割高に、つまり内外価格差が拡大しているように見える。

　以上の分析から、為替相場が過大・過小状態を一定期間続けた場合、輸出入競争を前提に「内外価格差」の問題を引き起こすことが導出できた。さらにこのことから、'80年代の日米の内外価格差拡大の要因のひとつが、変動相場制以降後の激しい為替相場調整とそれに対応するための輸出競争（生産性第一主義の合理化）にあることが推測できる。

V. 留意点と今後の課題

　これまで行ってきた考察には、いくつか留意すべき問題が存在する。本章の最後にその点に触れておく。

元来、国際価値論は、商品貿易における価格競争面に焦点を当ており、経済構造・自然条件の問題や商品の「質」の問題には触れてこなかったと思われる。しかし、こうした経済構造の条件を加味することは、これまで行ってきた分析を補強することになるであろう。すなわち、生産性上昇率の低い生産部門が輸入商品によって代替できないような場合、そしてそうした生産部門が大勢を占める場合、「内外価格差」の問題がよりはっきりと現れよう。例えば、農産物などには、輸送上の条件や自然条件の結果として輸入されにくい（あるいは海外で生産されない）商品がある。また、土地など本来、輸出できないものがあることも考慮するべきである。

　従って、今日の日本経済のように輸出部門（比較優位部門）が、自動車・電機・半導体等の少数の生産部門であり、大勢を占める生活関連産業部門は比較劣位部門のような場合、次のような事態を生み出すであろう。少数の輸出部門の生産性上昇を主要因とするアメリカ以上の平均生産性の上昇は、第一に、比較劣位部門を中心に貨幣価値の低下に伴う物価上昇圧力を呼び起こし、第二に、日本のアメリカに対する「貨幣の相対的価値」を低下させ、日本の比較劣位部門のアメリカの同種産業に比較した内外価格差を拡大させるであろう。

　また、輸入規制や寡占などの輸入障壁が撤廃され完全輸入自由化になったとしても上記のような輸入を阻害する要因は無視できないであろう。むしろ、さまざまな阻害要因が現実に存在していることを前提に、「国際価値論」が現実分析にどこまで応用できるかを議論するべきであろう。

　さて、円の対ドル相場を見てみると、円は長期的に上昇傾向にある。この傾向は、インフレ格差を示す事実上の為替平価の変化と日米間の労働生産性上昇率格差の複合と考えられる。しかし、両者は本来決定因が異なるものであり、両者が結びつく論理の導出が理論的難問とされてきた[25]。この難問に対して、本章の論理から次の推測ができる。各国通貨当局や市場参加者が一般物価から算出される購買力平価を基に為替政策を採用した場合、また輸出産業部門が為替相場変動を克服する国民的平均生産性上昇率以上の生産性上昇を達成し経常黒字構造を定着させた場合は、当該国は絶えず現実の為替相場の上昇圧力を、赤字国では下落圧力を被ることになる。この上昇・下落圧力が両国の為替政策

およびインフレ政策と結びつき、事実上の為替平価そのものの上昇・下落へつながるのでないか。その点が解明するべき課題の一つである。

（1）経済企画庁物価局編『物価レポート'95──暮らしを支える物価の安定──』社団法人経済企画協会、1994年、87頁。
（2）「内外価格差」に対する確定した定義は今のところ無い。『物価レポート'95』では、「（日本）の物価水準そのものの高さをどう評価するかという問題」と定義しているが、物価の割高面だけを問題にしており一面的と言える。
（3）例えば、酒井一夫「第11章　変動相場制」、小野・西村編『国際金融論入門（第3版）』有斐閣、1989年；山田喜志夫「不換制下における名目的為替相場と実質的為替相場」『国学院経済学』（国学院大学）、第39巻第2号（再録『現代貨幣論──信用創造・ドル体制・為替相場──』第8章、青木書店、1999年）、1991年；吉田真広「為替相場の変動と金平価に関する一考察──銀行制限期の為替相場変動を例証として──」『経済学研究』（国学院大学大学院紀要）、第23・24輯、1992年。
（4）例えば、松本朗「実質為替相場と名目為替相場の理論的・実証的検討──70年代後半〜80年代を事例として──」『愛媛経済論集』（愛媛大学）、第11巻第1号、1991年；山田喜志夫「商品価格の国際比較・為替相場・購買力平価」『国学院経済学』（国学院大学）、第43巻第3号、1995年、48〜53頁（再録前掲『現代貨幣論』第9章）。
（5）辻村江太郎『円高・ドル安の経済学』、岩波書店、1987年、54頁。
（6）国際価値論をめぐる最近の成果として、海保幸世『世界市場と国際収支』、ミネルヴァ書房、1993年；松本久雄『国際価値論と変動為替相場』、新泉社、1995年がある。
（7）例えば、行澤建三「生産性成長率較差による収支不均衡の諸様相」、森田桐郎編著『国際貿易の古典理論』同文館、1988年、193〜199頁。柳田章義『労働生産性の国際比較と商品貿易および海外直接投資』文眞堂、1994年。
（8）片岡尹『国際通貨と国際収支』、勁草書房、1986年、177頁。
（9）次のような評価は重要である。「…比較生産費説ないし比較優位説は、リカードウ・タイプのものであれ、現代のヘクシャー・オーリン理論であれ、一定の歴史的時点に存在する既存の生産費状態を前提して、そのもとでの資源利用の効率性に関心をもつのであり、その意味でまさに静態的な《価値の理論》に属するものといえよう。それは、前提としての比較生産費の状態がいかにして歴史的に形成されたのかを問う論理をそなえておらず、またその前提そのもの──一定時点にお

る」。(森田桐郎「伝統的貿易理論に対する批判的潮流」森田桐郎編著『世界経済論──《世界システム》アプローチ──』、ミネルヴァ書房、1995年、90～91頁)。
(10)「…貿易不均衡とはいっても、大きくいって生産性の国際的不均等発展によって生じる場合と景気循環局面の国際的ずれによって生じる場合とがあり──不換通貨制下ではさらにインフレの国際的な不均等な進行による場合もある──」(平勝廣「生産性の国際的不均等発展による貿易不均衡とその調整メカニズム」『同志社商学』(同志社大学)、第37巻第5・6号、1986年、106頁)。
(11) 金平価という用語は二重の意味で使われてきた。「いわゆる金平価（Gold Par Value, Gold Parity) には1国の通貨単位と金の一定量の等価関係を示す場合と、これから換算した2国通貨の交換比率を示す場合とがある。後者は為替平価（Par Value of Exchange) としての金平価」である（木村滋『外国為替論〔第4版〕』有斐閣、1997年、32頁)。
(12) K. Marx, *Grundrisse der Kritik der politischen Ökonomie, in MEGA II/1/1*, S.120〔高木幸二郎監訳『経済学批判要綱Ⅰ』大月書店、108頁〕。
(13) K. Marx, *Das Kapital, in Werke*, Bd.23, S.116（『資本論』第一巻、新日本出版社、172頁)。
(14) K. Marx (1858-1959), *Zur Kritik der Politischen Ökonomie, in Werke*, Bd 13, S.56（『経済学批判』、マルクス・エンゲルス全集第13巻、大月書店、55頁)。
(15) 価格標準の機能は、「一定の金重量が度量単位として固定されなければなら」ず、「度量比率の固定性が決定的である」（*Das Kapital, a.a.O.,* S.113；前掲邦訳、130頁)。
(16) K. Marx, *Zur Kritik, a.a.O.,* S.84（前掲邦訳、84頁)。
(17) K. Marx, *ebenda.,* S.50（前掲邦訳、49頁)。
(18) K. Marx, *Das Kapital,* a.a.O., S.117（前掲邦訳、173頁)。
(19) 木下悦二『資本主義と外国貿易』有斐閣、1963年、147頁。
(20) 秋山誠一「国民所得と労賃の国際的格差──日・米・英・西独・仏製造業の時間当たり価値生産額と労賃比較を中心として──」『国学院商学』(国学院大学栃木短期大学商学会)、第2号、1992年、68～69頁。「貨幣の相対的価値」の内容については種々論争のあるところであるが本稿でそれを詳しく展開する余裕はない。この問題については、上記の論文以外に、秋山誠一「国際価値と金──国民的平均生産性および部門別生産性の対外格差──」『経済学研究』(国学院大学大学院紀要)、第14輯、1982年を参照されたい。
(21) 今日、金の貨幣性について多くの疑問が提起されている。しかし、金に代わる貨幣商品を導く積極的な論理は見あたらない。逆に、金の貨幣性を否定してしまえば、「金の市場価格や一般商品の価格の絶対額の決まり方を理論的に説明することが不可能となろう」。そればかりか、「各国の公的対外支払準備の半分以上が金

で保有されている事実を説明すること」ができなくなる（山田喜志夫「金(1)――現代における金の意義と役割」、小野朝男 編『金・外国為替・国際金融』、ダイヤモンド社、1986年、13頁および16～17頁）。なお、以下も参照されたい。山田喜志夫「価格標準と金の市場価格・費用価格」『国学院経済学』（国学院大学）、第33巻第2・3合併号、1985年（前掲『現代貨幣論』第5章に再録）。

(22) 為替平価と国民的生産性格差を結びつける議論としては、行澤建三、前掲論文および森田桐郎「円切上げと日本経済の転機」『世界』（岩波書店）、12月号、1971年がある。また、森田論文を検討・批判したものとして、紺井博則「国際間における「貨幣の相対的価値」と為替相場――国際価値論と為替相場論との接点――」『国学院経済学』（国学院大学）、第29巻第1・2号、1981年、44～50頁がある。

(23) ここでは便宜上、単純平均にしてある。

(24) 山田喜志夫、前掲論文「商品価格の国際比較、為替相場…」1995年、31頁。

(25) 村岡俊三「諸国民的労働間の生産性格差の拡大・縮小と為替相場」『明大商学論叢』（明治大学）、第75巻第2・3・4号、1992年、24頁。

第4章　変動為替相場制における円の過大評価と過小評価

Ⅰ．はじめに

　本章では、これまでに行ってきた理論的な検討を前提にして、変動相場制下の円ドル為替相場変動について若干の推計を行う。その目的は、その推計から変動相場制下の円ドル相場変動の特徴をつかむことであり、これまで考えてきた理論の妥当性を検討する材料を見つけることにある。

　本章で具体的に行う作業は、第1に、事実上の為替平価の近似値を推計することと、第2に、推計した事実上の為替平価から為替相場（円）の過大・過小評価の程度を示すことである。

Ⅱ．事実上の為替平価の推計方法

　まず、事実上の為替平価の近似値を推計する作業を行う。事実上の為替平価は厳密には二国通貨間の代表金量の関係であるから、それを推計しようとするためにはまず通貨の代表金量を推計する必要がある。しかし、厳密な意味でこの作業を行うことは不可能であるから、ここではいくつかの前提をおいて推計していく。最初に推計作業に必要な前提を示していく。

　今仮にある国にインフレーションが発生したとする。つまり当該国通貨の価格標準が切り下がったとすれば、そうした事態はその国の物価全体を上昇させる、つまり物価水準に影響を与える。従って、事実上の価格標準の変更は物価水準、言い換えれば物価指数の変動に反映されるはずである。この点は本書の中でこれまでも見てきた。

　ところが、統計的に捉えられる物価変動（物価指数の変動）は、価格標準の変更以外のさまざまな経済的要因によって規定される。たとえば、生産性の変化などによって商品価値それ自体が変化することによって起こる物価変動や景気変動による物価変動[1]などがそれである。従って、必ずしも物価指数の変更が正確に価格標準の変更を示しているわけではない。

しかし、景気変動によって引き起こされる物価の周期的変動と異なって、価格標準の変更は長期的・傾向的に物価変動を規定していると考えられる。それゆえ、ある程度長期的にデータをとった場合には、そこに事実上の価格標準変更の傾向が現れるはずである。そこで、さしあたり利用可能な物価指数の長期的・傾向的データを事実上の価格標準の変動の近似値として使用する。

　さて、前章まで述べてきたように、管理通貨制下、とりわけ変動相場制下では、二国通貨間の事実上の価格標準関係が事実上の為替平価である。したがって、事実上の価格標準の変動を近似的に示しているのが物価指数の長期的傾向であるとすれば、二国間の物価指数の長期的変化を比較することによって事実上の為替平価が求められる。

　ここで通説的な経済分析へと目を転じてみると、為替相場の「均衡水準」を求めるために二国間の物価変動（言い換えれば物価指数）を比較して「均衡為替相場」を求めようとする伝統的・一般的な議論が存在している。それは相対的購買力平価という概念である。相対的購買力平価は次の式で計算される。

＊相対的購買力平価
　　　　　＝基準時の為替相場×（自国の物価指数÷相手国の物価指数）

　この式から理解できるように相対的購買力平価は、二国間の物価指数の変化が反映された為替相場を示す指標といえる。従って、二国間の物価の変動を比較するという限りでは、相対的購買力平価は事実上の価格標準に近い経済指標であると考えられる。

　ところがこの相対的購買力平価は、事実上の為替平価を示す指標としてはいろいろな問題を含んでいる。まず、前段で述べた物価指数そのものが抱えている統計上の問題がある。また、どの物価指数がもっとも通貨の減価率に近い指標であるかが確定できていないという問題もある。

　第2に、基準時の為替相場が正確に二国間の事実上の為替平価の反映である保証がないという根本的な問題が存在する。言い換えれば、基準時として採用した物価が通貨の代表金量を正確に反映した水準にあるのかどうかはっきりし

ない。通貨が代表している金量を明確に捉えなければならないという重大な問題が残っている。

さらに、購買力平価という指標に理論的な根拠を与えている購買力平価説がそもそも多くの問題を孕んでいる点を指摘できる。例えば、購買力平価説は貨幣数量説を前提にしており、この点でマルクスの貨幣論とは全く相容れない理論である。また、その延長線上で次の問題も指摘できる。購買力平価説は、物価水準＝国際収支均衡論であり、購買力平価を国際収支の均衡点と捉えている。つまり、貨幣数量の変化が物価を動かし、その結果としての為替相場変動が国際収支を調整するという貨幣数量説的自動調整作用をアプリオリに認めてしまっている点で、少なくとも筆者の考え方とは大きく異なっている。

しかし、統計指標として利用しようとする場合、相対的購買力平価の統計指標としての概念は、今のところ、ここで問題にしている事実上の為替平価に最も近い内容の指標と考えられる。また、この他に利用可能な指標が無い以上、今まで述べてきた相対的購買力平価が持っている問題を無視し、その指標を事実上の為替平価の近似値として使用せざるを得ない。

これまで相対的購買力平価を事実上の為替平価の近似値として論述したが、実際にはさらに考慮する事柄がある。それは二国間の生産性格差の問題である。なぜなら、物価指数の中には商品の物的生産性の変化が含まれ、さらに二国間では労働生産性の上昇率に格差が存在するからである。推計に当たっては、この要因も控除してできるだけ事実上の為替平価の近似値としてふさわしい数値を示さなければならない。

事実上の価格標準を推計する場合に労働生産性を加味しなければならない理論的な根拠は、前章までで一応の展開をしている。しかし、繰り返しをおそれず、推計に入る前にここでもう一度簡単にその点に触れておきたい。

国民的な生産性水準の実質的な変化は、理論的には国民的労働の貨幣量表現の変化を意味していると考えられる。言い換えると、一定の貨幣量で表現される国民的労働の分量、すなわち国際価値論で言う「貨幣の相対的価値」の変化を意味していると考えられる。従って、日米の物価の上昇率を比較する場合、その変化の中にはストレートではないものの国民的な生産性上昇率格差による

「貨幣の相対的価値」の変化が反映されるものと考えられる。

　このことが、国内物価にはどのように影響するだろうか。簡単に述べれば、次のようにいえる。国際的な競争において個別商品の価格競争力は、二国間の個別商品の個別的労働生産性格差と国民的労働生産性格差との大小によって規定され、商品は国内的には比較劣位部門と比較優位部門とに二分される。その基準となるのが国際価値論でいう「貨幣の相対的価値」である。比較優位部門の産業では、貨幣の相対的価値よりも高い生産力の上昇を達成するため相対的に低価格商品を供給できるが、劣位部門では逆の状態が発生する。日本のようにごく少数の輸出産業と大多数の内需依存型の国内産業が存在しているような国では、大多数の比較劣位部門の産業が国民的な平均的な生産性水準以下の生産性上昇率のため物価上昇圧力になると考えられる。

　こうした理由から、できるだけ事実上の為替平価に近い値を算出するためには二国間の「貨幣の相対的価値」の変化を考慮する必要がある。そのために、必ずしも正確に「貨幣の相対的価値」を表すわけではないものの、その近似値を表す指標として日米の生産性変化率の格差をここで使用する。具体的には、「より生産性の高い」日本の物価指数に反映されている「各国の国内において金の同一量が代表する国民的労働」の量的相違を控除するために、日本の物価指数を日米生産格差で除する。このようにして、日米の物価上昇率格差から日米の生産性の変化率格差を控除し、事実上の為替平価の近似値として日米の相対的購買力平価を算出したものを「調整PPP」と呼ぶ。

＊調整PPP
　　＝基準時の為替相場（邦貨建て）
　　　　×｛日本の物価指数×(1/日米生産性格差)/アメリカの物価指数｝

　　注）日米生産性格差＝(日本の生産性指数/アメリカの生産性指数)

　事実上の為替平価の近似値を「調整PPP」としてこのようにして推計すると、現実の為替相場がそこからどの程度乖離しているかを算出することができ

る。この乖離幅が為替相場の過大評価と過小評価を示している。ここではそれを「調整PPP Gap」と呼ぶことにする。

＊PPP Gap＝（購買力平価－現実の為替相場）／購買力平価×100

Ⅲ．事実上の為替平価とPPP Gapの推計

1．円とドルとの事実上の為替平価の推計

　前節において整理した方法を使って、ここでは円ドル相場を事例にして変動相場制以降の事実上の為替平価を推計し、為替相場変動と為替相場水準の特徴を析出する。

　まず表4-1として日米の物価指数を示した。また、両国の物価変動における景気循環的な要因を排除するために両国の消費者物価の5年間の移動平均を併せて計算し、実際の推計にはこちらを使用した。

　次に、日米の生産性上昇率およびその格差の推計には社会経済生産性本部が発表している『労働生産性の国際比較（1998年版）』を利用した。表4-2と表4-3の中には日米の労働生産性格差を示してある。データは『労働生産性の国際比較（1998年版）』掲載の国民経済生産性（従業員一人当たり実質国内総生産）と全製造業についての1人1時間当たりの実質付加価値生産性とを利用した。

　元データは実質労働生産性であり、その指数は、概略的にいって実質的な（すなわちインフレ要因を捨象した）国民的な平均的な生産性水準の変化を近似的に示しているものと考えられる。「近似的に」とした理由は、実質付加価値生産性を算出するためにデフレートした物価上昇の中に物的生産性の変化による要因も含まれると考えられるからである。つまり、正確な意味でインフレーションを控除した「実質化」であるとは必ずしも言えない。しかし、ここでも購買力平価の部分で述べた理由と同じ理由から、名目的要因のみが取り除かれたと考えておきたい。

　さらに、できるだけ最近の為替相場の動きを推計することを目的にして数値を最新のものまで延長させるために、『労働生産性の国際比較』が算出をして

いない1995年以降については、現段階で入手可能な労働生産性指数における増減を物価上昇率でデフレートした値を1995年までの推計に接続するという簡便な方法をとっている。

表4-1 日米物価指数と為替相場

	WPI(JPN)	WPI(JPN) 5年間 移動平均	WPI(US)	WPI(US) 5年間 移動平均	CPI(JPN)	CPI(JPN) 5年間 移動平均	CPI(US)	CPI(US) 5年間 移動平均	Dollar/Yen ($1=¥)
1973	73.89	73.89	77.04	77.04	72.66	72.66	82.53	82.53	271.7
1974	97.08	97.08	91.54	91.54	89.47	89.47	91.65	91.65	292.08
1975	100.00	100.00	100.00	100.00	100.00	100.00	100.00	100.00	296.79
1976	105.12	102.73	104.66	105.40	109.38	108.09	105.75	106.24	296.55
1977	107.10	105.71	111.06	114.03	118.34	115.77	112.60	114.89	268.51
1978	104.38	112.09	119.71	124.78	123.26	123.34	121.21	125.50	210.44
1979	111.97	117.81	134.71	137.40	127.88	130.39	134.88	138.13	219.14
1980	131.87	123.61	153.74	149.42	137.84	136.43	153.09	151.47	226.74
1981	133.73	129.36	167.79	160.14	144.62	142.06	168.88	164.24	220.54
1982	136.11	133.51	171.17	168.69	148.57	147.44	179.30	175.87	249.08
1983	133.10	133.39	173.30	173.26	151.39	151.46	185.05	185.24	237.51
1984	132.74	130.49	177.45	174.00	154.79	154.33	193.04	192.19	237.52
1985	131.25	126.23	176.59	174.97	157.95	156.43	199.92	198.57	238.54
1986	119.26	122.34	171.49	176.92	158.93	158.19	203.62	205.51	168.52
1987	114.79	119.11	176.01	179.87	159.11	160.00	211.24	212.97	144.64
1988	113.65	116.65	183.08	184.35	160.19	162.18	219.73	221.53	128.15
1989	116.57	116.63	192.16	189.94	163.84	165.27	230.32	231.42	137.96
1990	118.97	117.15	199.00	194.85	168.85	168.92	242.75	241.31	144.79
1991	119.17	117.02	199.44	198.95	174.36	172.81	253.03	251.04	134.71
1992	117.40	115.84	200.58	201.75	177.38	176.21	260.70	260.06	126.65
1993	112.97	113.98	203.57	204.66	179.62	178.58	268.40	268.13	111.2
1994	110.67	112.10	206.15	208.47	180.86	179.90	275.40	275.81	102.21
1995	109.66	110.91	213.58	212.03	180.70	181.23	283.13	283.32	94.06
1996	109.78	110.25	218.45	213.92	180.94	182.35	291.42	290.21	108.78
1997	111.45	109.32	218.41	215.65	184.03	183.10	298.24	297.03	120.99
1998	109.71	109.71	213.01	254.91	185.22	254.91	302.86	366.96	130.91
1999	106.00	106.00	214.80	254.07	184.60	254.07	309.48	374.99	113.91

資料）日本銀行、『経済統計年報』、『国際比較統計』

最終的な推計結果は、表4-2と表4-3の中にある「調整PPP」欄に示したものである。付加価値生産性格差に基づくこの推計によれば、1995年における事実上の価格標準は、最も円安で＄1＝¥144.68（消費者物価）、最も円高で＄1＝¥118.31（卸売物価）の間にあると考えられる。また、国民経済生産性格差に基づくこの推計によれば、1996年における事実上の価格標準は、最も円安で＄1＝¥135.53（消費者物価）、最も円高で＄1＝¥108.08（卸売物価）の間にあると考えられる。

表4-2 対ドルPPP〈1975年基準：付加価値生産性（実質）格差による調整〉

	実質付加価値労働生産性格差（製造業）〈JPN/US〉	為替相場	調整PPP（WPI）〈＄1＝円〉	調整PPP Gap（WPI）	調整PPP（CPI）	調整PPP Gap（CPI）〈＄1＝円〉
1975年	1.00	296.79	296.79	0.00%	296.79	0.00%
1976年	1.00	296.55	289.30	-2.51%	301.95	1.79%
1977年	1.00	268.51	275.15	2.41%	299.08	10.22%
1978年	1.02	210.44	261.89	19.65%	286.51	26.55%
1979年	1.14	219.14	222.66	1.58%	245.13	10.60%
1980年	1.17	226.74	210.71	-7.61%	229.42	1.17%
1981年	1.14	220.54	209.55	-5.25%	224.38	1.71%
1982年	1.17	249.08	201.10	-23.86%	213.01	-16.93%
1983年	1.10	237.51	207.42	-14.50%	220.30	-7.81%
1984年	1.09	237.52	204.29	-16.27%	218.74	-8.59%
1985年	1.12	238.54	190.93	-24.93%	208.49	-14.41%
1986年	1.07	168.52	191.63	12.06%	213.33	21.00%
1987年	1.05	144.64	186.76	22.55%	211.90	31.74%
1988年	1.11	128.15	169.76	24.51%	196.41	34.75%
1989年	1.19	137.96	152.51	9.54%	177.37	22.22%
1990年	1.29	144.79	138.21	-4.76%	160.91	10.02%
1991年	1.37	134.71	127.47	-5.68%	149.19	9.70%
1992年	1.32	126.65	129.38	2.11%	152.69	17.05%
1993年	1.30	111.2	127.37	12.70%	152.33	27.00%
1994年	1.28	102.21	124.44	17.86%	150.94	32.29%
1995年	1.31	94.06	118.31	20.50%	144.68	34.99%
1996年	1.43	108.78	104.30	-4.30%	128.86	15.58%
1997年	1.49	120.99	101.64	-19.04%	122.91	1.56%

2．調整 PPP の推計

次に現実の為替相場が事実上の為替平価の近似値としての「調整 PPP」からどの程度乖離しているかを算出してみた。繰り返し述べているように、この乖離幅が「調整 PPP Gap」であり、為替相場の過大評価と過小評価を示している。

計算結果は表4-2および表4-3に示してある。また、図4-1と図4-2では、調整 PPP を100としてそこから現実の為替相場がどの程度離れているかを示している。プラスになるほど円はドルに対して過大評価になり、輸出商品にとっては価格上不利に、輸入商品にとっては価格上有利に働く。逆に、マイナスになれ

表4-3 対ドルPPP〈1975年基準：国民経済生産性格差による調整〉

	国民生産性格差〈JPN/US〉	為替相場	調整PPP (WPI)	調整PPP Gap (WPI)	調整PPP (CPI)	調整PPP Gap (CPI)
1975年	1.00	296.79	296.79	0.00%	296.79	0.00%
1976年	1.02	296.55	283.68	−4.54%	296.09	−0.16%
1977年	1.04	268.51	264.77	−1.41%	287.79	6.70%
1978年	1.07	210.44	249.64	15.70%	273.11	22.95%
1979年	1.13	219.14	225.70	2.91%	248.48	11.81%
1980年	1.15	226.74	214.05	−5.93%	233.05	2.71%
1981年	1.17	220.54	205.77	−7.18%	220.34	−0.09%
1982年	1.20	249.08	196.39	−26.83%	208.02	−19.74%
1983年	1.17	237.51	195.05	−21.77%	207.16	−14.65%
1984年	1.18	237.52	189.28	−25.48%	202.67	−17.20%
1985年	1.21	238.54	176.81	−34.91%	193.07	−23.55%
1986年	1.22	168.52	168.47	−0.03%	187.54	10.14%
1987年	1.26	144.64	155.53	7.00%	176.46	18.03%
1988年	1.29	128.15	145.06	11.66%	167.83	23.64%
1989年	1.32	137.96	138.21	0.18%	160.75	14.18%
1990年	1.34	144.79	132.96	−8.90%	154.80	6.47%
1991年	1.38	134.71	126.45	−6.53%	147.99	8.97%
1992年	1.34	126.65	126.71	0.05%	149.54	15.31%
1993年	1.33	111.2	123.96	10.29%	148.25	24.99%
1994年	1.33	102.21	119.95	14.79%	145.50	29.75%
1995年	1.34	94.06	116.19	19.04%	142.09	33.80%
1996年	1.38	108.78	108.08	−0.65%	133.53	18.54%
1997年	1.49	120.99	101.64	−19.04%	122.91	1.56%

ば円はドルに対して過小評価になり、輸出商品にとっては価格上有利に、輸入商品にとっては価格上不利に働くと考えられる。

これらの表とグラフからわかるように、1985年にはもっとも大きい値で約−35％（卸売物価：国民経済生産性格差）、もっとも小さい値でも−14.73％（消費者物価：付加価値生産性格差）ほど円にとって過小評価になっている。

図4-1 対ドルPPP〈1975年基準：付加価値生産性（実質）格差による調整〉

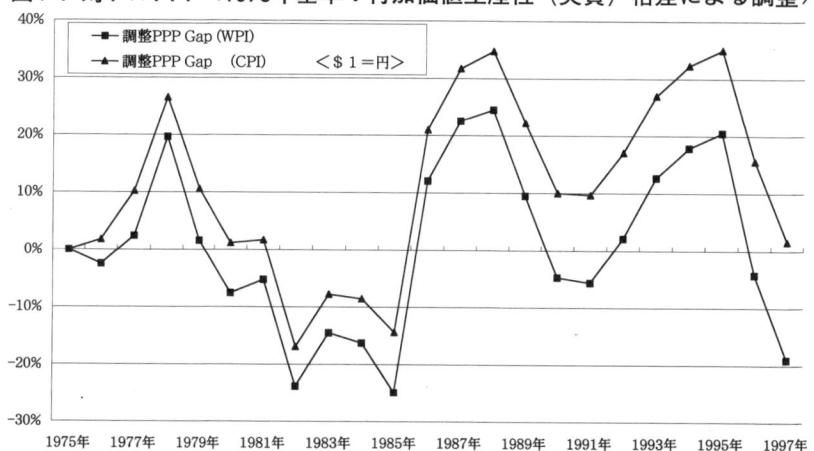

図4-2 対ドルPPP〈1975年基準：国民経済生産性格差による調整〉

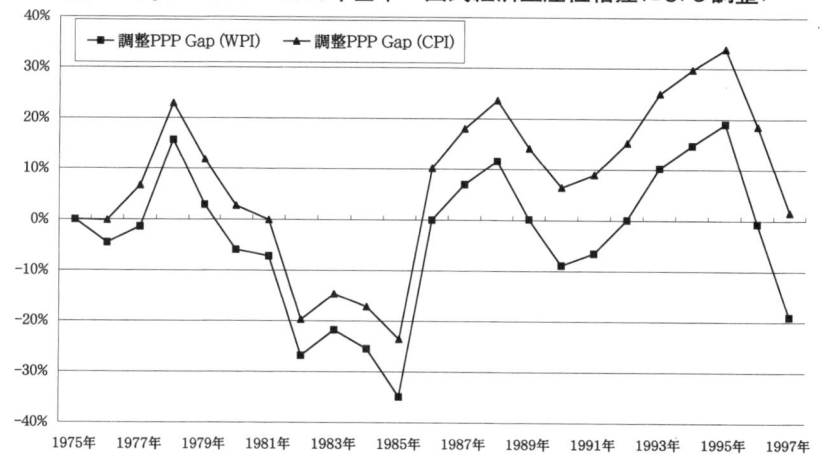

図4-3 アメリカ物価指数および輸入数量・単価指数

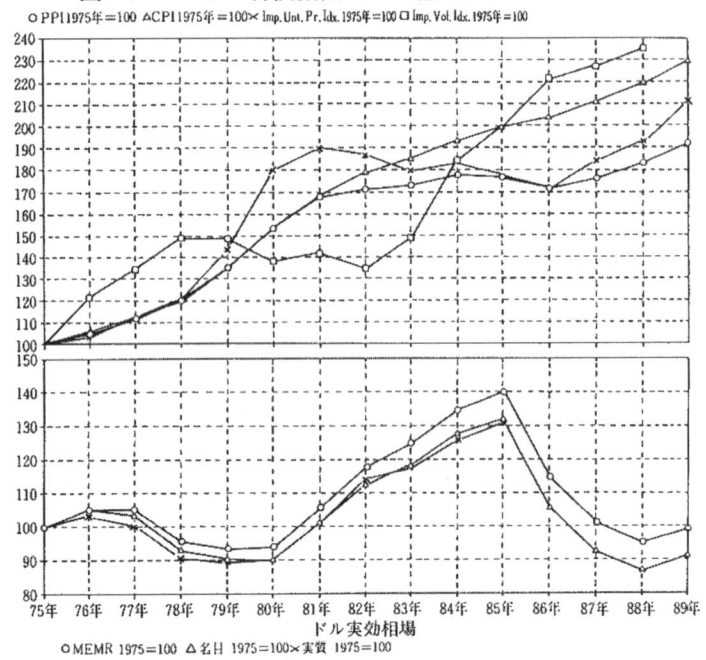

出所）IMF, *International Financial Statistics Yearbook*, Vol.18, 1990.より作成。

図4-4 輸出入通関高：Exports and Imports（Customs Clearance Basis）

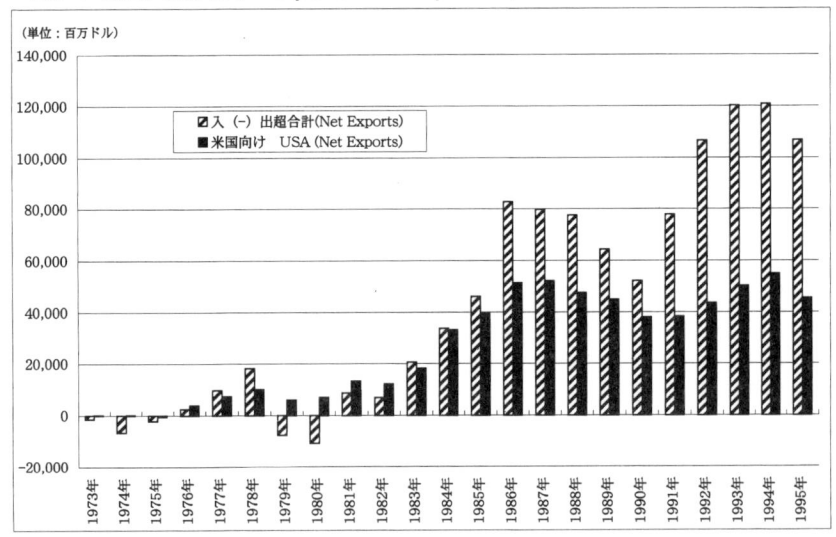

この数値の動きを、アメリカの輸入単価指数と消費者物価指数との関係を示している図4-3と比較してみよう。1985年のアメリカ輸入単価指数は、消費者物価指数よりも約23%、さらには1986年には約32%まで下回る。また、ドルの実質実効為替相場は、1975年を100として1985年には約40%まで上昇した。これらの数値は、この時期の円の対ドル過大評価と為替相場を通じた輸入品の価格変動（価格競争力）に強い相関があることをうかがわせる。

　次に、ここで推計した為替相場の過大評価・過小評価と貿易収支との関係について触れる。図4-4は日本の通関統計の対米商品輸出入差額を示したものである。ドル建てで示してある。これをみると円のドルに対する過大・過小評価と日本の対米商品輸出が一定の関係があることがわかる。すなわち、円のドルに対する過大評価拡大と商品貿易における黒字の減少が、そして円のドルに対する過小評価の拡大と商品貿易における黒字の拡大とが、一定の対応関係をもっているといえる。

3．'86年円高と'93年円高

　変動相場制移行後、相場変動と貿易・経常収支調整との関係は絶えず問題になってきた。第1章冒頭で述べたように、通商白書では、1985年のプラザ合意後の円高と1993年以降の円高とを比較し、変動幅（円高率）ではプラザ合意前後の円高の方がはるかに大きかったにも関わらず、相場変動の影響・作用という点で見ると'93年以降の円高の方が大きかったことを指摘して問題にしている。

　ここでは、本章の推計を使ってこの問題への一定の回答を示してみる。本章の推計は、プラザ合意後の円高が過小評価を縮小させる過程であり、円の過大評価の程度は、'93年以降の円高ほど大きくはなかった。したがって、円の過小評価の喪失分をカバーする合理化の余地が残っていれば、円の過大評価になる程度が小さい限り、輸出量が減ることはないだろう。このことを示す傍証として表4-4を挙げたい。これはプラザ合意以前の円が安定していた時期とプラザ合意後の円急騰期とにおける日本の対米貿易価格・数量指数を示したものである。この表が示すように、プラザ合意後の円高では円の切り上げ幅が大きかったにもかかわらず、価格転嫁率が小さいことがわかる。

表4-4 対米貿易価格・数量の推移

(単位 前年比%)

区　　分		円・ドルが安定していた時				円 が 上 昇 し た 時			
		1983	84	85	83-5平均	86	87	88	86-8平均
対米輸出	金　額	17.9	39.9	8.9	22.2	23.3	3.9	7.2	11.5
	価　格	△1.1	0.1	△1.8	△0.9	20.7	9.0	10.2	13.3
	数　量	19.0	40.2	10.4	23.2	2.1	△4.7	△2.5	△1.7
対米輸入	金　額	1.9	9.0	△4.0	2.3	12.6	8.4	33.5	18.2
	価　格	0.8	1.8	△3.8	△0.4	△2.5	0.8	9.8	2.7
	数　量	1.1	7.1	△0.3	2.6	15.6	7.4	21.7	14.9
円 切 上 げ 率		4.9	0.0	△0.2	1.6	41.7	16.3	12.7	23.6

(出所) 田中和子「日本の対米経常収支の動向」『財政金融統計月報』No460.1990.8より。

　一方、'93年以降の円高期はどうだろう。消費者物価指数を使った計算によれば、当時のドルに対する円の過大評価は、事実上の為替平価の40%を越えるところまで進み、変動相場制下でもっとも大きくなっている。日本の輸出産業にとってこの過大評価は、合理化等で吸収する程度を越えたものあったと推測できる。従って、円の上昇につれて輸出品への価格転嫁が進んでいったのではないだろうか。表4-5は、'90年代に入ってからの対米貿易価格・数量指数の推移をみたものである。ここからこの時期の輸出品への価格転嫁率が大きいことが読みとれる。以上、本章での推計によって変動相場下の二つの局面の相場変動と相場水準について分析し、その特徴を見てきた。以下の章のなかでは、ここでの為替相場変動と水準との分析をもとにして導き出される理論的な含意を明らかにしていく。

補論　現代の金問題

　本書では、貨幣は現在においても金であり、銀行券や預金通貨などの現代通貨はその背後に一定の金量を代表しなければならないという論理が貫かれているということを前提に議論を進めてきた。しかし、その一方で、マルクス経済学の立場も含めて多くの経済学者が今日の金の貨幣性について疑問を示している。この補論では、本書で展開してきた議論の第1前提である金の貨幣性に対するこうした疑問に答えることを目的に、通貨当局の金に対する姿勢と金市場

第4章　変動相場制における円の過大評価と過小評価　　　　　　　　　　59

表4-5 対米国貿易指数と為替相場の変動率

貿易指数の推移（米国）　　　　　　　　　　　　　　　　　　　　　　　（1990=100）

期別		輸出					輸入			
		金額指数	Value Index	数量指数 (Quantum Index)	価格指数	Unit Value	金額指数	Value Index	数量指数 (Quantum Index)	価格指数	Unit Value
		ドル	円		ドル	円	ドル	円		ドル	円
H2	1990	100	100	100	100	100	100	100.0	100	100	100.0
H3	1991	101.4	94.3	94.6	107.1	99.8	101.7	94.8	101.0	100.8	93.8
H4	1992	106.1	92.8	93.4	113.5	99.4	99.7	87.3	98.3	101.5	88.8
H5	1993	116.7	89.9	91.7	127.2	98	105.5	81.2	100.6	104.9	80.8
H6	1994	130.2	92.2	95.1	136.8	96.9	119.7	84.7	110.4	108.4	76.7
H7	1995	133.8	86.8	88.5	151.3	98.1	144	93.3	125.5	114.8	74.4

各指数の前年（同期）比伸び率（％）　　　　　　　　　　　　　　　　（1990=100）

期別		輸出					輸入			
		金額指数	Value Index	数量指数 (Quantum Index)	価格指数	Unit Value	金額指数	Value Index	数量指数 (Quantum Index)	価格指数	Unit Value
		ドル	円		ドル	円	ドル	円		ドル	円
H2	1990	—	—	—	—	—	—	—	—	—	—
H3	1991	1.4	−5.7	−5.4	7.1	−0.2	1.7	5.2	1	0.8	6.2
H4	1992	4.6	−1.6	−1.3	6	−0.4	−2	−7.9	−2.7	0.7	−5.3
H5	1993	10	−3.2	−1.8	12.1	−1.4	5.8	−6.9	2.4	3.3	−9.1
H6	1994	11.5	2.6	3.7	7.5	−1.1	13.4	4.2	9.8	3.4	−5
H7	1995	2.8	−5.8	−7	10.6	1.3	20.3	10.1	13.6	5.9	−3.1

各指数の前年（同期）比伸び率（％）　　　　　　　（単位：円）

	期別	最高値	最安値	年間平均相場	期末	年間変動幅	年間変動率（％）	円切り上げ率（％）
H2	1990	124.05	160.35	144.88	135.4	36.3	25.1	−4.7
H3	1991	125.1	142.02	134.59	125.25	16.92	12.6	7.6
H4	1992	118.6	134.95	126.62	124.65	16.35	12.9	6.3
H5	1993	100.4	125.95	111.06	111.89	25.55	23.0	14.0
H6	1994	96.35	113.6	102.18	99.83	17.25	16.9	8.7
H7	1995	79.75	104.7	93.97	102.91	24.95	26.6	8.7
H8	1996	103.97	116.18	108.81	115.98	12.21	11.2	−13.6

出所）日本関税協会『外国貿易概況』および日本経済新聞社『ゼミナール日本経済』より作成

価格の動きを見ることで現代における金の貨幣性についての検証をしてみたい。

1. 通貨当局の金準備と蓄蔵貨幣機能

(1) 信用制度の役割

　資本主義経済において金は貨幣としての役割を担ってきた。しかし、その一方で、貨幣それ自体は現実に資本にとって費用であった。そこで、資本主義経済社会は、貨幣費用としての金を節約するために信用制度を発展・展開してきた。流通費の節約について、マルクスは次のように述べている。

　「Ⅱ　流通費の軽減。

　(一) 一つの主要な流通費は、それ自身価値をもつ限りでの貨幣そのものである〔第二巻、第一編、第六章、第一節、3「貨幣」、参照〕。貨幣は信用によって三通りの仕方で節約される。

　Ａ．取引の一大部分にとって、貨幣がまったく必要とされなくなることによって。

　Ｂ．通流する媒介物〔流通手段〕の流通が速められることによって。これは部分的には(二)で述べることと一致する。詳しく言えば、一方では、この加速は技術的である。すなわち、消費を媒介する現実の商品諸取引の大きさも数量も何ら前と変わらないのに、より少量の貨幣または貨幣章標が同じ役目をする。このことは、銀行制度の技術と連関する。他方では、信用は商品変態の速度を、したがってまた貨幣流通の速度を、速める。

　Ｃ．紙券による金貨幣の代位。

　流通または商品変態の、さらには資本の変態の個々の段階の、信用による加速、またこのことによる再生産過程一般の加速。(他方では、信用は、購買行為と販売行為とを比較的長期間にわたって分離することを許し、それゆえ騰貴の土台として役立つ。) 準備金の収縮。これは二様の面から考察されうる——すなわち、一方では、流通する媒介物の減少として、他方では、資本のうちつねに貨幣形態で実存しなければならない部分の制限として」[(2)]。

　ここで節約される貨幣は、「資本が流通時間中にとる形態たる流通資本」で

ある「過程的統一としての資本の本源的費用」ではなく、純粋流通費としての貨幣費用あるいは貨幣そのものである。この費用は、「『商品の生産過程である一定の社会的生産過程形態』から生じる純粋流通費用としての貨幣費用」である[3]。したがって、この費用の節約は個別資本の直接的動機によって達成されるわけではない。むしろ、この費用の節約は資本の運動の必然的な傾向であり、その社会的結果といえる。この「社会的な結果」としての貨幣節約は、資本主義的生産社会において、信用制度によって達成される。例えば、それは「流通費に、しかもその大きな費用に属する」「貨幣それ自体」「を無価値の代理物におきかえようとする」[4]という形で達成される。信用制度は貨幣金をできるだけ節約するという役割を資本主義社会では担っているのである。

(2) 通貨当局による準備金としての金の集中

　資本主義経済における信用制度の発達は、結局「ブルジョア的生産の発展している諸国」において、「銀行という貯水池に大量に集積される蓄蔵貨幣を、その独自な諸機能のために必要とされる最小限にまで制限する」[5]。こうした貨幣金の節約はさらに一層展開し、貨幣金は今日国内的にも国際的にも決算手段として目に見える形では現れなくなったように見える。にもかかわらず、世界各国の通貨当局は、重要な準備金として金を保有し続けている。この点で我々は、少なくとも金は、通貨当局における準備金あるいは世界貨幣という形で貨幣の役割をいまだに果たしているということができよう。

　IMFは、近年発表した概況報告のなかで次のように指摘している。「IMF協定の第2次改正は、複合的に国際通貨制度とIMFにおける金の役割を徐々に減らしていくことを意図した数多くの協定を含んでいた。しかしながら、金はいまだに数多くの国々の準備金において重要な資産であり、IMFは世界中でもっとも大きな金の公的保有機関のひとつであり続けている」[6]。さらに世界金協議会は、その政策声明の中で次のように主張している。「通貨当局は長く自国準備の中に金を保有してきた。今日その保有高は約9億オンスにのぼっている——この保有高は50年前とほとんど同じである。この金保有が外国為替と比べて不効率であるとしばしば示唆されてきた。しかしながら、国々が金を準

表4-6 準備金における金 (全世界)

年	準備金占める金の割合 (%)	金量 (百万オンス)	年	準備金占める金の割合 (%)	金量 (百万オンス)
1948	67.84	928.48	1975	43.50	1019.87
1949	72.15	941.58	1976	38.69	1015.38
1950	68.85	955.56	1977	37.98	1030.35
1951	68.69	959.49	1978	42.31	1037.98
1952	67.89	960.55	1979	57.42	946.89
1953	66.22	973.87	1980	57.89	955.56
1954	65.52	992.08	1981	49.74	955.19
1955	65.37	1004.46	1982	54.58	951.28
1956	64.08	1024.43	1983	48.86	950.15
1957	65.69	1059.38	1984	42.30	949.02
1958	65.88	1080.51	1985	41.16	951.5
1959	66.15	1078.94	1986	42.07	951.47
1960	63.61	1083.34	1987	38.87	945.97
1961	62.56	1107.22	1988	34.71	946.68
1962	62.35	1118.82	1989	32.69	941.04
1963	60.22	1149.04	1990	27.95	939.24
1964	59.02	1163.33	1991	25.11	939.26
1965	58.78	1193.58	1992	23.82	928.82
1966	56.16	1165.73	1993	24.69	919.5
1967	53.01	1126.4	1994	21.87	915.44
1968	54.29	1107.36	1995	19.26	906.16
1969	49.61	1112.9	1996	16.89	903.95
1970	41.36	1059.74	1997	13.14	886.69
1971	32.23	1030.28	1998	13.70	965.95
1972	35.51	1021.52	1999	13.14	942.67
1973	44.92	1024.09	2000	14.13	950.73
1974	51.95	1022.08			

(注) 金市場価格 (SDR) で換算。
資料) IMF, *International Financial Statistics CD-ROM*, 2000.

備金の一部として持ち続ける十分な理由がある」[7]。

　表4-6は、世界中のすべての通貨当局が準備金の中にどの程度の割合の金を保有してきたかを、金市場価格で換算して示している。その結果からわかるようにこの表は上で挙げた世界金協議会の声明の内容が正しいことを証明している。さらに、個々の国々が所有する金の量も、個々の国々の保有する金のシェアも長期間安定していることがわかる（表4-7）。

　その一方で、準備金に占める金の割合は、世界全体を見ても、個々の国々を見ても減少してきた（図4-5）。しかしながら、この傾向は金市場価格の動向（図4-6）に一致している動向のように見える。つまり、準備金における金の割合の減少は1980年以降の金市場価格の下落のためであって、必ずしも金廃貨を意味しているわけではない。

　むしろ、ここで注目したいのは、アメリカが他の国々ほどには、自国の外貨準備に占める金の割合を減らしていない点である。したがって、世界に比較したアメリカの外貨準備に占める金の相対依存度は増加していることになる（図4-7）。レーガン大統領の時代に、サプライ・サイダー学派は、金準備を裏付けとするドル本位制を本質とする金本位制（市場規定型のドル本位制）への復帰を主張した[8]。外貨準備に占める金の比重を考慮すると、アメリカは近年よりその可能性を増してきたようにも見える。

　こうした事実から指摘したいことは、結局今日でも金はなおまだ、各国通貨当局において蓄蔵貨幣としての役割を維持していると言うことである。ということは、金はいまだに貨幣としてもっとも適した商品であるがゆえに、貨幣として機能し続けていると言い換えることもできる[9]。この点が肯定できるとすると、こうした金の貨幣性は金市場価格の動きの中に現れてくるはずである。次にこの点を検証してみよう。

2．金市場価格の検証

　貨幣の第一の機能は、価値尺度機能である。この機能は、「商品世界にその価値表現の材料を提供すること、すなわち、諸商品価値を、質的に等しく量的に比較可能な同名の大きさとして表すことにある」[10]。そして、商品価値の貨

表4-7 金準備とその割合

(百万トロイオンス；期末)

	1950	1955	1960	1965	1970	1975	1980	1985	1990	1995	1999	2000
全世界	955.56 (100%)	1004.46 (100%)	1083.34 (100%)	1193.58 (100%)	1059.74 (100%)	1019.87 (100%)	955.56 (100%)	951.5 (100%)	939.24 (100%)	906.16 (100%)	942.67 (100%)	950.73 (100%)
工業国	862.7 (90%)	908.3 (90%)	1000.43 (92%)	1101.22 (92%)	941.41 (89%)	903.74 (89%)	813.88 (85%)	810.84 (85%)	795.82 (85%)	754.97 (83%)	788.85 (84%)	798.35 (84%)
合衆国	652 (68%)	621.51 (62%)	508.69 (47%)	401.86 (34%)	316.34 (30%)	274.71 (27%)	264.32 (28%)	262.65 (28%)	261.91 (28%)	261.7 (29%)	261.67 (28%)	261.61 (28%)
カナダ	16.57 (2%)	32.4 (3%)	25.29 (2%)	32.88 (3%)	22.59 (2%)	21.95 (2%)	20.98 (2%)	20.11 (2%)	14.76 (2%)	3.41 (0%)	1.81 (0%)	1.18 (0%)
オーストラリア	2.55 (0%)	4 (0%)	4.22 (0%)	7.07 (1%)	6.83 (1%)	7.38 (1%)	7.93 (1%)	7.93 (1%)	7.93 (1%)	7.9 (1%)	2.56 (0%)	2.56 (0%)
日本	0.2 (0%)	0.64 (0%)	7.06 (1%)	9.38 (1%)	15.22 (1%)	21.11 (2%)	24.23 (3%)	24.23 (3%)	24.23 (3%)	24.23 (3%)	24.23 (3%)	24.55 (3%)
ユーロ地域	− −	− −	− −	− −	− −	− −	− −	− −	− −	− −	402.76 (43%)	399.54 (42%)
フランス	18.91 (2%)	26.91 (3%)	46.89 (4%)	134.46 (11%)	100.91 (10%)	100.93 (10%)	81.85 (9%)	81.85 (9%)	81.85 (9%)	81.85 (9%)	97.24 (10%)	97.25 (10%)
ドイツ	0 (0%)	26.26 (3%)	84.89 (8%)	126 (11%)	113.7 (11%)	117.61 (12%)	95.18 (10%)	95.18 (10%)	95.18 (10%)	95.18 (11%)	111.52 (12%)	111.52 (12%)
イタリア	7.31 (1%)	10.06 (1%)	62.95 (6%)	68.68 (6%)	82.48 (8%)	82.48 (8%)	66.67 (7%)	66.67 (7%)	66.67 (7%)	66.67 (7%)	78.83 (8%)	78.83 (8%)
スイス	42 (4%)	45.63 (5%)	62.43 (6%)	86.91 (7%)	78.03 (7%)	83.2 (8%)	83.28 (9%)	83.28 (9%)	83.28 (9%)	83.28 (9%)	83.28 (9%)	78.83 (8%)
英国	81.76 (9%)	57.48 (6%)	80.03 (7%)	64.7 (5%)	38.52 (4%)	21.03 (2%)	18.84 (2%)	19.03 (2%)	18.94 (2%)	18.43 (2%)	18.91 (2%)	16.48 (2%)
発展途上国	85.12 (9%)	92.27 (9%)	82.88 (8%)	92.36 (8%)	118.33 (11%)	116.12 (11%)	141.68 (15%)	140.66 (15%)	143.42 (15%)	151.19 (17%)	153.82 (16%)	152.38 (16%)
アフリカ	7.92 (1%)	10.06 (1%)	7.28 (1%)	14.15 (1%)	28.84 (3%)	25.75 (3%)	21.13 (2%)	14.05 (1%)	12.06 (1%)	13.03 (1%)	12.37 (1%)	14.15 (1%)
アジア	19.71 (2%)	16.78 (2%)	16.21 (1%)	19.3 (2%)	19.99 (2%)	17.33 (2%)	37.37 (4%)	41.04 (4%)	52.57 (6%)	55.39 (6%)	55.61 (6%)	56.45 (6%)
ヨーロッパ	4.54 (0%)	4.57 (0%)	3.69 (0%)	3.86 (0%)	7.64 (1%)	11.21 (1%)	16.11 (2%)	17.07 (2%)	12.09 (1%)	23 (3%)	29.54 (3%)	28.55 (3%)
西半球	45.47 (5%)	49.06 (5%)	39.76 (4%)	30.83 (3%)	31.73 (3%)	29.77 (3%)	32.26 (3%)	32.34 (3%)	31.29 (3%)	28.81 (3%)	21.09 (2%)	18.16 (2%)
備考項目 石油輸出国	20.77 (2%)	18.2 (2%)	20.31 (2%)	25.12 (2%)	33.51 (3%)	34.84 (3%)	40.05 (4%)	42.24 (4%)	41.54 (4%)	38.31 (4%)	41.16 (4%)	41.66 (4%)
非石油輸出発展途上国	64.36 (7%)	74.07 (7%)	62.57 (6%)	67.25 (6%)	84.81 (8%)	81.28 (8%)	101.63 (11%)	98.42 (10%)	101.89 (11%)	112.88 (12%)	112.65 (12%)	110.72 (12%)

資料) IMF, *International Financial Statistics CD-ROM*, 2000.

第4章 変動相場制における円の過大評価と過小評価　　65

図4-5 準備金における金のシェア（％）

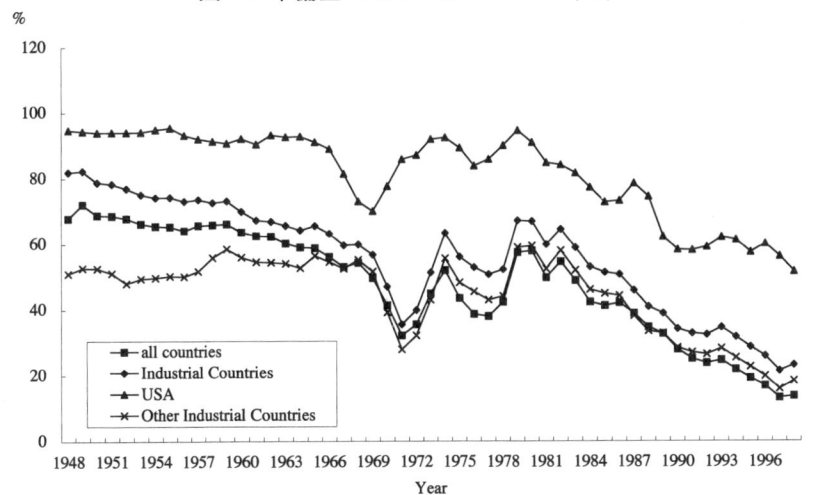

凡例:
- all countries
- Industrial Countries
- USA
- Other Industrial Countries

資料）表4-6に同じ

図4-6 市場価格

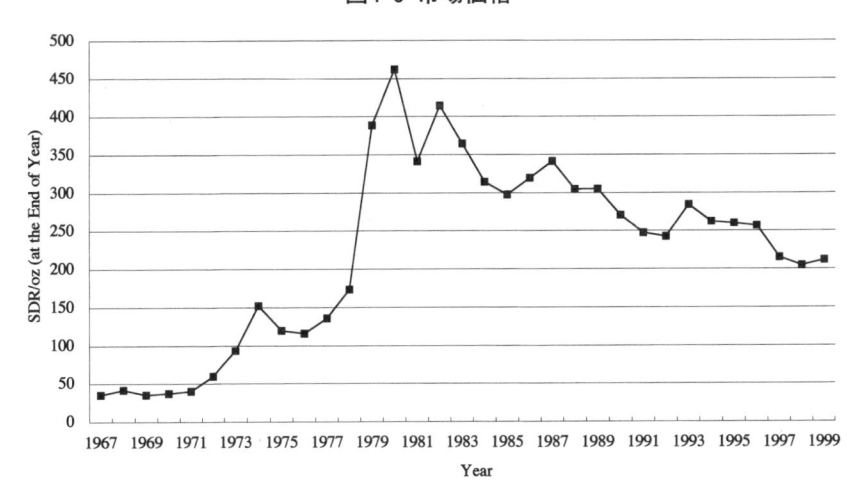

縦軸: SDR/oz (at the End of Year)
横軸: Year (1967–1999)

資料）表4-6に同じ

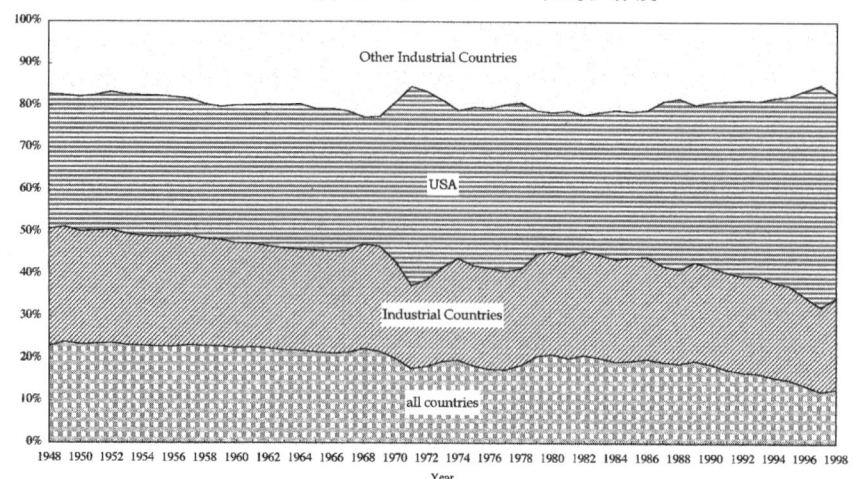

図4-7 外貨準備における金への相対依存度

資料）表4-6に同じ

幣（すなわち金）での表現が、商品の貨幣形態、従って価格である。この意味で「貨幣はなんの価格ももたない」。というのも、貨幣（すなわち金）は自分自身で自らの価値を表現することはできないからである。

現実を見ると、金は上で見たように蓄蔵貨幣としての役割を果たしている。それにも関わらず、自らの市場価格を持っている。一方で、金はいまなお貨幣としての役割を果たしているのであるから、他方で現実に存在している金市場価格を金価値の表現と規定することはできないはずである。するとここで、金市場価格とは何か、という問題が出てくる。それに対する結論を述べれば、現実の金市場価格も、金1単位に付けられた貨幣名、つまり価格標準の逆数ということ以外にはあり得ないことになろう。

価格規定を受けることで、「諸商品の価値は、さまざまの大きさの表象された金分量に、したがって、商品体の錯綜した多様性にもかかわらず、金の大きさという同名の大きさに転化される。諸商品価値は、このようなさまざまな金分量として相互に比較され、はかられ合う。そこで、諸商品価値を、その度量単位としてある固定された分量の金に関連づける必要が技術的に生じてくる。この度量単位そのものは、さらに可除部分に分割されることによって度量単位

に発展させられる」(11)。価値尺度としての貨幣金は、同時に価格の度量標準としても機能するようになるのである。

したがって、貨幣金が価値尺度として価格の度量標準の機能も果たしているのであるから、金市場価格は価格標準の逆数である。ということは、価格の度量標準が固定されている限り、金市場価格の動きも安定している。たとえ金価値が変化しても、価格標準が一定しているならば、金市場価格も固定化しているはずである。価格標準が変動すると、金市場価格もそれにつれて変動するにちがいない。

マルクスは、価値尺度機能と価格の度量標準の機能との違いについて次のように述べている。

「貨幣は、価値尺度として、また価格の度量基準として、二つのまったく異なる機能を果たす。貨幣が価値尺度であるのは、人間的労働の社会的化身としてであり、価格の度量基準であるのは、確定された金属重量としてである。貨幣は、価値尺度としては、多種多様な商品価値を価格に、すなわち表象された金分量に転化することに役立ち、価格の度量基準としては、この金分量をはかる。価値の尺度によっては、諸商品が諸価値としてはかられ、これにたいして、価格の度量基準は、金分量をある金分量によってはかるのであって、ある金分量の価値を別の金分量の重量ではかるのではない。価格の度量基準のためには、一定の金重量が度量単位として固定されなければならない。この場合、およそ同名の大きさの度量規定を行なう他のどんな場合でもそうであるように、度量比率の不変性が決定的となる。だから、価格の度量基準は、同一分量の金が度量単位として変わることなく役立てば役立つほど、それだけ良くその機能を果たす。ところが、金が価値尺度として役立つのは、金そのものが労働生産物であり、したがって、可能性から見て一つの可変的な価値であるからにほかならない」(12)。

歴史的に価格の単位（貨幣名）がその重量単位から転化してきたものであるのはよく知られたことである。それは、例えば「１オンスの金はその価値の増減につれてその重量を変えることが決してないから、その可除部分の重量も同様に変わらず、したがって、金は、その価値がどんなに変動しようとも、価格

の固定的度量基準としてつねに同じ役目を果た」[13]してきたという事実が背景にあると言える。このように重要なことは「度量比率の不変性」であり、「価格の度量基準は、同一分量の金が度量単位として変わることなく役立てば役立つほど、それだけよくその機能を果たす」ということである。この論理は、制度的にも、経済法則の上でも貫かれていくはずである。不換制下ではこのことをどのように捉えていけばよいのだろうか。つぎにこのことを考察する。

　不換制下での問題の第一は、法制上の価格の度量標準が失われている中で、市場の需要と供給の関係によって規定される金市場価格が事実上の価格の度量標準の役割を果たしているところにある（価格標準の非固定化）。というのも、金市場価格は、単なる金の重量名とは異なり、貨幣名が代表している金量（価格標準）以外の市場要因によって左右されるからである。例えば、投機要因がそれである。この点で、我々は現実には金の価格変動に二つの性格を見なければならない。一つは、貨幣的側面であり、二つ目は、市場取引商品という側面である。後者の面は、市場の思惑、需要と供給の関係で（金の価値とは無関係に）「金の価格」が変動するという側面である。しかしながら、一方で、金がその貨幣性を維持している限り、上記でも見たような経済原理が貫徹することによって、現実の金市場価格は価格標準の逆数に接近するように変動するはずである。言い換えれば、現実の金市場価格は価格標準の逆数を中心にその上下を変動すると考えられる。

　そこで、いくつかのデータでその点を確認してみよう。まず、消費者物価指数の変化と金市場価格の動向を比較してみた（図4-8）。この比較から、'80年代初頭に金市場価格のはっきりした転換点があることが見て取れる。'70年代世界各国は国際通貨制度の混乱とインフレの脅威にさらされる。こうした条件の下で、投機的資本が金市場に流れ込み、金市場価格の変動はきわめて大きくなった。しかしながら、'80年代に入ると、特に先進国を中心にインフレが押さえ込まれた。その結果、金市場価格は消費者物価の動きに収斂するようになってきたように見える。図4-9は、金市場価格と消費者物価指数の前年比変動率を比較したものであるが、ここからも今述べてきたことが裏付けられると思われる。

第4章　変動相場制における円の過大評価と過小評価　　　　　　　　69

図4-8 金市場価格と消費者物価の長期的動向 '73-'98

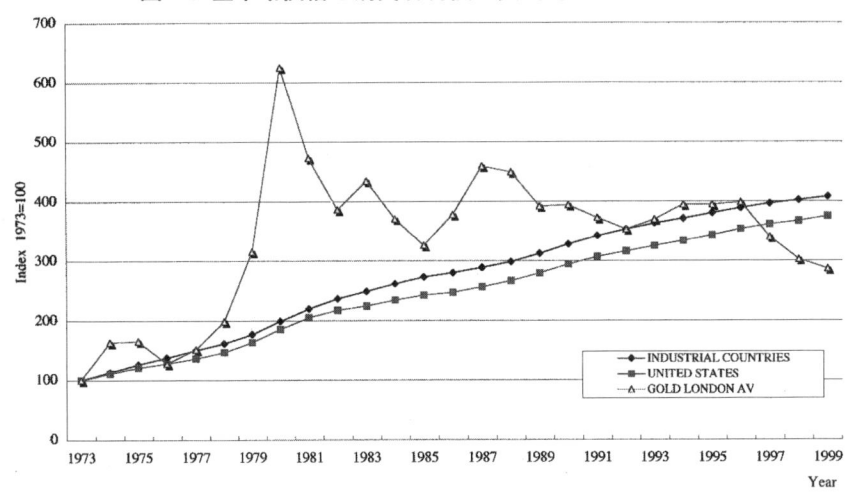

資料）表4-6に同じ

図4-9 金市場価格と物価の変化 '73-'99

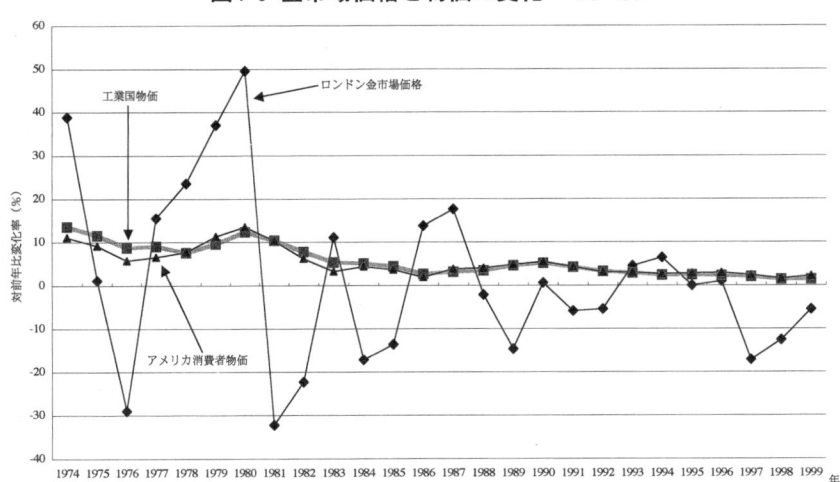

資料）表4-6に同じ

これらのデータは、'70年代の金市場価格変動は投機的で、金価格の絶対水準（事実上の価格標準）とは無関係であり、逆に'80年代の金市場価格は事実上の価格標準に近似的に変動していることを示していると考えられる。ここでは、'70年代と'80年代以降に分けてこの点をさらに考察する。図4-10は、'70年代について、前月比の金市場価格と金利変動を見たもの（4-10(1)）と物価の変動率との比較をしたもの（4-10(2)）である。左軸に消費者物価と金利を右軸に金市場価格をとっている。図4-11はそれらを四半期データにもとづいて'80年代以降についてみたものである。

　図4-10は、'70年代において金市場価格が金利ばかりではなく物価とも同じような変動をしていることを示している。'70年代、特に二回の石油危機後、世界各国はインフレーションに悩まされる。したがって、金利変動は常にインフレ率を織り込んでいた。このことは金利の動きが物価の動きとほぼ比例していところからも理解できる。同時に、我々は、当時の金市場価格の動向を同じ脈絡のなかで理解できるのではないかと考えられる。金市場価格の動向は当時のインフレーション（価格標準の事実の変更）を反映したものであり、その点で金の貨幣性、すなわち価値尺度機能や価格標準の機能が失われていなかったこと示していると言える。

　変動幅をみると、なるほど、金の価格変動は物価や金利よりもかなり大きなものである。しかし、その背景に「過剰ドル」の存在があることを忘れてはならない。'70年代の国際通貨制度の混乱と国際金融局面の不安定性が、投機的心理を増幅させ、市場価格をオーバー・シューティングさせる原因になったと考えられる。

　'80年代に入ると基軸通貨国であるアメリカをはじめとする先進各国はインフレを終息させることに成功する。結果として金市場価格は物価指数の水準に収斂するようになった。その一方で、金市場価格は金利と逆相関の動きをするようになった（図4-11）。この点について、実務家も同様の認識をしている。

　丸紅調査部の柴田氏は、金が「マネーとコモディティーとの中間商品的な性格が強」いことを指摘した上で、アメリカの債券市場や株式市場との裁定が働くことを認めている。これを受けて、三井物産貿易経済研究所の岸田氏は「ド

第4章　変動相場制における円の過大評価と過小評価　　　　71

図4-10⑴　金市場価格の変動と利子率　'70-'80

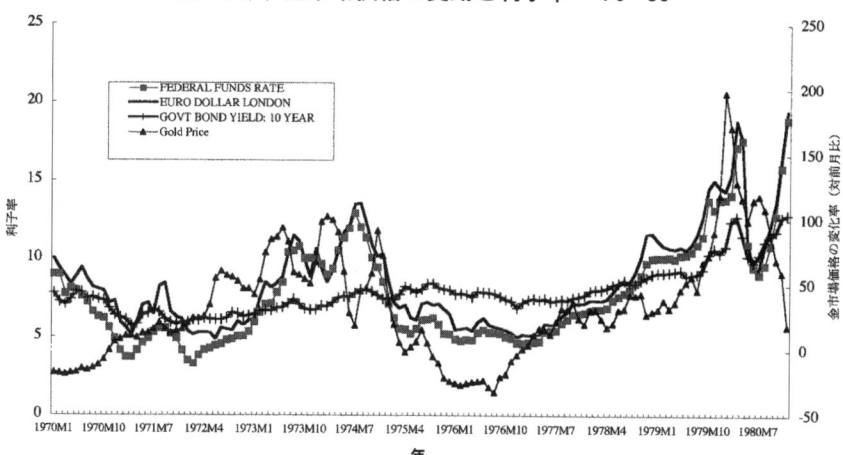

凡例: FEDERAL FUNDS RATE / EURO DOLLAR LONDON / GOVT BOND YIELD: 10 YEAR / Gold Price

資料）表4-6に同じ

図4-10⑵　金市場価格の変動と物価変動　'70-'80

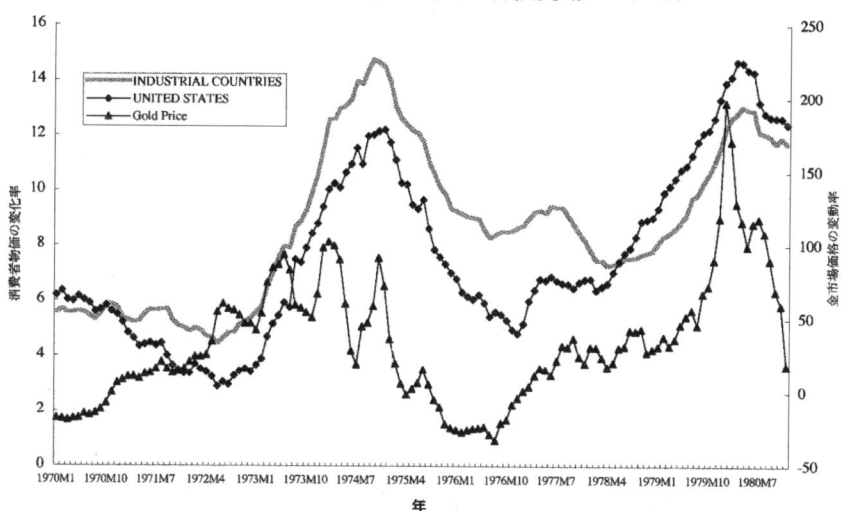

凡例: INDUSTRIAL COUNTRIES / UNITED STATES / Gold Price

資料）表4-6に同じ

図4-11(1) 金市場価格の変動と利子率 '80-'90（四半期毎）

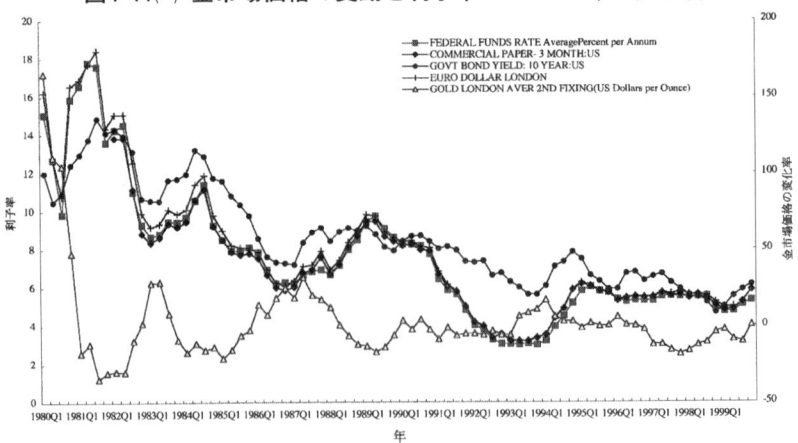

凡例：
- FEDERAL FUNDS RATE Average:Percent per Annum
- COMMERCIAL PAPER- 3 MONTH:US
- GOVT BOND YIELD: 10 YEAR:US
- EURO DOLLAR LONDON
- GOLD LONDON AVER 2ND FIXING(US Dollars per Ounce)

資料）表4-6に同じ

図4-11(2) 金価格市場の変動と物価変動 '80-'90（四半期）

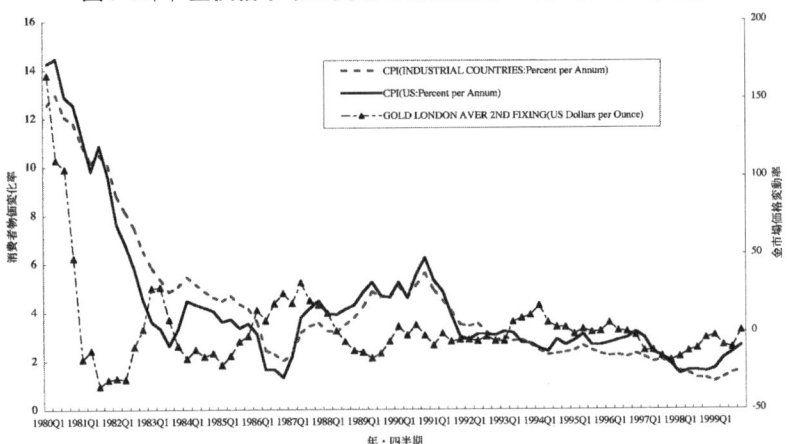

凡例：
- CPI(INDUSTRIAL COUNTRIES:Percent per Annum)
- CPI(US:Percent per Annum)
- GOLD LONDON AVER 2ND FIXING(US Dollars per Ounce)

資料）表4-6に同じ

ル建てで取引されるほとんどの商品はドルの価値に反比例するという意味では、…（中略）…いちばん素直なコモディティーかもしれない」と主張した[14]。

　ここでは、金貨幣性をめぐる問題を解く場合に、金価格の「ドルの価値」（具体的には金利と考えて良いであろう）に対する反比例関係をどのように解釈するべきであるかという問題が残るが、一つの仮説として次のことだけを指摘しておく。'80年代以降、インフレーションが終息するなかで金はその蓄蔵貨幣としての性格を強めているのではないかと思われる。その結果、蓄蔵貨幣としての金と金融資産（金利）との裁定関係が強まっていると理解できるのではないだろうか。つまり、金市場価格は物価指数を中心とする狭い範囲内で（変更が少なくなった事実上の価格標準を中心とするきわめて狭い範囲内で）、金利との逆相関を強めているとは言えないか。

　以上、簡単ではあるが現代の金の問題に触れてきた。これまでの分析から、金の貨幣性が不換制下でも失われていないことは見て取れたのではないだろうか。特に、どういう時代においても金の市場価格が一般物価水準を中心として変動していることに注意が必要だと思われる。現代における金の貨幣性をさらに分析する試みとしては、現代の金市場価格変動や金保有の理論的分析に加え、金市場価格等のデータから事実上の価格標準をより具体的に推計する手続きが必要である。それは、他のさまざまな分析を行う場合の基礎にもなる重要な作業であるが、今後の課題としたい。

（１）景気循環に伴う物価変動は従来から「貨幣の相対的価値の変化による物価変動」と呼ばれてきた。この場合の「貨幣の相対的価値の変化」とは、景気循環に伴う市場の需要と供給の関係の変化が引き起こす一般商品に対する貨幣の相対的な価値変化のことを意味している。この意味での「貨幣の相対的価値」は、前章で取り上げた、また本章の後半で取り上げる国際価値論で言う「貨幣の相対的価値」とは異なることに注意が必要である。

（２）K. Marx, *Das Kapital III,* SS.451-452（『資本論』第三巻、新日本出版社、754-756頁）。

（3）大吹勝男『流通費用とサービスの理論』梓出版社、1985年、16-17頁および90頁。
（4）K. Marx, *Zweites Buch: Der Zirkulationsprozess des Kapitals (Das Kapital, Buch II, Manuskript I)*（マルクス『資本の流通過程』中峯照悦・大谷禎之助他訳、大月書店、1982年、113頁）。
（5）Marx, *a.a.O.*, S.160,（『資本論』第一巻、新日本出版社、246頁）。
（6）International Monetary Fund, *Factseet,* July 31, 2000
（7）The World Gold Council, *Why Should Central Banks Hold Gold?*, The WGC Policy Statement, 世界金協議会ホームページより(http://www.gold.org)。
（8）「サプライ・サイダーの狙いとする金本位制への復帰とは、…、金の仮面をかぶったドル本位に他ならないのであり、バーグステンの区分法によるならば、固定相場と交換性を原理とする市場規定型のドル本位制（Market-determined Dollar Standard）と呼ばれるものに相当する」。島崎久弥『金と国際通貨』外国為替貿易研究会、1983年、439頁。
（9）「金銀は生まれながらにして貨幣ではないが、貨幣は生まれながらにして金銀である」Marx, *a.a.O.*, S.104,（『資本論』第一巻、新日本出版社、151頁）。Claus Germer は、「金本位制」という用語は、資本主義的貨幣制度への貨幣数量説的な説明を表現していると主張する。彼によれば、そもそもマルクスの論理における資本主義的貨幣は出発点から金であり、「金本位制」という形で資本主義の限られた時代にだけ適用するべきではない。金は法制的に貨幣として認められたから貨幣になったのでもなければ、通貨と金との法制的な結びつき（兌換）が貨幣を金にしたのではない。法制的な意味での「金本位制」という概念は、通貨量は金量に規定されるとか、中央銀行券が外生的に供給されるが故にそれにつれて市中の通貨が供給されるという貨幣数量説の議論の根拠となっていると同時に、マルクス派の研究者も貨幣数量説に陥れる可能性を秘めているという。Claus M. Germer, "The concept of the 'gold standard' and the misunderstandings of political economy", *the Internaitonl Working Group of Value Theory (IWGVT),* 1999, http://www.gre.ac.uk/~fa03/iwgvt/1999/session.html.
（10）Marx, *a.a.O.*, S.109,（『資本論』第一巻、新日本出版社、159頁）。
（11）Marx, *a.a.O.*, S.112,（『資本論』第一巻、新日本出版社、164−165頁）。
（12）Marx, *a.a.O.*, S.113,（『資本論』第一巻、新日本出版社、165−166頁）。
（13）Marx, *a.a.O.*, S.113,（『資本論』第一巻、新日本出版社、166−167頁）。
（14）「（特集）原油急騰・穀物急落──原材料インフレの真相（座談会）波乱を呼ぶ世界的な在庫減少　一次産品インフレは当分続く」『エコノミスト』第74巻第47号、1996年11月5日号。

第5章　バブルと円高

Ⅰ. はじめに

　'80年代後半から'90年代初頭にかけて日本経済はバブル経済を経験した。その後、バブル不況の泥沼にあえいでいる。その意味で、'80年代以降は日本経済にとってバブル経済の時代だったといえる。しかもこのバブル経済は後の章でみるように一国民経済内部だけで発生し、完結するというようなものではなく、世界的な広がりと連関を持っているところが特徴的である。本章ではまず、日本経済の内部に目をむけてこのバブル経済を分析する。

　本章における課題は二つある。ひとつは、日本経済に大きな傷跡を残したこのバブルと円高の関係を基礎的、理論的な側面から考察することである。第2の課題は、前章までで検討した為替相場理論を応用することによって、この時期の問題にどのような分析が可能かを示すことである。

　最初に、'80年代以降の日本経済と為替相場の動向を概観しておく。

　'80年代前半、レーガン政権下の異常な高金利とドル高容認政策に支えられる形で、日本は対米貿易黒字を主要因とした大幅な経常黒字と'83年2月以降の景気拡張期を迎えた。ところが、ドル高と対外不均衡是正のための為替相場調整に合意したプラザ合意（'85年9月）以降、急激な円高が進み、国内経済は「円高不況」へと突入した。この「円高不況」は'86年末に終息し、50カ月におよぶ長期の景気上昇局面に入る。これが「平成景気」である。「平成景気」は、一般物価の安定に対して株価や地価などの「ストック価格」が急上昇する「バブル景気」という特徴を持っていた。その「平成景気」も、'90年末〜'91年初を転換点に達し、未曾有の不況局面入りし、世紀末に至った。1990年代は、この意味でまさに「失われた10年」だったと言える。「平成不況」は、株価・地価の大幅下落を伴ったため、バブル破裂による「バブル不況」とも呼ばれている。バブル破裂＝株価・地価の大幅な下落は不良債権問題を顕在化させた。バブル不況の進行と共に巨額の不良債権が累積し、同時にさまざまな経済事件も発生した。さらに、1993年末には平均株価が16,000円を割り込み、この時点

ですでに生命保険会社などの機関投資家や銀行などの金融機関は、含み益解消→評価損計上しなければならないことが危惧される事態になった[1]。この不況を加速させたのが円高である。'93年に入り、'80年代半ばに続く急速な円高が進行し、'95年には＄１＝￥80をうかがう状況になった。これによって、輸出関連産業を中心に業績不振、雇用不安の増大が起こり、不況の深刻化に拍車をかけることになった。

このように、'80年代後半の円高→バブルの発生→バブルの崩壊→'90年代半ばの円高→不況の深刻化・長期化という道を日本経済は進んできた。円高とバブルにはどんな関係があるのか。次節以下ではそのことを中心に分析する。手始めとして「バブル」そのものを考えてみる。

II. バブルとは何か

バブル経済を問題とするならば、まず「バブル」とは何かという問いに対する答えを用意しなければならない。「バブル」の定義である。一般に「バブル」は、土地や株などの資産である「ストックの価格に生じる病理的現象」であり、言い換えると、「マネー・ゲーム」によって「常識を超えて膨れ上がった、ストックの価値」（日本経済新聞）であると定義される。言い換えれば、バブル経済とは、「貨幣資本の過剰」によって引き起こされた「資産インフレーション」（ストック・インフレーション）と言うことができよう。

ここで、「ストック価格」あるいは「資産価格」の「常識」的水準とはいったいどんなものか、という疑問が浮かび上がってくる。しかしながら、この問題に対する答えは、まったくはっきりしていない。そこでとりあえずここでは、「常識的な水準」の指標として、卸売物価指数、消費者物価指数、GDPデフレーターを使い、資産価格と比較してみた（図5-1）。基準年は1980年である。この図を見ると1983年頃がバブル経済のスタート時点と考えられる。しかし、筆者は、円がドルに対して急速に上昇した1985年をバブル経済始動の年と考える。以下、その理由を考えてみたい。

ストック＝資産の価格は通常、次のように規定される。資産が価格を持つのは、その資産が定期的な収入をもたらすからである。一方、資本主義社会の成

第5章 バブルと円高

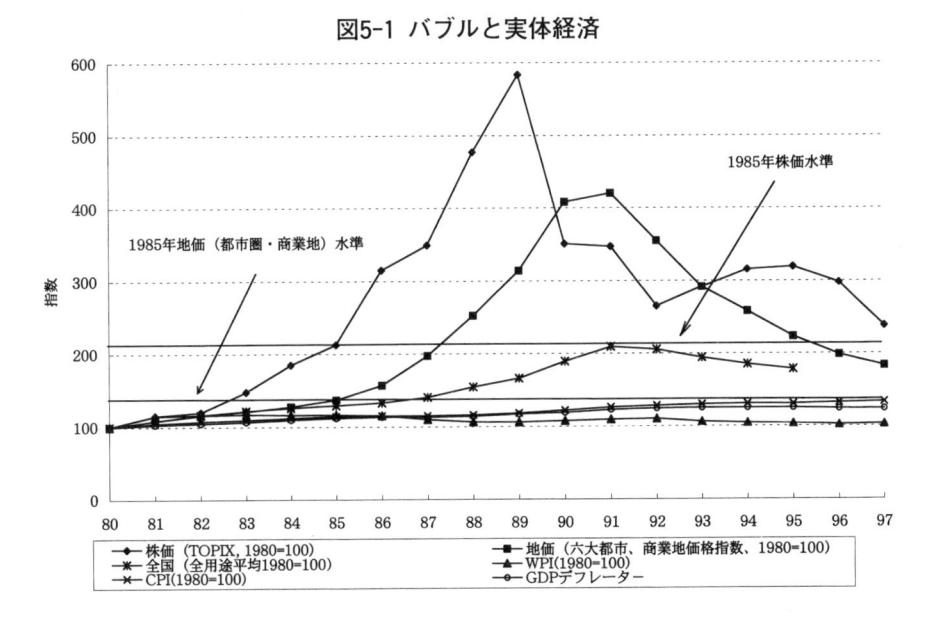

図5-1 バブルと実体経済

資料）日本銀行、『経済統計年報』及び総務庁『日本統計年鑑』より作成

立とともに利子生み資本という形態が成立すると、「確定した規則的な貨幣収入」は、「すべて資本の利子として現れ」る[2]。すると、その定期的収入は利子であり、その収入を生み出す資産の価格は、「利子」を生み出した「利子生み資本額」とみなされる。

　このことを算式で表わせば次のようになろう。利子／利子生み資本額＝利子率であるが、この式のうち利子とみなされる「貨幣収入」と利子生み資本にみなされる「資産価格（投資元本）」を置き換えることができる。つまり貨幣収入／資産価格＝利子率である。ここから、資産価格＝貨幣収入／利子率という関係が導き出される。この式は、定期収入額の大きさと利子率の関係から資産価格（資本額）を導く、「資本還元式」である。バブル経済の発生で注目されたストックは株式と土地である。株式が生み出す定期的収入は「配当」であり土地は「地代」をもたらす。したがって、株価＝配当／利子率、また地価＝地代／利子率ということになる。

ところが周知のように、この資本還元式では資産価格がなぜ現在水準にあるのかを説明するのには十分ではない。さらに言えば、この式は資産価格の「絶対水準」を示すことが必ずしもできないと考えられる。ただ、この式によって利子率（市場利子率あるいは一般利子率）の動きとストック価格の動きとの間の逆相関の関係になっていることを示すことはできよう。つまりこの式から言えることは、次のことであろう。現代経済社会では投資家は、自らの貨幣資本を利子生み資本そのものとして貸付資本として運用するか、それとも株や土地のような資産ストックに投資するかの選択をしている。そしてその選択の結果として資産価格が影響をうけるということである。

これまでは、もっぱら株式の利益証券（企業の収益から配当を受ける権利を示す証券）という面に着目して述べてきた。だが、株式はこの他に、企業を所有し、支配することを示す支配証券という性格も併せ持っている。さらに、株式市場（流通市場）で流通し、投資家に市場価格変動に乗ずる利益（キャピタル・ゲイン）を与える可能性をも持っている（投機的証券としての性格）[3]。

株式投資家は、これらの性格から得られる利益を総合的に勘案して株式への投資を行うことになる。特に、大きな影響力を持つのは、市場価格の値上がり益（キャピタル・ゲイン）の予想である。いわゆる期待収益である。この点を勘案すると上述の資本還元式は、例えば株価であれば、株価＝（配当＋期待収益）／利子率と書き換えられる。資産価格は、（配当＋期待収益）と利子率との逆相関関係になっているといえよう。つまり、現実の金利水準に対して流通市場における市場価格が、金利収益以上の利回りを得られる程に上昇する期待が膨らめば、株価が上昇するメカニズムが働くことを意味している。この点、地価も同じメカニズムが働いていると言える。つまり、不動産市場での値上がり益の期待によって地価上昇が加速して行く。

III. バブル発生の構造的要因

本節では、バブル経済に深く関わっていると考えられる上記定式の分子拡大のメカニズムを考察する。通常は、この資本還元の議論を基本に信用乗数の考え方を組み合わせ、公定歩合（利子率）の引き下げ→ベース・マネーの増大→

銀行の貸出増→資産価格の上昇という経路で、貨幣膨張と資産価格の上昇を説明する。しかし、このような説明は貨幣数量説的であり、一面的である。このような一面性を克服するために、高度成長後に顕在化してきた金融構造の変化について見ておきたい。

'70年代初頭のニクソン・ショックと石油ショックを経て、日本経済は低成長時代へと向かった。低成長経済への移行に伴って、日本の産業資本は投資活動を減少させた（重厚長大産業から軽薄短小産業への転換）。一方で、高度成長期を通して企業は貨幣資本をその内部に蓄積した（内部留保による内部資金の拡大）。この二つの理由から、高度成長期までは投資資金をもっぱら銀行の信用創造に依存していた企業は自己金融化を進めていった。つまり、日本経済における銀行の役割が低下したのである（ディス・インターメディエーション）。この状況を背景に金融の自由化が進展する。

金融革新のもう一つのうねりは再生産の外部から準備された。ニクソン・ショックと石油ショックは、日本経済に深刻な経済停滞をもたらした。政府はこの不況を克服するために巨額の赤字国債発行に踏み切った。この後、政府の財政運営は国債依存型の構造へと転換していく。1975年以降国債の大量発行が継続され、巨額の残高が累積した。当初政府は国債の多くを市中銀行に引き受けさせ、強力な売却制限などで人為的管理を試みた。しかし、国債大量累積の前にその矛盾が露呈する。1977年4月に「国債流動化」が実施され、国債の市中売却が解禁された[4]。ここに「1966年の国債発行を契機として…再開された」[5]国債流通市場が急拡大していく。金利が自由に決定される国債の流通市場拡大によって、金利自由化が一気に促進された。1979年には同じように市場で自由に金利が決まる譲渡性預金（CD）がスタートし、金利自由化の最終的なゴールである預金金利の完全自由化（1994年）に向かって制度改革が進展していく。

第二次世界大戦後、日本の銀行は「護送船団方式」といわれる保護行政体制の下で発展してきた。しかし、1981年の銀行法の改正、そして1992年の追加的な金融改革法によって監督行政・金融制度の枠組みという面からも金融の自由化は大きく前進した。こうした規制緩和の推進によって、銀行は預金と貸出の両面で激しい競争環境におかれることになったのである。

今まで考察してきたバブル経済の構造的要因が準備されてきた段階で、地価・株価上昇の起動因としての役割を果たした「円高不況」が発生する。円高不況はどのように起動因になっていったのだろうか。山口義行氏はその労作の中で次のように説明する。

まず、'85年の「円高不況」を背景に、輸出関連産業を中心にして生産調整と投資圧縮が進んだ。そのため、過剰な現実資本と過剰貨幣資本が発生し、それが借り入れ資金の返済という過程を通じて銀行の過剰貸付資本へと転化した。おりから政府・日本銀行は、内需拡大・土地を中心とする規制緩和政策と超低金利政策をとる。この結果、実体経済へのいき場がない（現実資本へ転化できない）過剰な貨幣資本は、土地と株へ向って流れ出し株価・地価の上昇が始まったのであった[6]。

ここで重要なことは、過剰貨幣資本が累積しているという条件下で、金融緩和政策などのストック市場をめぐる条件整備が一旦起これば、その後のストック価格のスパイラル的な上昇を準備することになるということである。バブル経済はこのようにして発生した。

Ⅳ. 超金融緩和政策（超低金利政策）と円高

前節では、資本還元式の分子拡大の問題を日本経済の構造変化と「円高不況」を契機とする過剰な貨幣資本の動きに着目して説明した。本節では、分母である利子率の下落という面に注目していく。

バブルの原因の一つは、'80年代後半の長期・超低金利政策にある（図5-2）。この超低金利政策は、対米協調を目的とした政策であった[7]。すでに概観したが、'80年代レーガン政権の高金利・ドル高容認は、経常収支と財政両面で赤字（双子の赤字）を累積させ、同時にアメリカ経済の衰退をもたらし、破綻をきたす。ここにおいてレーガン政権は、経済の活性化と貿易収支改善のために、低金利・ドル安政策へと180度方針を転換させる。この方針変更は、貿易収支改善を為替相場調整によって追求しながら、その一方で、ドル暴落を避け、金利低下を促すという矛盾する二つの政策を同時に追求するものであった。言い換えれば、アメリカの財政赤字をファイナンスしていた外国の対米投資の流れを

図5-2 公定歩合とコール・レート（月毎）

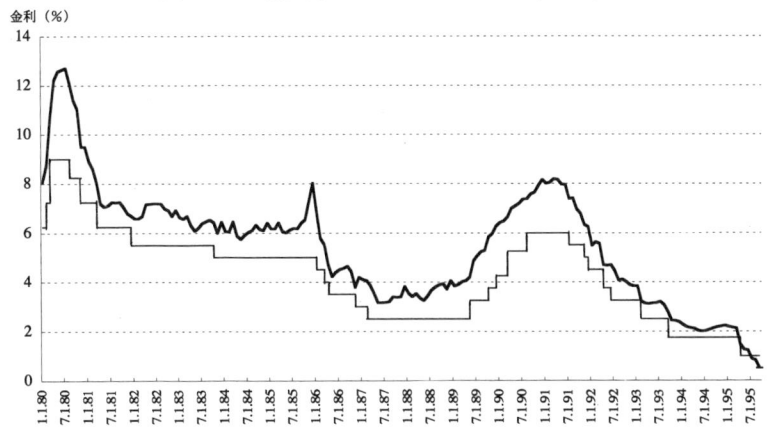

資料）日本銀行ホーム・ページより

変えることなく、金利低下と為替相場調整を実現することが必要であった[8]。

　レーガン政権の方向転換を示すようにすでに'84年の段階から日米の金利差は縮まりはじめ、プラザ合意後もっともその差が縮まる（後掲、図8-7も参照されたい）。この結果、円はドルに対して上昇を始めた。しかし、アメリカの貿易赤字の顕著な減少がみられないままむしろドルが大幅に下落しただけであった。この時点でドル暴落を恐れた各国はドル安定を目指して'87年2月ルーブル合意に達した。これ以降再び日米の金利差は開きはじめ、円ドルは一定水準で安定する。この間、日本政府はアメリカ政府の意図に沿う形で史上記録に残る長期の超低金利政策を採用した。これがバブル発生の原因になっていく。アメリカからの外圧と「円高不況」克服のために内需拡大に迫られていた政府・日本銀行が長期の超低金利政策をとった基本的背景は、このような対米協調路線だったといえよう。

　今、バブル期の金融緩和政策の基本的背景をみてきたが、そこで明らかにしたことは、'80年代前半以降顕著になった大幅な経常黒字（あるいは貿易黒字）と'85年のプラザ合意以降急速に進む円高とが深く関連していたことである。そこで、次に円高そのものに目を向ける。

V．円高不況とは何だったのか

　第二次石油危機による不況から脱出した'83年以降の好況は、外需主導型、輸出依存型のものであった。対米貿易黒字を基本とする大幅経常黒字が日本の好況を支えたわけである。そして、その経常黒字は、レーガン政権の高金利・ドル高容認政策の下で、円が過小評価されたために可能であったといえる[9]。したがって、日本は円安による効果から輸出面でより有利な状態にあり、これが大幅経常黒字を生み出したと考えられる。このことを近似的に示す指標として、前章で取り上げた図4-3がある。この図からドル高と輸入商品価格の下落と輸入数量の関係が一応捉えられる。つまり、ドル高が進行し、輸入単価指数がアメリカ物価指数を下回る（輸出品に価格競争力が付く）と輸入数量指数が上昇（輸入増）を始めるわけである。高金利によるドル高・ドルの過大評価が一種の価格効果を生んだと推測できる。

　このように'83年以降の好況は、ドル高→対米経常黒字に支えられたわけであるから、'85年の円高によって、輸出が削減され、好況要因が喪失し、不況に陥る、という「円高不況」が叫ばれるのは当然であった。しかし注目したいのは、すでに前章で見たように、「円高不況論」の議論とは裏腹に、急激な円高にもかかわらず輸出の減少が少なかった、つまり経常黒字はそれほど減少しなかったことである。このことは、前章で挙げた日本の輸出数量指数の変化を見てみると、'85年の円高が大幅だったにもかかわらず、そのほかの為替調整期間とほとんど変わらない程度の変化でしかなかったことからも確認できる（表4-4、表4-5）[10]。確かに'92年をピークに経常収支・貿易収支は減少し始めるが、それは「円高不況」論が想定したような「円高不況」→輸出減少（Ｊカーブ効果の発生）というプロセスというよりも（このような経路を無視するわけにはいかないが）、バブル好況による国内需要の増大と輸入増大が大きく影響していると考えられる。それゆえ、バブル不況と共に国内需要が冷え込むと再び経常・貿易黒字は増大し始める。

　それでは、いったい「円高不況」論とは何であったのであろうか。「今から振り返ると財界による春闘対策のキャンペーンであった感はなくはな」く、「産業界、とくに輸出産業は、一方では」円高による輸入原材料コストの低下

「に支えられつつ、他方ではME革命を利用した合理化をいっそう押し進め」、「円高に対するドル建価格の引き上げを可能なかぎり回避して輸出の維持拡大を図った」（強調点は引用者）のであった[11]。さらに、経済企画庁の加藤氏も次のように主張される。「円高は景気循環に何ほどかの影響を与えたということは否定できないにしても、それを景気後退の主因とすることはできない。この時期には、仮に円高がなかったとしても、循環局面からして後退入りは十分ありえたであろう。また円高不況と言われるこの景気後退を、それ以前と比較すると、必ずしも厳しいという評価はできない」[12]。

　次に、今見てきたプラザ合意後の相場調整から読みとれる理論的な含意を考察してみよう。前章までで検討した理論をベースにして輸出競争力を、（ⅰ）為替相場変動による影響と（ⅱ）基礎的・構造的競争力との二要因に分けて考える。本来為替相場にはある種の「均衡相場」というようなものが存在する。固定為替相場下では為替平価がそれにあたる。変動相場制下では法制的な為替平価は存在しないが、二国間通貨の比較価値（通貨の事実上の代表金量の比）というものの存在は想定できる。変動相場制下での「均衡相場」とは前章までで議論してきた「事実上の為替平価」であると考えられる。この事実上の為替平価は、他国の通貨に比べた当該国通貨の過大評価あるいは過小評価の基準という意味を持っている。すなわち、現実の為替相場（直物相場）が為替の需給関係によってこの水準から乖離すると、過大・過小評価が発生するものと考えられる。この過大・過小評価は、輸出・輸入に一定の価格効果を持つことは、先に見た'80年代前半のドル高局面の統計からも推測できる。これが、上記した輸出競争力の（ⅰ）にあたるものである。

　これに対して上記輸出競争力の要因（ⅱ）は、相場が「均衡相場」にある場合に発生している経常収支（あるいはもっと限定的には貿易収支）の不均衡（黒字・赤字）を規定するような輸出競争力を指す。第3章で検討した比較生産費構造がこれに当たると言える。

　すでに第3章までで理論的な検討を加えているが、ここでもう一度、ある国の貿易面における基礎的構造的競争力とはどんなものか整理しておきたい。古典的な議論によれば、経常収支の均衡状態のときに為替相場は「均衡相場」に

あるものと考えられてきた。しかし、今日、経常収支の不均衡はほとんど資本取引によってファイナンスされている。そのため、上で述べた為替相場の「均衡相場」（事実上の為替平価）と巨額の経常収支の黒字・赤字とが併存してしまうことがあり得る。為替相場がこのような事実上の為替平価にあるときに経常収支の均衡・不均衡を規定する要因、それが基礎的・構造的競争力であるといえる[13]。

　以上の点をふまえて「円高不況」の意味について為替相場と国際競争力という視点からもう一度考えてみる。プラザ合意前後に日本経済は、'83年以降の好況時に拡大した投資を調整する局面に入ったと考えられる。一方、それと同時に'80年代前半のドル相場の過大評価を修正するドル相場の急激な下落（円高の進行）が進行する。通常であれば、日本企業は自らの投資調整に伴う国内需要の冷え込みを輸出増大でカバーするという選択を迫られる。しかし、現実には'80年代後半、円高進行という状況にも直面する。そこで、「円高不況」を看板に人員削減などの激しい合理化（リストラ）によって、アメリカを上回る生産性の上昇を実現し、為替相場調整による過小評価メリットの喪失を克服していったといえる。つまり、「円高不況」論を根拠にした合理化は、為替相場が均衡相場から乖離することによっておこる一時的な輸出競争力〔上記（ⅰ）〕を基礎的・構造的競争力〔上記（ⅱ）〕に転化していく過程だったと考えられる。言い方を換えれば、事実上の為替平価における国際競争力（基礎的競争力）が上昇していく過程と考えることもできる。

　「戦後の日本の企業は」、「世界的な規模でのシェア拡大に経営戦略の主軸を据え、究極の量産効果を追求」、成長してきたのであるが、それが可能であったのは、「輸出市場として巨大なアメリカ市場に依存することができた」という条件があったからであった。アメリカ市場は、日本経済にとって景気循環の局面に伴う「需給ギャップを…埋める」という大きな役割を果たしたといえる[14]。「円高不況」期もまた同じことが言える。

　先に、政策的に日本は対米協調路線をとり、異常な低金利政策をとったことを指摘したが、そのことを今述べた貿易関係と併せて考えるならば、まさに日本経済は「ドルに依存しつつドルを支える」[15]経済構造であり、それが「バブ

VI. バブル不況と円高

　日本経済は、'86年以降50カ月にわたるバブル景気に浮かれた後、'91年を境に「バブル破裂」と未曾有の「バブル不況」の道をたどる。エコノミスト誌（US）は、次のように指摘する。「日本は、1930年以降デフレーションの脅威に直面した最初の先進国である。残念ながら、日本は大恐慌からの教訓のいく

表5-1　日本経済の状態

(対前年比、暦年)

	民間最終消費支出	民間住宅	民間設備投資	実質GDP成長率		民間最終消費支出	民間住宅	民間設備投資	実質GDP成長率
1956	8.9	11.4	37.9	7.4	1978	5.3	5.6	4.5	5.4
1957	6.1	6.8	27.5	6.4	1979	6.5	-0.9	12.8	5.6
1958	8.0	14.0	-0.6	7.2	1980	1.1	-9.2	7.9	2.7
1959	8.2	9.9	23.1	9.2	1981	1.5	-2.3	3.8	3.0
1960	11.5	27.9	44.4	13.3	1982	4.4	-0.7	1.3	3.3
1961	10.4	12.8	27.8	11.8	1983	3.3	-5.9	1.7	2.4
1962	7.5	15.6	6.2	8.6	1984	2.6	-2.1	11.7	4.0
1963	8.8	18.3	8.3	8.7	1985	3.3	2.6	12.1	4.6
1964	10.8	25.6	17.9	11.1	1986	3.5	8.1	4.5	2.9
1965	5.8	20.7	-5.7	5.7	1987	4.2	22.4	5.9	4.4
1966	10.0	6.0	14.5	10.3	1988	5.3	11.4	14.7	6.2
1967	10.4	19.2	28.6	11.1	1989	4.8	0.9	14.5	4.9
1968	8.5	19.5	23.4	11.9	1990	4.4	4.8	10.9	5.1
1969	10.3	16.7	25.6	12.0	1991	2.5	-8.5	6.3	3.8
1970	7.4	13.3	19.3	10.3	1992	2.1	-6.5	-5.6	1.2
1971	5.5	4.7	-2.5	4.5	1993	1.2	2.4	-10.2	0.3
1972	9.0	18.0	2.3	8.6	1994	1.9	8.5	-5.3	0.5
1973	8.8	15.3	14.2	8.1	1995	2.1	-6.5	5.2	1.5
1974	-0.1	-12.3	-4.2	-1.4	1996	2.9	13.6	11.3	5.3
1975	4.4	1.2	-6.0	3.2	1997	0.5	-16.2	9.0	1.8
1976	2.9	8.7	-0.1	4.0	1998	-0.5	-14.4	-7.6	-2.3
1977	4.0	0.5	-0.5	4.4					

出所）経済企画庁ホームページより

つかを無視してきた」[16]。その状態をいくつかの指標で見てみよう（表5-1および5-2を参照）。

日本のGDPは1998年には実質マイナス成長（−2.3％）になった。さらに、民間設備投資は1992年から94年まで3年間連続の前年割れであり、1998年も同じように前年割れした。民間住宅投資は1997年に16.2％、1998年に14.4％まで下落した。民間最終消費は、対前年比で1974年以来のマイナスに落ち込んだ。さらに失業率は1999年12月に4.6％に達し、高度成長期（ここでの数値は1960年から1973年をとっている）以降最悪の数値である。さらに、有効求人倍率は同じ1999年12月に0.49倍まで減少した。

このような深刻なバブル不況はなぜ発生したのであろうか。すでにバブル不況の実体やバブル崩壊の原因についてはさまざまな議論が提起されている。そこで、ここではそれらを検討することは避け、前節までで述べてきたこととの

表5-2 雇用状態

年(月)	完全失業率(％)	有効求人倍率(倍)	年(月)	完全失業率(％)	有効求人倍率(倍)
1965	1.2	0.64	1983	2.6	0.60
1967	1.3	1.00	1984	2.7	0.65
1968	1.2	1.12	1985	2.6	0.68
1969	1.1	1.30	1986	2.8	0.62
1970	1.1	1.41	1987	2.8	0.70
1971	1.2	1.12	1988	2.5	1.01
1972	1.4	1.16	1989	2.3	1.25
1973	1.3	1.76	1990	2.1	1.40
1974	1.4	1.20	1991	2.1	1.40
1975	1.9	0.61	1992	2.2	1.08
1976	2	0.64	1993	2.5	0.76
1977	2	0.56	1994	2.9	0.64
1978	2.2	0.56	1995	3.2	0.63
1979	2.1	0.71	1996	3.4	0.70
1980	2	0.75	1997	3.4	0.72
1981	2.2	0.68	1998	4.1	0.53
1982	2.4	0.61	1999年12月	4.6	0.49

（出所）（完全失業率）総務庁統計局　　（有効求人倍率）労働省

関連に絞って「バブル不況」を考えてみたい。

バブル不況の特徴は、いろいろ挙げられている。たとえば、①バブル期に行われた過剰投資によって固定費率が上昇し、企業収益を圧迫している[17]。②個人消費の急激な落ち込み。③バブル崩壊による不良債権の増大と信用収縮（クレジット・クランチの発生）。④円高による輸出関連産業の圧迫、等々。ここでは、②を取り上げ、本章のテーマに沿って議論をしていく。

通常、今回のバブル不況の消費の低迷は、「資産効果」に対する「逆資産効果」の発生として説明される。「資産効果」とは、資産価格が上昇することによって消費が拡大する効果をいう。具体的には、資産価格の上昇がキャピタル・ゲインを生んだこと、また担保力増大に基づく個人借入れが増える等々によって消費が拡大する、というものである。このことを背景にバブル好況時には、耐久消費財支出が大幅に増大（72.2％増）した。

これに対して、「逆資産効果」は、バブル崩壊によって消費が押え込まれる効果を言う。注目したいのは、バブル期に「両建て」で増えていた資産額と負債額のうち、「資産価格」が下落したことによる負債額に対する資産額の目減り分を所得の取崩しで賄う必要が出てきたことである。こうしたことに加え、耐久消費財の急激な売上増が、市場を構造的飽和状態にしてしまったことが消費の急激な冷え込みをもたらした（一種の過剰生産恐慌）と考えられている。そのことを示すように、'70年代後半以降、高齢化の進展と共に増大し、また不況期には上昇する傾向のある消費性向（消費支出／可処分所得）が、'80年代後半の好況期に上昇し、バブル不況期に低下した（図5-3）。このことは、バブル不況期に構造的な消費不況の様相が現れたことを示していると考えられる[18]。

この議論はバブル期の特徴を示すものとして説得力あるものであろう。ただ、ここではさらに、先に示した「ドルに依存しつつドルを支える」という特徴を持つ日本経済が必然的に抱え込まざるを得ない根本的な消費構造減退要因を挙げておきたい。日本はこれまで、円高と不況を輸出競争力の維持・強化とアメリカ市場を中心とする世界市場への依存で乗り切ってきた。それは同時に人員の合理化と実質賃金切り下げの過程でもあった。

88

図5-3(1) 消費性向　1958-1982

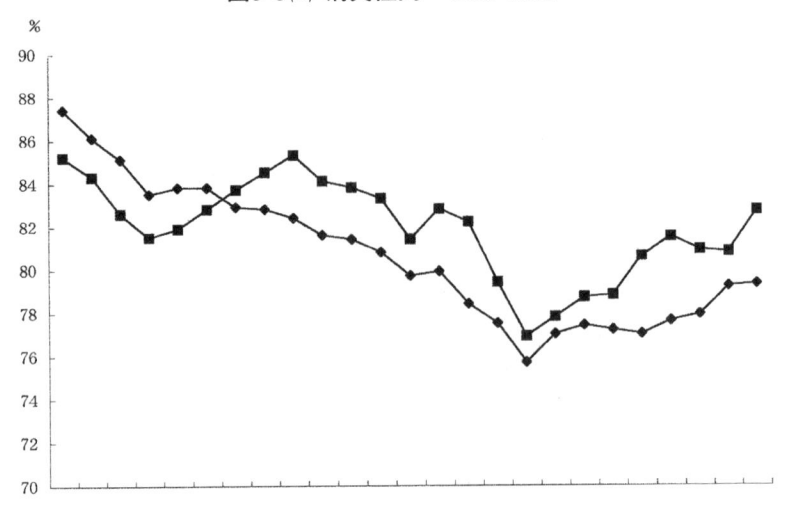

── 平均消費性向（総務庁統計局「家計調査年報」；生産性労働情報センター「活用労働統計」より作成）
── GNPベース（経済企画庁「経済要覧」1984年版）

図5-3(2) 消費性向　1973-1998

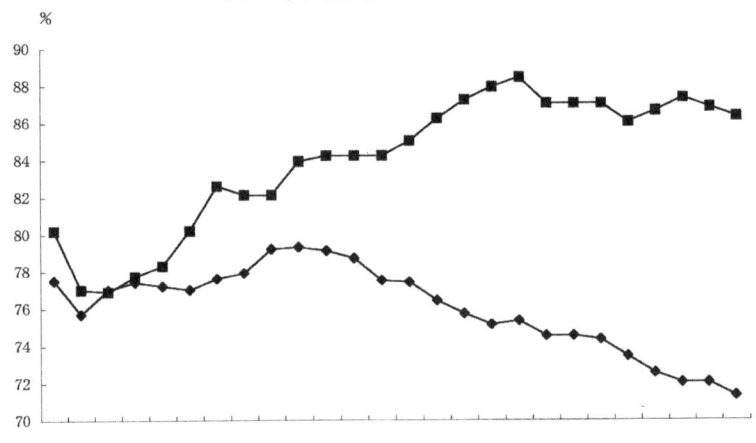

── 平均消費性向（総務庁統計局「家計調査年報」；生産性労働情報センター「活用労働統計」より作成）
── GNPベース（経済企画庁「経済要覧」2000年版）

第5章 バブルと円高

図5-4(1) 労働分配率（％）

$y = -0.1319x + 37.003$

対前年増減差（左軸）　製造業（右軸）　線形近似曲線（製造業）

図5-4(2) 業種別労働分配率（1970-1997）

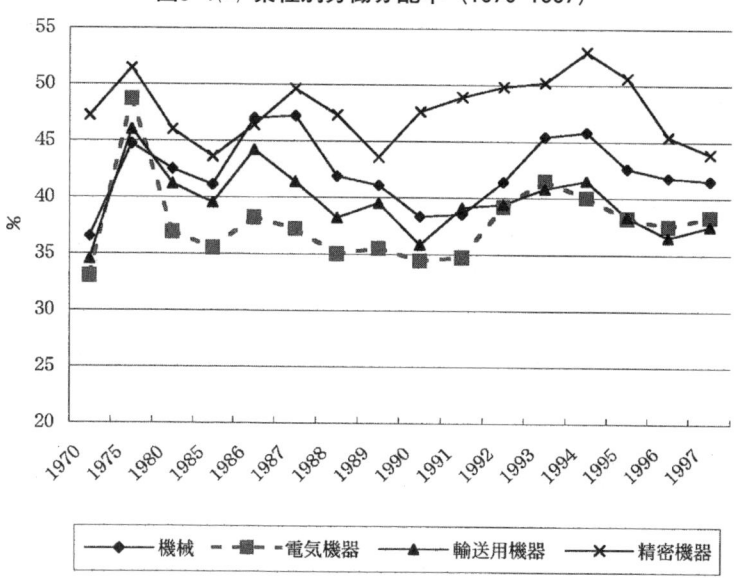

機械　電気機器　輸送用機器　精密機器

資料）生産性労働情報センター『活用労働統計』より作成

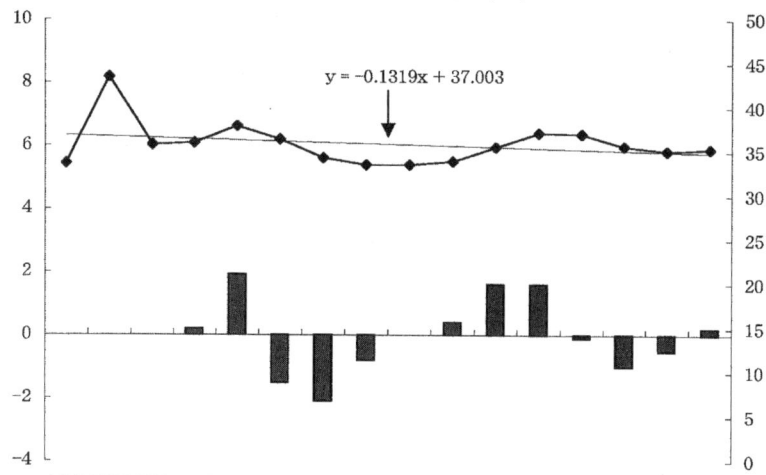

図5-5(1) 労務費率 (1970-1997)

$y = -0.0468x + 13.085$

対前年増減差 ― 製造業 ― 線形近似曲線（製造業）

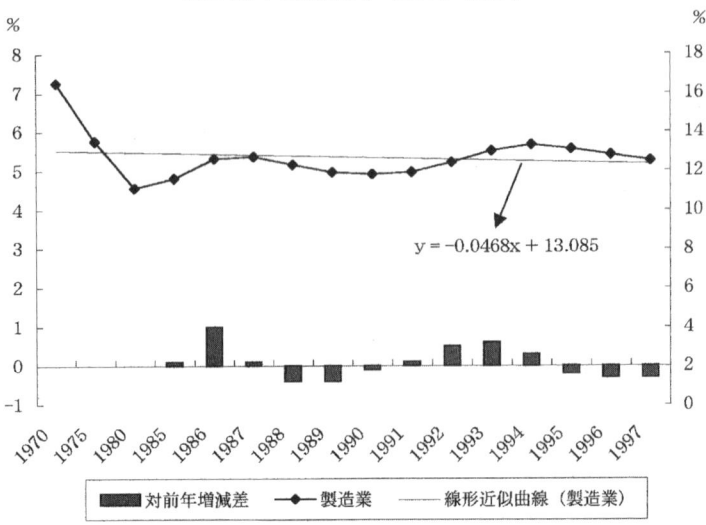

図5-5(2) 製造業別労務費率 (1970-1997)

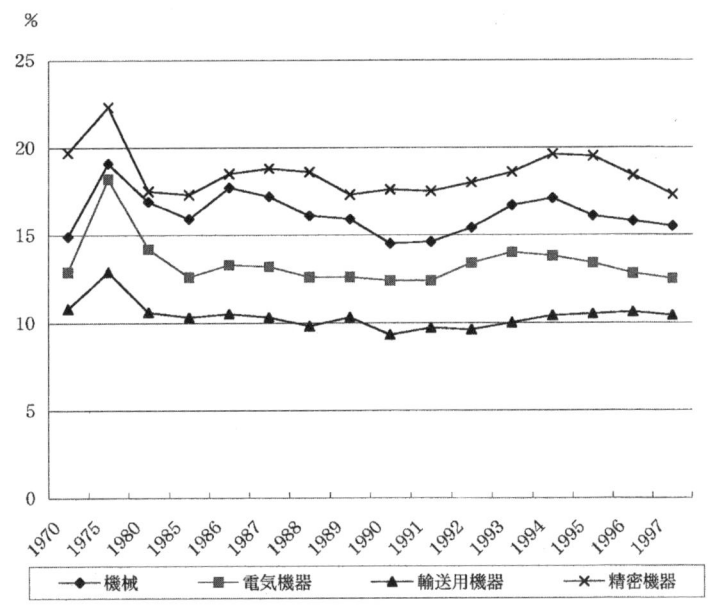

― 機械 ― 電気機器 ― 輸送用機器 ― 精密機器

資料) 図5-4と同じ

図5-4は製造業全体と輸出関連産業の労働分配率であり、図5-5は労務費率とをみたものである。どちらの図にも製造業の労務費率および労働分配率の線形近似曲線を付した。これらの図から理解できるように労働分配率も労務費率も'70年代以降、傾向的な低下が見られる（近似曲線の傾きの低下）。また、水準的に見ても'75年水準を下回っている。これに対応するように、実質賃金も減少している。図5-6は産業全体の実質賃金指数をとり、図5-7は製造業の実質賃金指数をとったものである。これらの図にも線形近似曲線と式を付しておいた。労働分配率と同様の傾向がこの図からも読みとれよう。

以上の検討からバブル好況を経験しながらも、日本の勤労者世帯の賃金は傾向的に低下しており、これが現在の「構造的」消費不況の基礎的要因として横たわっていることは容易に推測出来る。また、'80年代後半以降の消費性向が傾向的上昇し、逆に、バブル不況期に下落した要因の一つもこれによって説明できると考えられる。

1993年、バブル崩壊局面で日本経済は急激な円高を経験した。この'93年から'95年の円高は、円高率ではプラザ合意時の円高よりも小さかった。しかし、第1章で挙げた『通商白書』も指摘するように、輸出産業への影響はこの時期の円高の方が大きかった。その理由は前章の推計からもわかるように、円のドルに対する過大評価に求めることができよう。当時、変動相場制移行後最大の過大評価（30％超）になっていた。このことが輸出産業に著しい不利な状況を与えたものと推測できる。

バブル崩壊による経済停滞のなかで発生したこのような円高を従来型の経済運営によって乗り切ろうとしたこと、つまり、合理化・雇用調整によって円高を克服し、経常黒字の維持・拡大によって経済停滞からの脱出を図るという政策が構造的消費減少に拍車をかけ、深刻な経済不況という坂道へ向う後押しをしたことは十分に考えられる。こうした構造的消費不況下で求められる政策とは、勤労者所得の実質増を実現し、「構造的」な消費冷え込みを克服するような本当の意味での内需拡大政策であろう。

図5-6⑴ 実質賃金指数（産業計）1970-1998

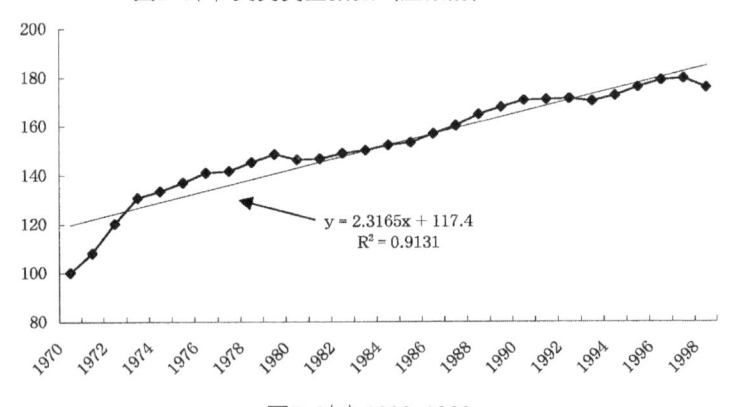

$y = 2.3165x + 117.4$
$R^2 = 0.9131$

図5-6⑵ 1980-1998

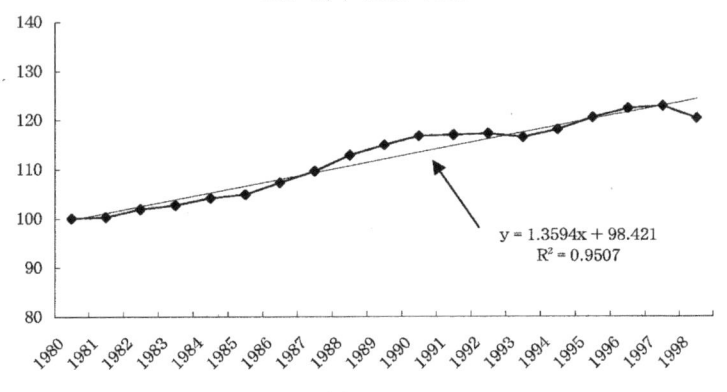

$y = 1.3594x + 98.421$
$R^2 = 0.9507$

図5-6⑶ 1990-1998

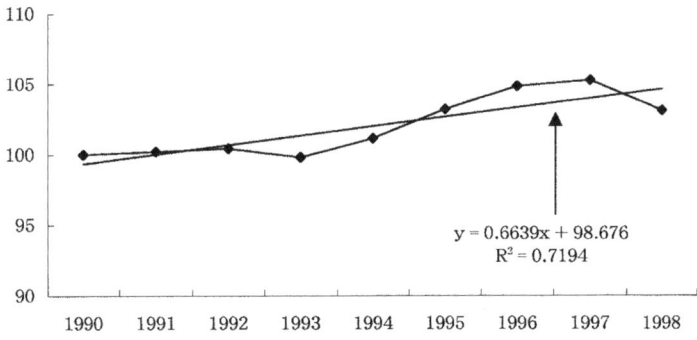

$y = 0.6639x + 98.676$
$R^2 = 0.7194$

資料）図5-4と同じ

第5章　バブルと円高

図5-7(1) 実質賃金指数（製造業）1970-1998

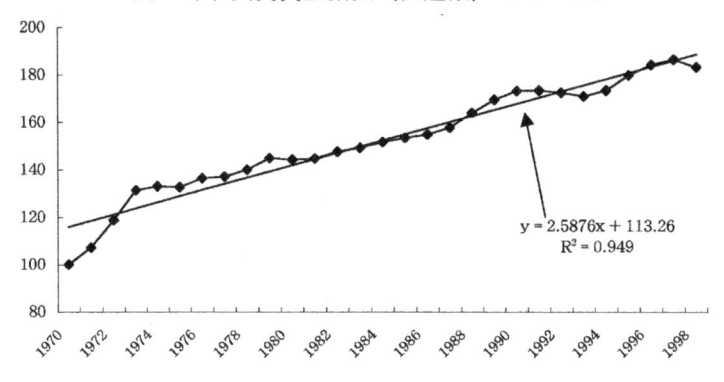

$y = 2.5876x + 113.26$
$R^2 = 0.949$

図5-7(2) 1980-1998

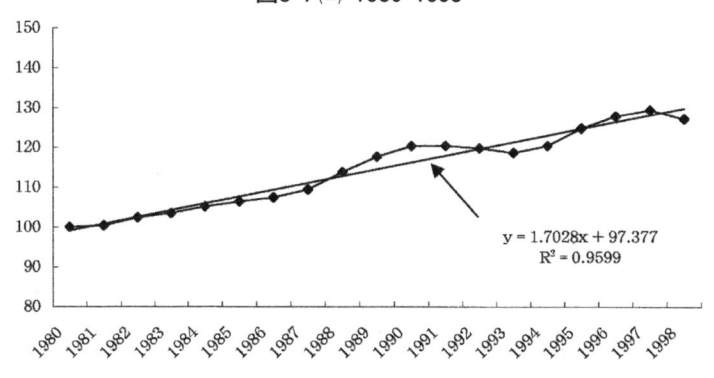

$y = 1.7028x + 97.377$
$R^2 = 0.9599$

図5-7(3) 1990-1998

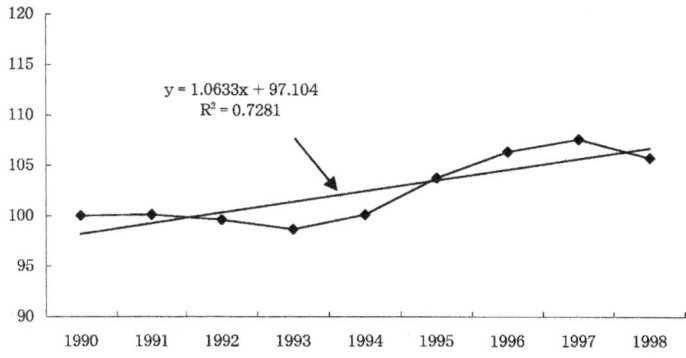

$y = 1.0633x + 97.104$
$R^2 = 0.7281$

資料）図5-4と同じ

（1）株価はその後も、株価支持政策（PKO）にかかわらず、傾向的に下がり続け、2001年には1200円を割り込む事態にまで陥った。こうした株価の低迷は、株式持ち合い構造を特徴とする日本経済にあらわれた平成不況を金融面から深刻化させる要因になったと言われている。
（2）Marx, *Das Kapital III, MEW*, Bd25b, S.482（『資本論』第三巻、新日本出版社、第11分冊、802～803頁）。
（3）奥村宏『企業買収——Ｍ＆Ａの時代——』岩波書店、1990年。
（4）日本銀行『新版　わが国の金融制度』日本信用調査、1995年、38頁。
（5）日本銀行『＜新版＞　わが国の金融制度』日本信用調査、1986年、200頁。
（6）山口義行「「資産インフレ」の金融メカニズムについて(1)——奥田宏司氏の所説の検討を手掛かりにして——」『名城商学』（名城大学）第41巻第１号、1991年；「「資産インフレ」の金融メカニズムについて(2)——奥田宏司氏の所説の検討を手掛かりにして——」『名城商学』（名城大学）第41巻第２号、1991年；「「資産インフレ」の金融メカニズムについて(3)——奥田宏司氏の所説の検討を手掛かりにして——」『名城商学』（名城大学）第41巻第４号、1992年；「『資産インフレ』の発生と現代の金融構造——過剰貨幣資本の運動メカニズム」、高橋昭三編『資本市場の変容と経営財務』第１章、中央経済社、1992年。
（7）この点詳しくは、小西一雄「日本の金融大国化とドル体制」、奥田宏司編『ドル体制の危機とジャパンマネー』（今日の世界経済と日本　第２巻）第３章、青木書店、1992年。
（8）アメリカなどの国債に投資されていた資本は、金利の差に基づいて低い方から高い方へと流れていくので、対外投資をアメリカに留めておくためには、アメリカとの間に一定の金利差を維持する必要がある。
（9）西田雅彦「均衡為替レートに関する試論」『IBJ』（日本興業銀行）、第11月号、1993年では、'80年代の円安が実質金利差を主因として説明できると推計している。
（10）この点、伊藤正直「景気の好転・高揚と資産インフレ」、平和経済計画会議・独占白書委員会編『バブル経済と銀行・証券』（国民の独占白書　第15号）、第Ⅱ章第２節、御茶ノ水書房、1993年、36頁も参照されたい。なお、本稿では日本の対米貿易に関する貿易指数について検証が不十分であった。今後の課題としたい。
（11）柴垣和夫「前提・レーガノミックスと中曾根介革路線」、平和経済計画会議・独占白書委員会編『前掲書』、第Ⅱ章第１節、33頁～34頁。
（12）加藤雅「急激な円高がもたらした功と罪——大幅金融緩和でバブルを準備——」『戦後日本経済史』（エコノミスト創刊70周年［臨時増刊号］）、毎日新聞社、1993年、153頁。また、加藤氏は、「円高が輸出数量抑制的に働いたことは事実である」とは認めながらも、「円高が経常収支黒字が大きいという体質を解消できた、とは

言えない」と主張している（前掲論文、154頁）。
(13) 以上述べたような問題意識の下、為替相場を分析したのが、拙稿「実質為替相場と名目為替相場の理論的・実証的検討——70年代後半〜80年代を事例として——」『愛媛経済論集』（愛媛大学）、第11巻第1号、1991年である。
(14) 内橋克人「長期・構造的破綻への道（連載＝苦悶する日本資本主義　第2回）」『世界』（岩波書店）11月号、1993年、104頁〜108頁。
(15) 小西一雄「ジャパンマネーと邦銀の国際的地位」『経済』（新日本出版社）、No.341（9月号）、1992年、28頁。この言葉は、小西氏が意味している内容と異なるが、重要な意義をもつ言葉として引用した。
(16) *Economist (US)*, "What's your problem? — Japan needs to accept that deflation can be worse than inflation —", 1999, September 25th.
(17) この点、通常言われる不況期の過剰生産能力の発生という指摘とそれとは違う構造的性格を持つものであるという二つの指摘がある。
(18) これまでの消費構造に関する分析は、飯野敏夫「世界的景気浮揚に貢献できない日本経済」、現代日本経済研究会　編『日本経済の現状　1993年版』、学文社、1993年、69頁〜74頁、によった。ただし、図5-3で見てもわかるように、家計調査に基づく平均消費性向とGNPベースのそれは異なった動きを示している。しかし、高齢化が原因の一つといわれる消費性向の長期的な低下傾向は総務庁統計局の調査の方が明確に現れている。

第6章　日銀特融とインフレーション

I. はじめに

　バブル崩壊後日本銀行は再び超低金利政策を採用するようになるが、マネー・サプライの伸びは回復せず、金融政策の限界を示す結果になった。このことは現代資本主義においてマネー・サプライと物価との間にはどのような関連性があるのかという問題を改めて我々に突きつけた。ストック・インフレーションであるバブルの発生と崩壊とを理論的に考えるという問題意識の下、これまで主に円ドル相場の側面に目を向けながら日本のバブル経済を分析してきたが、こうした新たな問題に迫るべく本章では国内面に目を転じる。具体的には、日本銀行のマネー・サプライ・メカニズムと物価との関連を明らかにすることを目的に日本銀行特別融資（いわゆる日銀特融）の問題を考察する。

　1997年11月17日、都市銀行の北海道拓殖銀行が自主再建を断念し、同月24日に四大証券会社の一角である山一証券が自主廃業を決めた。バブル崩壊によって顕在化した日本の金融危機は、この段階で重大な局面を迎えていたといえる。

　この破綻は、短期金融市場が両金融機関に対する短期資金の貸し出しをストップしたことを直接的な契機としていた。両金融機関の破綻に先だって中堅証券会社の三洋証券が倒産し、短期金融市場において戦後初めてデフォルト（債務不履行）を引き起こしていた。このことによって短期金融市場はパニック状態に陥り、短期金融市場の代表金利であるコール・レートは短期間で急速に上昇した。この事実は日本の金融市場がまさに「金融恐慌」状態に陥ったことを示していると言える。この状況下で、かねて経営不安が顕在化していた二つの大手金融機関は市場から最後通牒が下される結果になった。

　こうした中で、日本銀行は即座に松下日本銀行総裁の談話を発表し、日本銀行法第25条[1]発動による無担保の特別融資（日銀特融）を行うことを決めた。それと同時に短期金融市場への断続的な資金供給を続け、事態の沈静化を図った。例えば、1997年11月28日の金融市場では日銀が「市場の所要額を実質3兆7000億円上回る」「過去最大の資金供給を実施」し[2]、短期金利の下落を促し

た。一方、日銀特融の額も大幅に増加した。日銀法第25条に基づく無担保貸出の残高は、10月末の時点で3,725億円であったものが、11月27日現在で約3兆8,000億円まで急増した[3]。

日銀特融の急増は、当然にインフレ・マネーの増大という疑惑を呼び起こす。特にバブル経済を経験し、マネー・サプライの急増とストック価格の異常な上昇の結果としてのバブル不況下だけにマスコミ等でそうした論調がみられた。

だがこうした議論は今の段階で特有のものではない。昭和40年、山一証券の経営危機に直面して日銀特融が発動された際にも同様の議論が現れた。例えば、川合一郎教授は当時次のように主張している。「かくて現在の金融、証券市場では…信用恐慌の域に入ったということができよう。それが信用制度全体とくに、銀行信用、企業間信用の破綻にまで波及するのがくいとめられているのは日銀信用が供与されているからであって、いわば管理されたパニックということができる。ただその管理は…、商品＝貨幣面ではインフレ化の危険を代償としてのみ進行しているのである。管理されたパニックはまた管理されたインフレーションとのみ共存しうる」[4]。

国債の累積額が200兆円を超え、財政非常事態が宣言されながら、金融危機の拡大回避のための日銀特融発動と公的資金導入が進められている。一方、為替相場は下落を続け、＄1＝¥130台まで円安になった。こうした事実は当面するインフレーションの危機を想起させる。しかし、はたしてこの認識は正しいのか。

Ⅱ. 日本銀行券の発行と銀行の信用創造

問題を考えるにあたって、まず日銀券の発行と市中銀行の貸付との関係を考える[5]。というのも、多くの論者が「(日本銀行の供給する)現金通貨の急増が、マネー・サプライを急増させ、インフレーションの原因になった」[6]と考えており、この考えを押し進めていけば今回の日銀特融はあきらかにインフレマネーになりうる危険性を持っていると結論されることになるからである[7]。

1．預金通貨と銀行システム

　このことを考えるにあたって現実の通貨、すなわち、われわれ経済主体の取引を媒介している決済手段の構成がどのようになっているかを考えてみたい。我々が使用している通貨には二つの種類——現金通貨（すなわち日本銀行券および補助貨幣）と預金通貨[8]——がある。預金通貨とは、我々が銀行に保有している預金（銀行に対する債権、銀行からみれば対顧客に対する債務）であり、最終的には現金通貨（日本銀行券）の裏付け（現金通貨での引き出し）が必要になる。預金通貨は現金通貨への支払請求権である預金という債務が通貨になっているという意味で「信用貨幣」ということが言える。

　ところで、経済取引の大部分は預金通貨によって決済され、現金通貨で行われる部分は少ない。なぜならば、大口取引の決済を現金通貨で行えば、リスクとコストを伴うからであり、さらにいえば現金通貨の保有そのものがコストになるからである。今日、情報通信革命が進行し、ネットワークが進んだことによって経済取引のうち預金通貨で決済される割合はますます大きくなっていくことであろう。

　預金通貨での決済とは、預金が振替（異口座へ金額が書き換え）処理されることで経済取引が完了することを意味する。ある銀行に口座を持つ顧客同士の決済であれば、その銀行内部での口座振替処理で経済取引が完了し、現金（日本銀行券）のその銀行からの流出はない。経済取引を行った経済主体の取引銀行が複数にまたがる場合でも、最終的に取引銀行間の債権債務の相殺残額を振替処理することで現金（日本銀行券）の銀行システムからの流出なしに決済を完了させることが可能である。預金が通貨として機能するためには債権債務の相殺が決定的な条件であることが理解できよう。銀行間の債権債務を相殺処理するネットワーク機構をペイメントシステムといい、日本の場合、その要が市中金融機関の日本銀行に持っている預金口座である。手形交換等々を通して相殺できなかった市中金融機関間の債権債務の残額は、日本銀行の金融機関の預金口座の振替処理で最終的に決済される。日本銀行の市中銀行に提供する中央銀行預金は最終の決済手段であり、それは中央銀行預金が市中銀行の預金よりも「より高位の信用」であることを意味している[9]。この点はさらに後に展開

する。

　これまでのところで、銀行内で口座処理される限り市中銀行からの現金流出が起こらず（つまり預金という債務の現金への転換が行われず）に、事実上現金の裏付けがない預金が現金と同じ役割を果たすことが理解できたはずである。つまり、預金通貨は現金通貨の裏付けがなくても「信用貨幣」として流通する条件がある[10]。この条件が整っている限り、当面銀行は企業ないし経済主体の資金需要に、現金通貨の受け渡しではなく、自らの預金通貨（自己宛債務）を貸し付ける（取引先への預金設定）ことで応じることが可能である。とすれば、営利企業である銀行はこの特徴を積極的に活かして無準備の預金を貸付けることで利子という利潤を得るであろう（利子生み資本）。実はここに銀行が行っている信用創造の本質がある。つまり、信用創造とは、銀行の自己宛債務（預金）という信用を利子生み資本として機能させることを意味している。

　一般的に信用創造とは、「本源的預金を受け入れてその乗数倍の派生的預金を創出する銀行の行動」と定義されている。本節の冒頭で指摘した、現金通貨とインフレとの関係を示した論理もこの信用創造論を踏襲している。しかし、これまでの議論で実際の信用創造は通説とは異なって「まず無準備の派生的預金を貸し付けるところにある」ことが理解できたのではないだろうか。

　さて、マクロ的に銀行システム全体の資金需給を考えてみよう。仮にいま我が国にたった一行しか銀行がないと仮定しよう。この銀行は自ら預金を創出し、それを貸し付けてこの国の資金需要に応じている。つまり、貸借対照表の貸付と預金が見合っている。ということは、何らかの理由でこの銀行から預金流出がすることが無い限り、上でみてきたようにさまざまの決済はこの銀行内の預金の振替で済むのであって、従ってこの銀行の資金需給に不足が生じることはない。

　ここで、今まで考えてきたことを整理しておきたい。

（ⅰ）　銀行は、まず経済主体の資金需要に応じて、「無準備の預金（自己宛債務）を貸し付ける」（信用創造）

（ⅱ）　国民経済へ供給される資金は、まず市中銀行の預金という信用の貸付によって創造される。そして信用システム全体をみれば、信用システムの

中での資金需給は均衡している（「貸借機構の基本原則」）

次にミクロレベルに視点を移し替えて、現実の経済社会のように複数の銀行が存在しているなかで、個別銀行における資金需給がどのようになっているかということを考えたい。

個々の個別銀行は預金通貨という信用を創造し、貸し付けることができるからといって無制限にそれができるわけではない。今、ある銀行が企業の資金需要に応じて預金を貸し付ければ、その預金は、企業のさまざまな支払を通して他の経済主体の所得となって転々流通していく。貸し付けられたこの預金がこの銀行内に止まっている限り、また貸し付けた預金が最終的に返済されれば、問題はない。しかし、複数の銀行が競争している状態の場合には、貸し付けた預金が他の銀行の預金になるかもしれない。つまり、個別銀行にとっては資金の流出と資金不足の可能性が発生する。先に述べたようにマクロ的には資金需給は均衡しているのだから、個別銀行からの預金の流出は他の銀行への資金の流入を意味している。つまり、個別銀行間での預金の偏在が起こる。

この預金流出に対して各個別銀行は、第1に、他の銀行との間で激しい預金獲得競争を行う。第2に、預金が流出し資金が不足した銀行は、預金が流入し資金が余っている銀行から短期金融市場で資金融通をうけるという方法を採る。繰り返し述べてきているようにマクロ的には預金の現金での流出が無い限りシステム内での資金需給は均衡しているのだから、今述べた二つの方法で銀行システム全体として個別銀行間の預金の偏在には対処できるはずであろう。

2．現金通貨と銀行システム

さて、いままでは議論をできるだけ預金通貨と銀行システム内での資金需給との問題に限定し、現金通貨（日本銀行券）に極力触れないように努力してきた。しかし、ここからは逆に、現金通貨に向かって議論を進める。

上記でみてきたように、市中銀行のシステム内において資金需給は均衡するのであるが、個別銀行間の債権債務の相殺差額、つまり預金の流出入額の差は当面日本銀行の金融機関預金の振替で処理される。そこで、各金融機関は日本銀行に対して自行への預金の一定割合（預金準備率）を預金するように求めら

れている。周知のようにこれを準備預金制度という。準備預金は、こうしたペイメントシステムの要としての意味ばかりではなく、「預金者保護、銀行の流動性保持の観点から制度化されたもの」である。繰り返し述べてきているように、今日の発達した信用経済機構において創出された預金通貨は、銀行システムからそれが流出する（預金の現金での引出し）ということがない限り、信用貨幣としてどこまでも流通する。しかし、現実には銀行からの預金の流出とその偏在が避けられないのであるから、預金通貨という信用が流出したときに一定の裏付けが必要になる。市中銀行は、中央銀行預け金を取りくずす形で現金を調達する以外にはない。創造した預金の流出に対する裏付けが、市中銀行の中央銀行に持つ預金（中央銀行預け金）なのである。ところが、前項で考えてきたことを敷衍すると、マクロ的にみて中央銀行預金が市中銀行の信用システムの中から生み出される根拠はみあたらない。結局のところ中央銀行預金は中央銀行の市中銀行への信用供与（中央銀行債務の貸付＝信用創造および債券オペ）によってのみ供給される。つまり、中央銀行は市中の金融機関に中央銀行預金という信用貨幣（自己宛債務）を貸し付けている。この意味で、中央銀行は市中銀行と同じことをしているのである。

　それでは、なぜ中央銀行預金は市中銀行預金よりも「より高位の信用」なのであろうか。それは、中央銀行預金が唯一完全に日本銀行券という法貨の裏付けを持っているからである。日本銀行券は国民経済にとってみれば法的に保証された（「国家信用」を背後に置く）最終的な決済手段である。だが、「国家信用」を背後に置くということだけでは日本銀行券の性格をとらえることはできない。次にこの点を日本銀行券がどのように市中にでていくかという点から考えてみよう。

　「まず派生的預金を創出する」市中の銀行システム内では現金通貨を創出するメカニズムは存在しないのだから、市中銀行に預金の払い戻し請求（現金通貨での預金流出）がきたとき、市中銀行は中央銀行預金を取り崩す形で日本銀行券を調達する以外にはない。したがって、日本銀行券は中央銀行預金の振り代わりとして市中銀行を通して市中に出ていく。このことを日本銀行の貸借対照表をみると中央銀行預金が減額され、その代わりとして日本銀行券が貸記さ

れている。つまり、日本銀行券は中央銀行預金の振り替わりであり、日本銀行の債務に変わりはないのである。このように、日本銀行券も基本的には信用貨幣と言うことができる[11]。この意味で、日本銀行も市中銀行預金や中央銀行預金と同様の論理によって信用貨幣として流通していることをここで確認したい。

3. 日本銀行券発行の受動性

　以上、市中銀行の預金から日本銀行券の発行までをかいつまんで見てきた。そこで確認できることを整理し、最初の問題設定への回答へと接近していく。

＊市中への通貨供給はまず、国民経済側での通貨需要（新規投資の発生）に対して市中銀行が信用創造を行う（無準備の預金＝自己宛債務の貸付）によって応えることから始まる。
＊市中金融機関は所与の預金量にたいして一定の預金準備を積む必要から、中央銀行からの借り入れ（中央銀行信用）を受け、中央銀行預金を持つことによってこの預金準備を充たす。
＊市中銀行の預金が解約され、流出する場合、市中銀行は自行の中央銀行預金を取り崩し、日本銀行券を調達し、これに応じる。

　このように、民間資金需要→市中銀行預金→中央銀行預金→日本銀行券という受動的な経路で日本銀行券は発行される。再生産的に見てもこの受動性は明らかである。すなわち、まず新規投資が起こり、新規需要が発生する。これに応えるかたちで市中銀行は信用創造によって自らの預金を貸し付ける。この行為によって預金が増大した銀行は不足した準備を補うために日本銀行信用を仰ぐ。

　貸付を受けた企業の投資によって新たな所得が発生し、預金が流通する。所得のうち個人所得になったものは日本銀行券で流出する可能性がある。日本銀行券での引き出しに応じるために銀行は中央銀行預金を取り崩すが、このとき日本銀行券が発行される。このように、日本銀行券は再生産的な要求に基づいて発行されるものであり、決して日本銀行が再生産の状況とは無関係に発行さ

れるものではない。したがって、今まで述べてきた前提からすれば、本章の冒頭で述べたような日本銀行の供給する「現金の急増」が先にあるのでは無いと言える。

　いま、厳密にインフレーションを「流通必要貨幣（金）量以上に不換通貨が投入されたことによって起こる、価格標準の切り下げ（通貨の代表金量の減少）に伴う、物価騰貴」と規定した場合、今日のような発達した信用機構の通貨供給メカニズムにおけるインフレーション発生については、相当に慎重な議論が必要である。なぜならば、日本銀行の信用供与（結果的にみれば、これが市中銀行に対するいわゆる「本源的預金」の供給となる）は、基本的には受動的であり、再生産の要請に基づいて発行されると考えられるからである。こうした受動性が基本にありながら流通必要金量を超える不換通貨をシステムの外側から再生産規模を無視して投入する論理は何か？この問いがインフレーションの問題を解く鍵であるように思われる。

4．銀行システムからの資金の流出とは

　後の展開のためにここでさらに確認したいことがある。それは、日本銀行券の発行・増加が銀行にとっては資金の流出、すなわち資金ポジションの悪化を意味するということである。これまで述べてきたように、銀行における資金ポジションは負債側の預金と資産側の貸付が見合っていることで均衡している。したがって、日本銀行券が発行されるということは負債側の預金が銀行から流出し、その分だけ銀行の資金ポジションが悪化することを意味しているのである。結局、この現金流出に見合う額は中央銀行信用で埋めざるを得ない。

　ここで主張したいことは、銀行システムの資金需給メカニズムは論理的には自己のシステム内で完結することができるのであるが、現実には資金がシステムの外へ出ていき、資金ポジションの悪化をみることがあるということである。その資金ポジションの悪化を埋めているのが日銀信用である。

　ここで銀行システム全体の資金需給について整理しておこう。
まず、資金の供給面では
＊日銀信用の供与（貸出や債券オペ）によって資金は供給され、吸収によって

第6章　日銀特融とインフレーション

供給量が減少する。先に述べたようにこの操作によって市中銀行の準備預金が増加・減少する。
* 財政資金の受け払い。財政資金が払超になった場合、それは政府から民間への資金の流入を意味し、日銀の政府預金から市中銀行への預金の振替が起こる形で市中銀行の準備預金増が起こる。逆に、財政資金の揚超のときは税金等の政府への引き上げが起こる場合であるから、市中銀行からの資金の流出（資金ポジションの悪化）を意味する。
* 外国為替特別会計を通した外国為替市場への介入によって資金が供給される。たとえば、円高進行を抑えるためにドル買い・円売りの介入を行えば、外為会計の払超になり、逆の場合は逆である。

次に資金の需要面をみると、
* 日本銀行券の流出と流入（発行と還収）。日本銀行券の発行増は銀行にとっては「現金の漏損」、すなわち資金ポジションの悪化を意味する。
* 次に、準備預金のための資金需要。再生産側での投資資金需要の拡大に応じて市中銀行が信用創造額（預金）を増やせば、それに伴って準備預金を積み増さなければならない。それが資金需要となって現れる。

　ここで理解できることは、現実には銀行システムの資金需給はシステムの外部からの資金流入や資金流出の影響を受けるということである。先に、筆者は原則的には日本銀行の資金供給は受動的であり、銀行システムの内部で資金の需給は均衡すると述べた。しかし、現実にはシステムの外側からの資金流入や流出がある。ここに「インフレーション」を論ずる余地が残ると考えられる。

Ⅲ. 日銀特融と日本銀行券

　これまで検討してきた結果から、日銀特融によって発行された日本銀行券はその後どのようになるのかを考えてみたい。1日の資金供給としては史上最大規模の約3兆7,000億円の日銀特融が実施された北海道拓殖銀行や山一証券からは、ほぼそれに近い額の日本銀行券が流出したと考えられる。この日本銀行券はいったんは市中に滞留する。しかし、その大部分は他の金融機関預金となって還流し、一部は準備預金へ、そして一部は国債などの債券での運用へ、さ

らにはコール市場へと運用されていく。

以下には、本稿を執筆している段階で手に入った'97年11月と翌12月の資金需給実績[12]を示した。

〈97年11月資金需給実績〉
(貨幣供給)
　日銀券の発行増　28,833億円　＋　準備預金増　11,779億円
(貨幣需要)
　日銀信用増　　　38,459億円
＋財政要因（散超）2,153億円
　（一般財政　23,786億円、国債　-8,784億円、外為　-9,561億円）

この月の日本銀行券の発行額は、昨年同月（昨年実績　5,619億円）に比べて6倍近くに達し、日銀特融の効果がはっきりと現れている。しかし、最終的に発行された日本銀行券は2兆8,000億円強で、実際の日銀特融の額よりも少ない。これはすでに一部の日銀券が還流を始めていることを示していると言える。このことは、一部は準備預金の増加にも現れているのではないだろうか。

さらに、この準備預金の増大は、市中銀行が貸し出し（信用創造＝マネーサプライ）の増大の結果としての準備金増を反映したものというよりも、一つには、預金の流入を受けた銀行が一時的に準備を積み増した結果であり、二つ目には、金融不安からくる預金流出に備えて市中銀行が準備預金を積み上げた結果と考えられる。

この資金需給は翌月の12月には次のように変化している。

〈97年12月資金需給実績〉
(貨幣供給)
　日銀券の発行増　65,818億円　＋　準備預金減　-11,026億円
(貨幣需要)
　日銀信用増　　　104,073億円

第6章 日銀特融とインフレーション　　　　　　　　　107

＋財政要因（揚超）　　−49,281億円
　（一般財政　−39,240億円、国債　9,303億円、外為　−16,435億円）

　通常12月は年末のボーナス払いや年越しの用意などで現金需要が高まる月である。しかし、この月の日銀券の発行額は、昨年実績の8兆3,000億円そして当初見込額の7兆1,000億に比べ、少額で済んでいる。これは11月に大量発行された（預金流出をみた）日本銀行券の一部が今なお市中に滞留しているため、預金の現金での引き出しが少なかったためではないかと考えられる。
　もう一つ注目したいことは、この2ヶ月間で外国為替特別会計へ11月に9,561億円、12月に1兆6,435億円の資金が引き上げられていることである（財政的要因からの揚超）。これは、日本の金融危機が表面化して拍車のかかった円安を止めるため、外国市場においてドル売り・円買いの介入が行われたことによる。この結果、日銀特融によって放出された資金は、外国為替市場を通して吸収（財政的要因からの揚超）されたのである[13]。
　次に、国債等債券への投資がある。日銀特融でいったん銀行から流出した現金は大部分が他の金融機関へ還流するが、それは、当面貸出先が見あたらない銀行にとってみれば、余剰資金になる。この余剰資金は国債等の債券投資へ振り向けられ、運用される。
　また、郵便貯金・簡易保険を通じて財政投融資に流れ込んだ資金のうち財投計画以上の余剰資金もまた国債で運用される。郵便貯金の12月の純増額は3兆3,416億円で、前年同月比2.3倍の増加になった。この額は、財投の出口である政府系金融機関の貸し渋り対策を含めた融資額を大きく上回るものであった[14]。この財政投融資に流れ込んだ余剰資金が国債市場で運用されるため、国債利回りが低下した。この現象は、長期国債ばかりではなく、短期国債（TB）や政府短期証券（FB）にも現れた。
　北拓、山一という大手金融機関の破綻をきっかけとする1997年末の金融危機は、通貨ないしは銀行システム内での資金の絶対的な不足という形で発生したのではない。むしろ、信用不安から発生した質への逃避という側面が強い、したがって、いったん流出した資金もより高い質（「より高位の信用」）を求めて、

安全な銀行へ、そして公的機関へと流れていったものと考えられる。たとえば、上にみた国債への投資と国債利回りの低下という現象も民間金融機関債やユーロ円金利の上昇という現象とセットになって起こっているのである[15]。この点に関しては、さらに、増加しているタンス預金も一種の質への逃避(日本銀行券での保有)と考えてよい。

以上、考えてきたことは、流出した日本銀行券は結局いずれかに還流するなり、金融市場の止まるように運動しているということである。日本銀行券は本来銀行システムという信用システムのメカニズムの中で生み出されているのであるから、再生産の要請に基づいて受動的に発行される。受動的に発行されている以上、再生産側での要請がなくなれば再び還流するのである。この意味では、日銀特融によって流出した日本銀行券は過剰流動性とは言えないであろう。

IV. 今後の課題

本章ではもっぱら日本銀行券の発行メカニズムに着目し、それとの関連で日銀特融を評価してきた。したがって、民間銀行への資本注入という事態にまで発展した公的資金導入問題などには触れることができなかった。そこで、公的資金を含めて今後考えるべき問題について触れておきたい。

日銀特融とは、急激な預金の引き出し(取り付け)に対応するための日銀信用の供与である。したがって、破綻金融機関の債権回収が進めば、順次返済され、残高も減少してくる。最終的に回収できなかった債権(不良債権)が預金保険機構に引き受けられるのである。預金保険機構は、各金融機関が預金の一定割合の資金を積み立てている。預金保険機構は、最終的に不良債権が回収できない場合、市中銀行が積み立てた資金でそれを償却する。いわば過去の賃金所得ないし剰余価値の一部を積み立てた資金で、不良債権をカバーしているのであるから、この限りではインフレマネーが出ていくことはない。

しかしこの次には、預金保険機構がカバーできない不良債権をどのように処理するのか、という問題が必然的にでてこよう。

今日の不良債権問題の原因はバブルの発生とその崩壊にある。バブルの発生が銀行の信用創造による現実の再生産規模を遙かに越えた信用膨張を原因とし

第6章　日銀特融とインフレーション　　　　　　　　　　109

ているとすれば、バブルの崩壊は再生産規模に向かっての信用の収縮がその原因であるといえる。言い換えれば、不良債権は、信用の膨張の結果として騰貴した債権の価格が信用の収縮によって大きく下落したことから発生していると言える。とすると、この不良債権は実はバブル期の利益の裏返しということができる。つまり、不良債権を処理するということはバブル期の利益を現在の所得で補償することに他ならない。

　不良債権を処理する方法は、原則的には三つ考えられる。第一に、インフレーションを発生させることによって債務者利得と債権者損失の発生という形で所得移転を促し、不良債権を処理する。第二に、税金によって直接に不良債権を処理する。例えば、一般会計からの預金保険機構への直接的な資金投入がこれにあたる。第三に、市中の資金を一時的に借り入れることによって不良債権処理を棚上げにして、最終的な処理は将来生み出される所得（賃金および剰余価値）の再配分へと先送りする。より具体的には預金保険機構等に不良債権を棚上げする、いわゆる「塩漬け」である。資金は国債の借換でまかなう。

　第一の処理方法が、当初から問題にしているインフレーションの問題である。しかし、本稿でも考えてきているように現代のような高度に発達した信用機構の中でインフレ発生を考えるためにはもっと多くの議論が必要であろう。インフレ発生のメカニズムについて今後一層の議論を待ちたい。

　第二の処理については、直接的な所得移転による利益補償に他ならない。

　第三の処理は、市中の資金を一時的に融通できる条件が整っていれば、当面非インフレ的な処理方法といえる。この条件とは借り入れ資金の存在と通貨価値の安定である。今日の日本は、貯蓄過剰と経常黒字に伴う外貨準備増[16]を実現しており[17]、この面からもインフレーションに歯止めがかかっていると考えられる。

　当初、公的資金導入問題は、このような不良債権処理方法を中心に議論されてきた。しかし、その後、貸し渋り対策につながる銀行の自己資本増強の一環としての公的資金導入など議論も出てきたように思われる。

　このように公的資金導入の問題については、所得移転の問題やマクロ的な資金循環とインフレの問題、さらにはその後、出てきた銀行の資金増強策の是非

を巡る論議など、貨幣論・通貨論といった理論的な問題から政策論に至るまできわめて広範囲かつ多岐にわたっている。公的資金導入問題についての論点整理は改めて稿を起こすことによって考えてみたい。

（1）「日本銀行は大蔵大臣の認可を受けて、信用制度の保持育成のため、必要なる業務を行うことが出来る」。
（2）日本経済新聞、1997年11月29日
（3）日本経済新聞、1997年11月30日
（4）川合一郎「管理通貨制下の株価暴落と信用パニック」『経済評論』日本評論社、8月号36頁、1965年。
（5）本稿をまとめるにあたり、日本銀行券の発行の問題については特に以下の労作を参考にした。横山昭雄『現代の金融構造』日本経済新聞社、1977年；吉田暁「ペイメント・システムのリスクと銀行の本質」『武蔵大学論集』（武蔵大学経済学会）、第35巻第6号、1988年；同「ペイメント・システムから銀行システムを考える」『信用理論研究』（信用理論研究学会）、第6号、1989年；板倉譲治『私の金融論』慶応通信、1995年。
（6）「『マネー・サプライは、日本銀行の供給する現金通貨の乗数倍となる。この乗数は季節的に変動するが、ならしてみればかなり安定している。この現金通貨の急増が、マネー・サプライを急増させ、インフレーションの原因になった』。これは東京大学の小宮隆太郎教授の「昭和48、9年インフレーションの原因」（『経済学論集』42巻1号）の基礎にある考え方である」外山茂『金融問題21の誤解』東洋経済新報社、1980年19頁。
（7）バブル不況が進行する中で、日本銀行の通貨供給を巡って、いわゆる「マネー・サプライ論争」が展開された。その論争の評価については、とりあえず、信用理論研究学会編『信用理論研究』第13号、1995年をみられたい。
（8）今日、我々はクレジットカードなどで買い物をするが、これも預金口座を背後に持っており、預金通貨の一種と考えて良いであろう。
（9）この点、次の論文を参照されたい。松本朗「信用制度の二側面についての考察──個別資本視角からの信用論の克服をめざして──」『愛媛経済論集』（愛媛大学経済学会）第10巻第2号、1990年。
（10）ここでは、本論に必要な限りの制度的な条件に限って説明を加えた。信用貨幣の成立条件・流通条件については再生産的な条件を含めて本質的条件が考えられるのであるが、ここでは触れない。その点については、山田喜志夫「信用貨幣に

ついて——信用主義と重金主義——」『國學院大学紀要』第19巻、1981年。同「信用創造と通貨構造」『国学院経済学』第41巻第2号、1993年を参照されたい。
(11) 中央銀行券の債務性は、金本位制の時には金との兌換と資本の還流に基づく債権債務の絶対的相殺という二つの論理によって支えられている。今日のような、不換制（管理通貨制）下では、後者の側面においてのみ信用貨幣性を保っていると言える。
(12) 日本銀行ホームページより、アドレスは、http://www.boj.or.jp。
(13) 日本経済新聞、1997年12月22日
(14) 日本経済新聞、1998年1月16日
(15) 日本経済新聞、1997年12月3日、1998年1月16日
(16) 「日本売り」といわれる円相場の下落の中にあって、このところ経常黒字（特に貿易黒字）の増加と外貨準備増が続いている。日本経済新聞、1998年1月15日
(17) 貯蓄超過と経常黒字との関係については近年大きな論争を呼んだ。その問題についての評価としては、吉田真広『今日の国際収支と国際通貨』梓出版社、1997年を参照されたい。

第7章　資本移動とバブル経済

I. はじめに

　グローバル化した現代の資本主義社会では、バブル経済も一国にとどまることはない。'80年代後半は世界的に見てバブルの嵐が吹き荒れた時代であり、このことはバブルが世界全体に伝染したことをも想起させる。日本のバブルも例外ではない。前章までは、バブル経済に関連する経済問題を国内的な面から見ると同時に、日本のバブル経済発生と為替相場との関係を見てきた。本章ではバブル経済の国際面への広がりに視点を移す。

　前章でも見たように、一般に、「バブル経済」とは、「実物経済から乖離したストック価格の異常な上昇」と定義される。バブル経済は、実物経済とはまったく無関係な金融・資本市場を舞台にした投機的な貨幣資本取引の拡大とも言うことができる。'90年代の金融状況の大きな特徴は、世界的な連関の中でこのような国民経済内のストック市場の異常な価格上昇が発生し、投機的な取引が拡大したことである。

　ここで国際経済面におけるバブルを定義してみよう。国際経済面における実物経済は国家間の経常取引に集中的に現れる。したがって、国際経済面におけるバブルをとりあえず次のように定義しておこう。「経常取引を遙かに上回る資本取引の拡大」。こうした特徴は、日本のバブル経済期にはどのように現れたのであろうか。次にこの点に触れておく。

　'80年代初頭、日本の国際収支構造とくに資本取引の構造は大きく変化した。奥田宏二氏はこの点について次のように分析する。「戦後日本の対外金融はかなり明確に'70年代までと'80年代以降に区分できる。'70年代までにおいては貿易金融が対外金融の大部分を占め、本邦外国為替銀行の対外業務も主要には貿易金融に左右されていた。つまり、貿易金融の変化が為銀対外短期資産負債ポジションのほとんどを表していた。しかし、'80年代においては証券投資、直接投資等の長期資本収支の項目が日本の対外金融の圧倒的大部分を占め、貿易金融の比重、重要性はきわめて小さくなってくる」[1]。

図7-1 日本の基礎収支
(兆円)

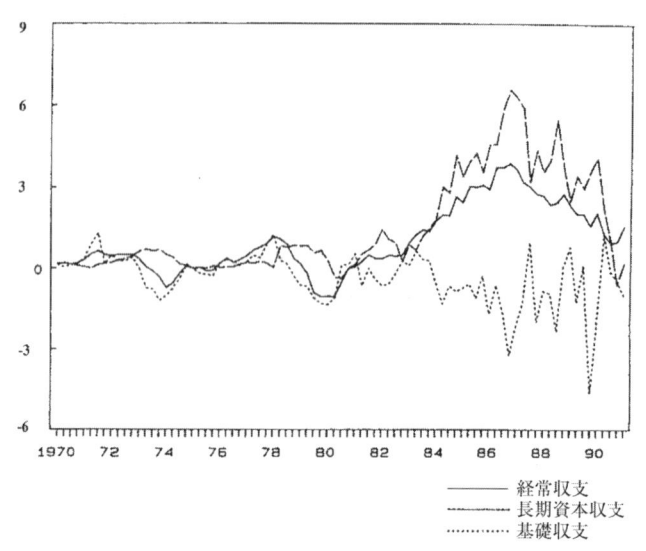

凡例:
―――― 経常収支
－－－－ 長期資本収支
……… 基礎収支

出所) R.A. Werner, "Japanese Foreign Investment and the Land Bubble" より作成。

　さらに、R．ヴェルナー（R A. Werner）氏も次のように指摘する。「資本の流れは経常収支とは別個に規定されるのであるが、その一方で、国際収支の均衡は、資本流出と経常収支の余剰が等しいことを意味している。…（中略）…1970年代を通してネットの長期資本収支は時間差をおきながら経常収支に続いて発生し、ほぼ規模も一致していた。しかしながら、1980年代に入るとネットの資本流出は経常余剰よりも急速に拡大した。それは規模的に経常取引をはるかに凌駕し、時期的には経常取引に先行していた。したがって、基礎収支はほとんど継続的に赤字であった」(2)（図7－1もあわせて参照されたい）。

　このような日本経済の対外面での変化は、具体的にはどのように現れたのであろうか。次に、日本の対米不動産投資を取り上げ、その点を見ていこう。

Ⅱ．日本の対米不動産投資

　日本の対米不動産投資は1981年から1988年の間に10倍に増加した。しかし、

アメリカ政府は外国からの対米不動産投資について統計を整備していないと考えられること、日本政府も1981年以降日本からの対外不動産投資について統計を示さなくなったことなどの理由から、必ずしも対米不動産投資に関して直接的なデータが揃っているわけではない。そのため、この劇的な投資拡大を具体的に検証することができないが、ここでは次の三つの面でそれを間接的に検証したい。第1に、いくつかの信頼できる報告を使用して量的に対外不動産の状況を捉える。第2に、対外不動産投資を促進した制度的な変化、つまり法律とその適用における変化を検証する。第3に、バブル期の対米不動産投資環境の変化をエコノミストおよび経営者の証言を紹介することでみていく。

大蔵省が発表している統計「日本の海外直接投資実績」によれば、日本の対外直接投資、特にアメリカ向けの対外直接投資実績は1985年以降急速に増加した（図7-2）。同報告からは、日本の不動産業が1984年から1985年の間に対外投資を約3倍増加し、バブル期を通してほぼ同じようなペースで投資を拡大させていることわかる。アメリカ向け対外投資の拡大は「国際収支統計」においても確認できる。同統計中の対外不動産投資を含む「海外直接投資」は、日本の対外投資が1985年以降急速に拡大し（約2倍）、そのうち約半分をアメリカ向けが占めていることを示している（図7-3）。

E＆Yケネス・レベンソール不動産グループは1985年以降日本とアジアの対米不動産投資について毎年報告をまとめている[3]。図7-4は、同社のレポートからのものであり、バブル期の日本の対米不動産投資のデータを示している[4]。ここからわかるように日本の投資は1988年に165億4,000万ドルでピークを打つ。上で挙げた「海外直接投資」は、アメリカ向け直接投資が1988年に189億7,000万ドルであったことを示している。こうしたデータ上の相関性をみると、ケネス・レベンソールの報告は1980年代後半を通しておおよそ適正な数値を捉えていると言ってよいであろう。

それでは、こうした日本の対外直接投資の急拡大を促進した制度的要因とはなんだろうか？　次にこの点を見ていく。

外国為替および外国貿易管理法（以下「外国為替法」）と外国投資法は1980年まで日本の為替管理の基本法であった。戦後外国為替法に関連する規制の内

図7-2 北米向け直接投資実績（届け出ベース）

	1981	1982	1983	1984	1985	1986	1987	1988	1989	1990	1991	1992	1993	1994
建設業	0.027	0.01	0.07	0.05	0.244	0.118	0.182	0.186	0.318	0.161	0.19	0.19	0.19358	0.13011
商業	0.559	1.28	0.693	0.62	0.776	1.047	1.26	1.966	2.453	2.837	2.425	1.666	1.80524	1.47545
金融・保険	0.441	0.155	0.576	0.607	1.465	2.057	2.898	3.221	4.626	2.397	1.62	1.648	2.52058	2.09029
サービス業	0.045	0.112	0.048	0.283	0.129	0.505	1.572	1.695	7.179	8.703	2.684	4.376	1.88935	4.92675
運輸業	0.004	0.021	0.006	0.013	0.026	0.027	0.09	0.051	0.172	0.1	0.156	0.103	0.26605	0.22754
不動産業	0.136	0.29	0.165	0.364	1.121	3.68	4.375	5.652	8.855	5.912	5.496	2.28	4.28557	4.14375
計	1.212	1.868	1.558	1.937	3.761	7.434	10.377	12.771	23.603	20.11	12.571	10.263	10.9604	12.9939

資料）大蔵省『財政金融統計月報』より

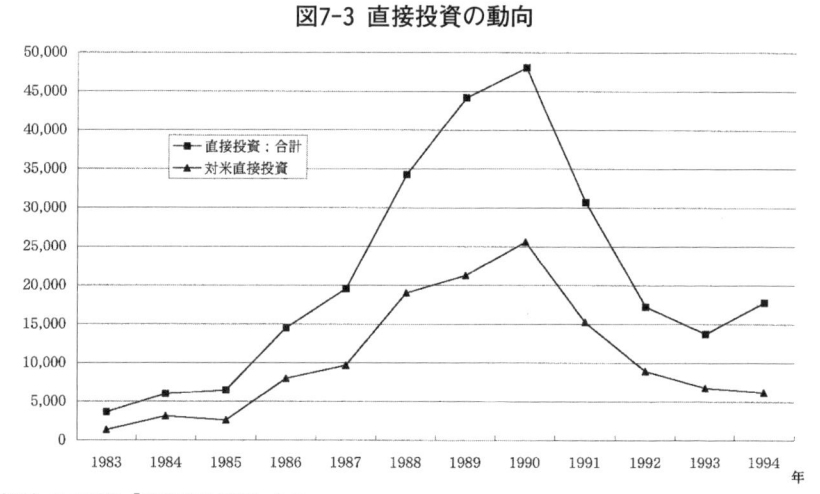

図7-3 直接投資の動向

凡例：直接投資：合計／対米直接投資

資料）日本銀行『経済統計年報』より

図7-4 1985-1996 Japanese Investment in U.S. real Estate by Year
（based on original investment）

年	Billion $
1985	1.86
1986	7.53
1987	12.77
1988	16.54
1989	14.77
1990	13.06
1991	5.06
1992	0.81
1993	-3.43
1994	-6.36
1995	-8.87
1996	-4.99

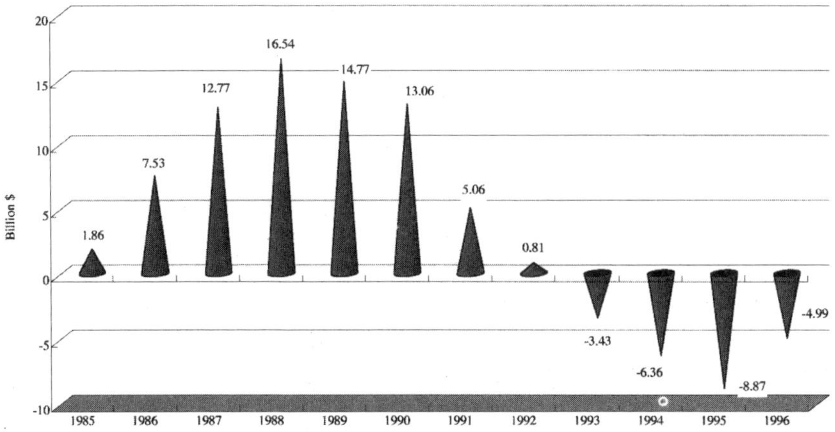

Source: E & Y Kenneth Leventhal Real Estate Group, *1997 Asian Investment in United States Real Estate*, 1997.

容と解釈は徐々に緩和されてきたが、法律による「原則禁止」の姿勢は残っていた。1979年に外国為替法と外国投資法の全面的な改正が行われた（施行は1980年）。その結果、外国投資法は破棄され、その内容は外国為替法に吸収された。同時に、外国為替管理の「原則禁止」の姿勢は、「原則自由」へと転換された（資本取引の自由化）。それまで為替管理には、例えば、事前通告の義務づけなどの手法がとられていたが、改正後は事業目的、非事業目的のいずれでも外国不動産を購入する前に当局に事前届け出をする必要がなくなった。

　日本の対外投資に対する金融規制のなかで1980年以降のもっとも重要な変化は、「実需原則」（'84年6月）と「円転規制（'84年6月）」の撤廃である。実需原則が撤廃された1984年以前には、先物取引による為替変動のヘッジは商品貿易にのみ認められていた。しかし、「実需原則」の撤廃によって自由に先物取引が組めるようになった。

　後者の「円転規制」（正式には直接持高規制）とは、「外国為替銀行が外貨を日本国内に持ち込んで売却のうえ円資金として運用すること、あるいは本支店勘定を通じてユーロ円を持ち込んで国内運用するのに対し、国内金融市場での

秩序維持や投機的な為替の売買抑制を狙いとして一定の上限を課す規制をいう」[5]。この規制緩和によって、外国為替銀行は、外国為替ポジションを売り持ち、ないし買い持ち状態にする余地が広がった。それまでこの規制によって日本の居住者に対してかけられていたドルの供給制限が撤廃されたことになる。つまり、顧客はドル資金の入手可能性が広がったことによって、対外投資環境が改善した。

さて、第三のバブル期の投資環境の変化について触れておきたい。1989年12月に三井不動産会長の坪井東氏は日本経済新聞社のインタビューに答えて次のように述べている。

「――（日本の対米不動産投資の残高が――引用者）今後も高い水準の対米投資が続くと予想する根拠は何ですか。

『為替レートが一定であれば、米国への投資は極めて有利です。政治・経済的に安定しており、何よりも投資利回りが高い。7－10％程度は期待できます。――（中略）――。対照的に日本は土地が高く投資利回りが低い。しかも、売りに出るビルなど数えるほどしかありません。当社も86年末にロックフェラーからニューヨークのエクソンビルを買いました』。

――対米投資が急増する背景は日本の高い地価、円高、日本の企業風土の違い、こういったところでしょうか。

『米国の不動産はハイリスク・ハイリターンです。ビル賃貸料は有力なテナントが出ていったらたちまち下がってしまう。ところが、米国の不動産業界は中小規模の会社が多く、高金利のドルでは手が出ない。米国債の30－40％を日本の機関投資家が買っているのと同じです。円なら買えます。…』」[6]

こうした主張は、興銀調査部の塚崎氏にも見られる。「海外不動産への投資は、…対米中心に増加している。…その場合の投資誘因としては、海外不動産の投資利回りがたかいことが着目されている。性格的には、対外証券投資と近いものといえよう」[7]。

ここで注目すべきは、'85年以降の日本のアメリカ不動産への投資が伝統的な直接投資としての性格以外に、国際的なポートフォリオ・セレクションのひとつとしての性格を帯びてきたことである。

これまで対外不動産投資は直接投資のひとつとして「帝国主義論」の論理の延長線上でとらえられてきたといえるのではないだろうか。たとえば、多くの研究が直接投資を海外市場でのシェア拡大の手段として取り上げてきたように思われる[8]。しかしながら、この伝統的な論理はバブル期の日本の機関投資家の投資行動には必ずしも適用できないように思われる。というのも、長期的な収益性や市場占有率など長期的な戦略に基づく伝統的な直接投資と異なって、証券投資（ポートフォリオ・セレクション）は短・中期的な為替相場や金利変動の影響を大きく受け、きわめて投機性の強い性格のものだからである。こうしたことを踏まえて次節では、バブル期の投機的な対米不動産投資の誘因をマルクス経済学のフレームワークを使って考えてみたい。

III. 対外不動産投資、外国為替相場、利子率

本節では、最初に前章で展開したマルクス経済学の擬制資本価格の理論から始める。つぎに、いくつかの仮説をおきながら日本の対米不動産投資と外国為替相場と利子率の関係を考えてみたい。

1. 利子率格差と投資決定

第6章でもみたように資本還元式にしたがえば、擬制資本の価格と利子率は逆相関の関係にある。逆にこのことは、擬制資本の投資利回り（配当/擬制資本価格）が利子率と一致する傾向にあることを示している。したがって、他の条件に変化がないと仮定するならば、国際資本移動によって以下のような関係が成立すると考えられる。

（X国：利子率＝定期的収入/擬制資本価格〔投資元本〕）
　　　　∥
（Y国：利子率＝定期的収入/擬制資本価格〔投資元本〕）

一般的にいって、外国為替相場変動は商品価格とその市場における競争力に影響を与える。前章までで議論したように、外国為替相場の過大評価や過小評

価が輸出入商品の価格競争力に影響している。

　しかしながら、ある一時点をとったときに（静態的にみたときに）、外国為替相場は国際的な資本移動に何の影響も及ぼさないように思われる。為替相場がどんな水準でも、ある一時点の収益（利回り）には変化がないからである。そうすると、ある一時点をとったときの対外不動産への投資は利子率（ないし利回り）格差が規定しているはずである。例えば、次のような関係が成立していれば、X国からY国への投資が行われるであろう。

（X国：利子率＝地代／土地価格）＜（Y国：利子率＝地代／土地価格）

　今、擬制資本の投資利回りが国内の利子率と一致していると仮定するとすれば、対外不動産投資への第一の投資誘因は二国間の利子率格差であるといえる。図7-5、図7-6では日米の1985年から1997年の間の長短の利子率格差を示した。この図と先に挙げた日本の対米不動産投資の変化を示す図7-2を比較すると、日米利子率格差と日本の対米不動産投資の間の相関関係が読みとれる。

　坪井、三井不動産前会長が前述していたことは基本的にこの関係であるといえる。また、佐上建司氏も次のように述べている。「日本では利益率（投資総額にたいする年間賃貸料収入の割合）が2％なのに米国では8％（地方で15％）の利回りで、円高の影響を考えても有利とみている」[9]。

　今のところ、アメリカ不動産の正確かつ詳細な統計を入手できていないが、レベンソール不動産（E & Y Kenneth Leventhal Real Estate Group）も次のような興味深い報告をしている。「…アメリカの不動産はアジアの投資家にとってきわめて魅力的に映っている。これらアジアの投資家は自国市場の不動産投資ではかなり高くなった価格と低い利回りに慣れてしまっている。1980年代後半の日本の投資家と同じように、アジアの投資家は、アメリカの不動産価格が『過熱した』アジア市場の同質の不動産価格に比べて相対的に『お買い得』なものであることを認めている」[10]。

　1984年に先物為替取引が規制緩和されたことは、1980年代の日米間の経済状態を説明するこの仮説をさらに補強することになろう。というのも、先物為替

第7章 資本移動とバブル経済　　　121

図7-5 日米短期金利差（米国−日本）

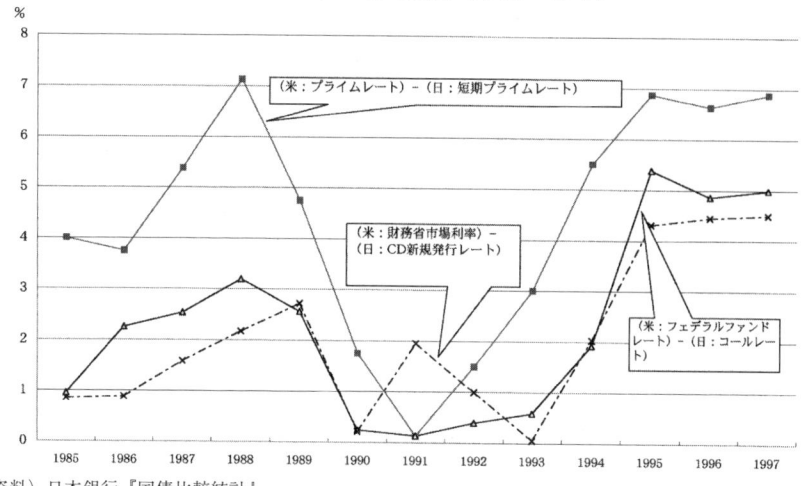

(米：プライムレート) − (日：短期プライムレート)

(米：財務省市場利率) − (日：CD新規発行レート)

(米：フェデラルファンドレート) − (日：コールレート)

資料）日本銀行『国債比較統計』

図7-6 日米長期金利差

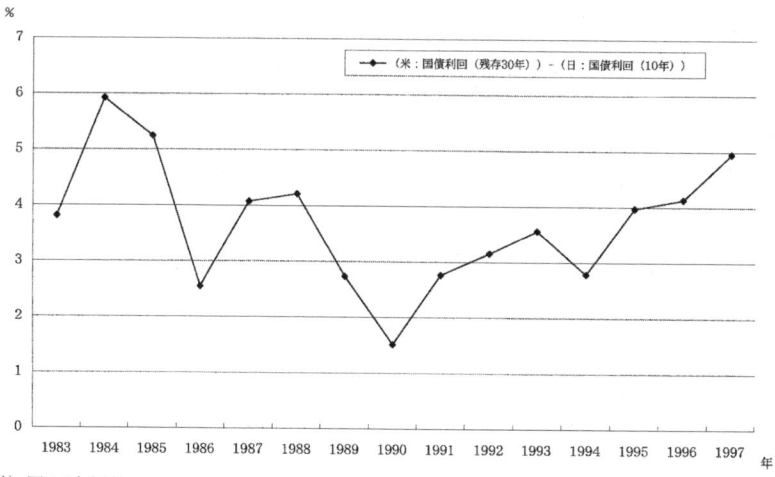

(米：国債利回（残存30年）) − (日：国債利回（10年）)

資料）図7-5と同じ

の規制緩和によって邦貨建ての地代収入を事前に確定することができるからである。したがって、以下に述べるリスクを避けることができるため、地代格差に基づく資本投資の誘因はさらに強まる可能性がある。

さて、対外不動産が抱えるリスク要因とは何だろうか。理論的には、地代/土地価格は利子率と一致するが、現実には地代と地価は市場条件によって変動する。したがって、地代の変化に影響を及ぼすすべての要因が不動産収入に影響を及ぼす。言い換えれば、地代は単に利子率によってのみ決定されているわけではない。この点は、後にも触れる。

2．地価、為替相場、投資決定

前項においては、ある一時点での外国不動産への投資決定における基本的メルクマールとして、地代格差と短期のフロー所得の獲得が挙げられると主張した。したがって、理論が示すように地代利回り＝利子率が成立しているとすれば、二国間の対外不動産投資の主要要因は二国間の利子率格差といえる。これらはある一時点の投資決定要因であるので、投資戦略の静態的側面といえる。これに対して本項では、投資戦略の動態的側面を考察する。これはストック価格の価格差などを利用したさや取り取引であり、投機的性格を強く持っている。

対外不動産投資は、フロー所得の獲得という第一次的な投資目的のほかにこのキャピタル・ゲインの獲得という第二次要因によっても引き起こされる。バブル期の対米不動産投資を行った日本の資本にとっては、投資の大きな目的のひとつは潜在的キャピタル・ゲインであったように思われる。なぜこのような投機的目的に走ったのか？　この問題に答えるために二つの投機的要因を考えてみたい。

(1)　地価騰貴と期待

ここで考えなければならないことは、日本の銀行および投資家の不動産投資への極度の信頼である。この信頼は、地価が決して下がらなかったという第二次世界大戦後の日本の経験に支えられている。いわゆる「土地神話」である。中尾茂夫氏はこれを次のように説明している。「地価が上昇し続ければ、銀行

側は土地の担保での貸付額が増大するだけでなく、借り入れ側も価格上昇分のキャピタル・ゲインを享受できる」[11]。つまり、日本の投資家は不動産投資に、二つの投機的利益源泉を見ていたのである。一つは、期待価格上昇に基づく潜在的な借り入れ能力の増大。第2に、潜在的なキャピタル・ゲインである。日本の企業が海外不動産への投資を増やした理由の一つが、この「土地神話」の海外不動産への適用であったことは疑う余地はないだろう。

国土庁と日本不動産鑑定協会の調査[12]によると、ロスアンゼルスの地価は1981年から1984年までに3倍に上昇した。また、レベンソール不動産（E & Y Kenneth Leventhal Real Estate Group）による「優良事務所の市場価格」によれば、事務所市場の価格レンジは、1985年以降、スクウェアあたり160ドル～230ドルから260ドル～320ドルに上昇した。これはおよそ39％から62％の上昇である[13]。こうした地価の上昇が日本の「土地神話」を海外へと適用する根拠になっていったものと思われる。

(2) 外国為替変動と地価

第2の動態的要因は、為替相場変動への予想である。為替相場変動は対外不動産投資に二つの異なった作用を及ぼす。論理的にいって、もし投資家が所得フローを目的として不動産を持ち続けるのであれば、邦貨の上昇によって地代収入の目減りという損失を被る可能性がある。したがって、所得フローを目的とするならば投資家は邦貨の減価を期待するか、為替相場変動に対するヘッジを行うことになろう。

また、地価上昇によって発生するキャピタル・ゲインも同じように考えることができる。邦貨が外貨にたいして上昇すれば、期待されたキャピタル・ゲインは減少する。したがって、ここでも、邦貨の下落を期待するか、為替変動を避けるため外貨の円転を避けるような不動産投資を試みることになる。つまり、通常の状況では投資家は為替変動を考慮しなければならない。

この論理を敷衍すると、今までみてきた日本の対米不動産投資からはその論理とは異なる事実が見てとれる。1980年代後半には円の上昇にもかかわらず、日本の対米不動産投資が急速に増加しているのである。通常の論理を越えてこ

の投資動向を作り出したものは何か？ここで考えられるのは「実需原則」の撤廃による先物為替取引の緩和である。

「実需原則」の撤廃によって先物取引が緩和され、為替相場変動からのリスクをヘッジする機会が増加した。1984年以前には邦貨建ての外国不動産の地代収入は外貨の下落に伴って減少する可能性があった。1984年以降は、地代は為替相場変動の影響を避けることが可能であったと思われる（少なくとも6ヶ月から1年という短期の間でも）。というのも、先物為替取引によって契約時の所得フローが邦貨建てで確定できると考えられるからである。

このように「実需原則」の撤廃は日本の投資誘因構造を変化させたと思われる。それは為替相場変動に伴うリスクを弱める作用をするからである。対米不動産投資に高収益性の他に安全性という要素を付け加えることになったのではないかと考えられる。地代所得は短期的には先物為替によってカバーされ、円安によってキャピタル・ゲインが期待できたからである。

1980年代後半、米国不動産価格は上昇したが、1985年から1988年の円高によってアメリカ不動産の日本不動産に対する相対価格はそれほど上昇しなかったと考えられる。したがって、日本の投資家の焦点は、円高のピーク時点で相対的に安価な対米不動産を購入し、キャピタル・ゲインが最大になる円の下落時点を見極めることにあったと思われる。

投資家は不動産価格の上昇によってもキャピタル・ゲインを獲得することができる。すでに見たように、同時期のアメリカ不動産価格は上昇しており、「土地神話」の意識によって日本の投資家にとって対米不動産は堅実な投資対象になっていた。最終的に注意しなければならなかったのは為替相場変動であった。円がドルに対して上昇し続ける限り、不動産を持ち続け、円安に転換した時点でそれを売却すれば、円安からキャピタル・ゲインを獲得できる。円安は追加的なキャピタル・ゲインの増加要因になった。塚崎氏が次のように述べるのもこの論理である。「…対外不動産投資のように、証券投資に近い性格を有するものは、円安予想によりむしろ促進される…」[14]。

Ⅳ. 巨額対外投資の構造的要因

前節で日本の1980年代の対米不動産投資を刺激した誘因をミクロ的な側面で見てきた。本節では、構造的な側面に目を向けてそのことを考えていきたい。第1は、金融環境の変化であり、第2は土地の内外価格差の問題である。

1. 日本の「バブル」と対外投資

前章で対米不動産を投資対象とさせる役割を演じた要因として金利格差と為替相場を見てきた。しかしながら、1990年代にはいると円高にかかわらず日本の投資家はほとんど反応しなくなってくる。なぜ、1980年代と異なった事態が起きたのだろうか？この点を考察するために日本のバブル期に特徴的にみられた構造要因に目を向けなければならない。本項では日本のバブル経済と日本の対外投資の増加との関係を見ていく。そのために、日本の対米不動産投資および直接投資の原因となった三つの構造的要因を指摘する。

第1に、日本の対米不動産投資は「日本の土地バブル」の対外的側面であったということである。R．ヴェルナー（R. A. Werner）氏も次のように指摘するように「日本の比べるものがないほどに高い、爆発的な地価の上昇は、日本の総資産の大部分を構成していたのであるが、対外投資行動にもある影響を与えた」。R．ヴェルナー氏は、日本のネットの対外投資額の変化と不動産向け貸出（不動産会社への貸出とノンバンク金融機関を通した貸し付け）の増加の高度な相関性を指摘している（図7-7）。実は、この点、いち早く、国際決済銀行と日本銀行も同じ指摘をしている[15]。

第2に、株価上昇と証券資産上の巨大な含み益が投資機会をもとめる原資になった。この点を重視するのが吉川元忠氏である。「筆者としては、バブル益のなかでは、土地の含み益よりも株式の含み益を重視する。それは米国債投資にともなう為替差損のバッファとして、とくに大蔵省が機関投資家に米国再投資を強制する材料として強く作動した」[16]。

第3に、前章でも述べたこの時期の金融政策の効果である。結局、日本のバブル経済の原因はドルを支えるために実施された金融政策に帰することができる。このようなドル支援政策を当局にとらせた一つの要因は、日本がアメリカ

図7-7 不動産向け融資と対外純投資

(兆円)

ΔF（対外純投資）
ΔL（不動産向け融資）

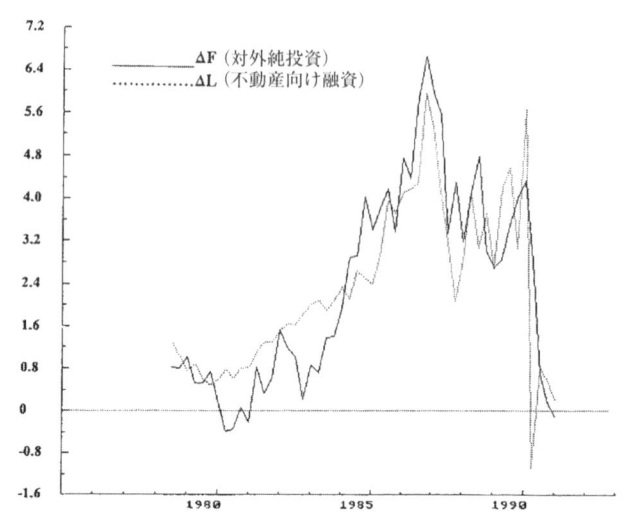

出所) R. A. Werner, 前掲論文

に対して持つ巨額かつ過剰な資産の存在である。国内的には通貨当局は公定歩合と金利水準を急激に引き下げた。さらに日本政府はドル暴落を防ぐために、日本の金融機関に巨額資金をドル債券に投資させた。機関投資家は、通貨当局の行政指導によって多額の米国国債を購入した[17]。

　こうした政策にも関わらず、ドルの減価は歯止めがかからなかった。特に1985年以降の円高ドル安は、米国国債を保有している日本の金融機関と機関投資家に為替差損を被らせた。これら巨額の損失によって投資家はあらたな投資機会を求めざるを得なくなった。その一つが不動産投資だったのではないか。言い換えれば、ドルを支える政策の限界が対外バブルを引き起こしたといえる。

2．地価の内外価格差

　1980年代後半、アメリカ不動産の価格は相対的に日本の地価よりも安価になっていった、いわゆる土地の内外価格差の拡大である。事実、「1989年には日

本のすべての土地はアメリカ合衆国のわずかに1/26だったにもかかわらず、その地価は4倍もの大きさであった」(18)。この地価の上昇は、1980年代から1990年代のドルに対する円の急激な上昇によって説明できる。この内外価格差の拡大は対外投資にとってどのような意味を持っているといえるであろう。本項ではそのことを考えてみたい。

二国間の商品の相対価格は、その商品が同質の物であるとすると、商品の輸出入を通じて一致するはずである。同時に為替相場、とりわけ為替平価は二国間の相対的な物価水準が一致するように調整されるはずである。エコノミスト誌が毎年発表しているビッグ・マック（Big Mac）ハンバーガー購買力平価などはその考えを踏襲している。たとえば、日本でビッグ・マックが¥360で、アメリカで同じビッグ・マックが＄1であるとするならば、ビッグ・マック購買力平価は＄1＝¥360ということになる。このとき現実の為替相場が＄1＝¥150であるならば、日本のビッグ・マックはアメリカのそれに対して相対的に割高であるということになる。これが内外価格差である。

しかし、異なった国の土地価格の場合は、購買力平価のような直接的比較はできない。というのも、本質的に土地は一般商品とは異なって、質的に同一な流通商品ではないからである。当然、土地は輸出入できない。したがって、ある1エーカーの土地の価格は他の場所にある同じ1エーカーの土地の価格と単純に比較できない。つまり、内外価格差を、ある為替相場水準（直物為替相場）における二国にある二商品間の相対価格差と規定するならば、地価の内外価格差、つまり絶対水準の国際的な比較は投資家にとってはあまり意味のある尺度ではないだろう。

前節で考察したように静態的に問題を考えるならば、つまり、外国資本にとってみると、他の条件を一定とし、ある一時点をとったときの外国為替相場は、当該国への土地投資の利回りには影響しない。利回りが一定であるとすれば、土地の内外価格差は投資家にとって意味のある投資誘因ではない。むしろ、為替相場の変動などによって地価の相対水準が変化する方が意味をもってくる。

しかしながら、その一方で、1980年代対米不動産への個人投資家の投資は増加した。この個人投資家の投資誘因の一部は土地の内外価格差で説明できる。

というのも、個人投資家の需要は、利潤動機とは異なる誘因によっても引き起こされるからである。言い換えれば、収益性とは異なった投資尺度を持つ個人需要がアメリカ不動産の相対的・急激な下落によって喚起されたといえる。

V. むすびにかえて

　第5章から第7章においては、日本のバブル経済問題を円ドル相場との関連で分析した。また、第6章では、バブル経済を分析する場合に重要な意味をもつ通貨供給の問題を、日銀特融という経済事象を対象にして分析した。ここでは、この三つの章のまとめとして理論的な枠組みをもう一度整理しておきたい。これらの分析で結論的に3点のことを指摘してできる。第1に、日本のバブルはストック・インフレーションである。インフレーションは過剰な通貨供給に伴う物価騰貴と規定できる。この意味で、M.フリードマンが指摘するように、インフレーションはつねにどこでもすぐれて貨幣的現象である[19]。バブル経済は「ストック・インフレーション」であり、日本のバブル経済も過剰な通貨供給を原因とする貨幣現象といえるだろう。しかしながら、第2に、現在の信用制度の下では古典的インフレーションが指摘するような国家の過剰な通貨供給→物価騰貴という単純な図式でインフレーションを考えることはできない。特に近代的な信用制度の下では、現実の通貨供給（マネー・サプライ）は内生的に決定される。このような状況下では、たとえ通貨当局が通貨供給を増やそうという動機を持っていたとしても、貸し付け可能な資本に対する需要が現実に存在しないのであれば、発行された過剰通貨は通貨当局に還流してしまう。

　このことを認めるとすると、ストック・インフレーションであるバブルはなぜ発生したのであろう？　バブル経済発生の条件は、実体経済側で準備されたことに注意を向けなければならない。その第1は、銀行の信用創造拡大による貸し付け可能な貨幣資本の過剰蓄積である。そして、この過剰な貨幣資本が金融資本市場における構造的な需給関係を崩したことがストック・インフレの重要な要因であった。論理的に過剰な貨幣資本の概念をつかまえることはかなり困難な作業である。そこで、過剰な貨幣資本の具体的な存在形態のいくつかを挙げておく。国内的には、企業の内部留保の拡大、累積している国債などがあ

げられよう。国際的には、アメリカ合衆国に対する巨額な貿易・経常黒字の存在である。

　バブル発生の第2の原因は、規制緩和、自由化の流れであろう。これによって銀行は極度に競争的な環境に投げ込まれた。経済の構造変化によってその役割の低下していた銀行は、新たな貸し出し市場を開拓する必要があった。この過度な競争状態が無謀な貸出と信用拡張を呼び起こしたといえる。

　最後に、分析の第3の結論を述べる。現代の信用制度の下ではバブル経済は一国内に限定されず、国際的に広がっていく。基本的には過剰ドルの存在とドル価値の不安定化が国際的な投機資本移動を活発にさせた。その活動の水路になったのが発達した金融技術と整備された金融情報インフラストラクチャーである。

　次章では、これを受けて'90年代の為替市場と為替相場変動の特徴を見ていく。

（1）奥田宏司『日本の国際金融とドル・円』青木書店、1991年、3頁。
（2）Richard A. Werner, "Japanese Foreign Investment and land Bubble", *Review of International Economics,* 1994, p.166.
（3）この報告については、高懸雄治『ドル体制とNAFTA――中枢＝周辺関係の現代的構図』青木書店、1995年、特に第2章「日米経済とジャパン・マネー」も参照されたい。なお、ケネス・レベンソール不動産グループの調査は、1999年以降、アメリカ資本の対外不動産投資にそのテーマを移している。
（4）E & Y Kenneth Leventhal Real Estate Group, *1997 Asian Investment in United States Real Estate,* 1997.
（5）日本銀行、『新版　わが国の金融制度』日本信用調査、1995年、224頁。
（6）日本経済新聞、1989年12月11日。
（7）塚崎公義「それでも止まらない海外直接投資――トリプル安とは別の動機の存在――」『エコノミスト』、1990年5月8日号、27頁。
（8）マルクス経済学では、直接投資を『経済学批判』の後半体系に属する研究領域の一つとして取り扱ってきた。その一つが、レーニンの1916年発行の『帝国主義論』である。安保氏は、日本のマルクス経済学の資本輸出論の系譜の一つとして、直接投資を一国内の過剰資本の存在に求める系譜を挙げられる。氏によれば、宮

崎義一氏の「企業内部純余剰仮説」もこの中に含まれる。安保哲夫、「国際的な資本移動」、小野朝男編著『金・外国為替・国際金融』ダイヤモンド社、昭和61年、240～241頁。
(9) 佐上建司、「海外不動産投資に群がる大企業」『経済』新日本出版社、第283号、1987年、195頁。
(10) E & Y Kenneth Leventhol Real Estate Group, *op. cit.* P.5.
(11) 中尾茂夫、「様変わりした日米間マネーフロー——ジャパンマネーの撤収と債権大国の内実——」『エコノミスト』毎日新聞社、1992年10月20日、20頁。
(12) 国土庁、日本不動産鑑定協会「世界地価調査について」日本銀行『国際比較統計』1997年版、111頁。
(13) E & Y Kenneth Leventhol Real Estate Group, *1995/1996 Asian Investment in United States Real Estate,* 1996.
(14) 塚崎、前掲論文、29頁。
(15) Richard A. Weiner, "Japanese Foreign Investment and land Bubble", *Review of International Economics,* 1994, p.170. The Bank for International Settlements, *The 60th Annual Report,* 1990. 日本銀行、「我が国経済の最近の地価上昇の背景と影響について」『日本銀行月報』1990年。
(16) 吉川元忠、『マネー敗戦』文春新書、1998年、85～86頁。
(17) いわゆる「体制支持金融」の一面がここにもでている。「体制支持金融」については、松村文竹『債務国アメリカの構造』同文館、1988年。
(18) Richard A. Werner, *op.cit.,* p.169.
(19) 「インフレーションはいつ、いかなる場合も貨幣的な現象である」M. Friendman, (1973), *Money and Economic Development,* New York: Praeger, p.28.

第8章 '90年代の為替相場変動と為替市場

I. はじめに

　'80年代後半から'90年代の世界的な金融状況を一言で表現するならば「バブルの時代」ということができるであろう。「バブル経済」が一国に止まらずに多くの国で経験され、同時にそれらの国々がその後遺症に苦しんでいる。その一方で、特に'90年代後半、「ニューエコノミー論」に代表されるハイテク産業の隆盛を背景に、アメリカ国内でも「euphoria（熱狂・過熱）」と表現されるほどに株価が上昇している。

　前章で、国際経済面での「バブル」を、「経常取引を遙かに上回る資本取引の拡大」と定義した。このことは、国際金融・資本市場を舞台にして、実物経済とはまったく無関係な投機的な貨幣資本取引が拡大していることを示しているといえよう。言い換えれば、バブル経済が国際的な資本移動によって世界規模に広がったのが'80年代から'90年代の金融状況の大きな特徴である。

　本章は、前章までの分析と同じ問題意識で、'90年代の円ドル相場変動と外国為替市場の特徴を明らかにすることを目的とする。

　外国為替市場は、世界的なマネーの移動路であり、従って、外国為替相場の変動も上記と同じ枠組みの中で考えることができる。周知のごとく'80～'90年代には、バブルの発生と崩壊に合わせて、外国為替市場では実需取引に基づいた為替取引を遙かに上回る規模で資本取引に関連する為替取引が拡大している。本来資本取引には、非自発取引など実需取引に伴って必然的に発生する資本取引がある。しかし、今日、国際的な資本取引は実需取引を遙かに上回る形で拡大しており、通貨・金融面に止まらず、実物経済（あるいは国民経済）に深刻な均衡破壊的影響をおよぼしている点で極めて問題が多い。市場メカニズムに調整を委ねるIMF主導の経済政策に大きな批判が提起され、国際的な資本取引規制に向けた提言が現れてきているのもこのためである。

　ところで、均衡破壊的な通貨投機あるいは短期の資本移動は、例えば「チューリッヒの小鬼」に代表されるように'70年代までの国際金融市場でもみられ

た。しかし、'80年代後半以降のそれは、その規模、波及・移動の早さ、そして投機に向かう形態の多様性という点で、それまでの国際金融市場での通貨投機とは大きく異なっているということが指摘できる。「実物経済とは全く無関係にまたそれをはるかに凌駕する貨幣資本の動き」として定義できるバブル経済の国際金融、あるいは外国為替市場の特徴がここにも現れていると言える。本書ではこうした基本認識の下で、外国為替相場や外国為替市場を通して見ることができる'90年代の特徴を分析する。

Ⅱ．'90年代の外国為替市場と為替相場

1．変動為替相場制下の外国為替相場変動

　まず、本項では価格の変動つまり外国為替相場の変動という点に着目して、'90年代の国際的な通貨危機の特徴を見ていきたい。
　ここでIMF統計[1]にしたがって主要国G7諸国の'70年代、'80年代、'90年代の対ドルに対する為替相場変動を見てみたい。データはそれぞれの年代の最初の年を100として月毎の平均為替相場を指数で示したものである。それによると、例えばドイツ・マルクは、1973年を100として最高値で157.2まで上昇している。'80年代では'85年に54.9まで下落した後、111.1まで上昇している。これに対して'90年代では最高値で116.7まで上昇した後、'97年8月に87.5まで下落している。また、イギリス・ポンドを同じ指標で見てみると'73年6月に105まで上昇した後、'76年11月に66.7まで下落した。'80年代は47.1まで下落後、'88年4月に80.6まで戻している。これに対して、'90年代は'90年11月に110.4まで上昇後、'93年2月に80.6まで下落している。このように年代のはじめを起点としてそこからの対ドルに対する変動を指数化したものを見る限り、'90年代の為替相場変動幅がことさらに大きくなったわけではない。とくに、ユーロ諸国は単一通貨の導入という歴史的実験を目指した通貨政策によって、'70年代、'80年代以上にドルに対して変動幅が狭くなっていると言える。
　図8-1は当該国の貿易構造を加味し、物価変動の影響を除去した実質実効為替相場の変動をG7諸国通貨とユーロ地域について示してある。統計上の制約

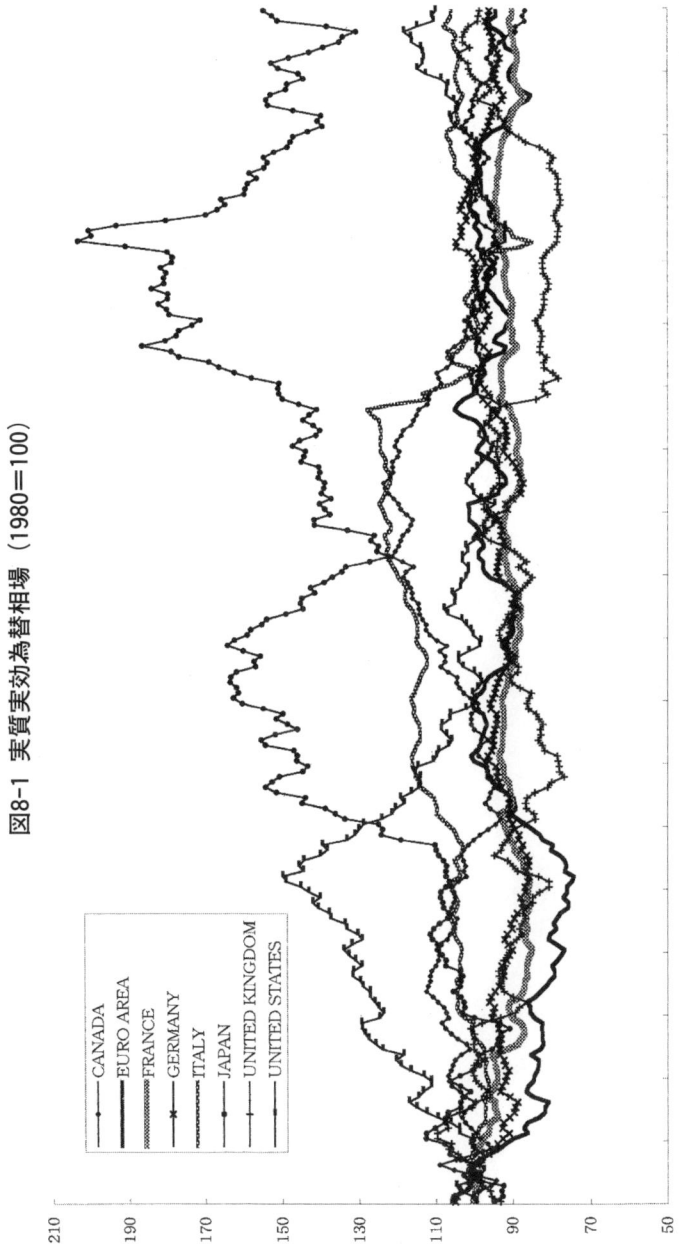

第8章 '90年代の為替相場変動と為替市場　133

図8-1 実質実効為替相場 (1980=100)

出所) IMF, *International Financial Statistics*, 1999, CD-ROM

から'80年を100とした毎月の実質実効為替相場の平均値データを時系列で図示したものである。この指標からもほぼ同じことが言えよう。

　それでは、'90年代の為替相場変動はそれほどに安定的だったと言えるのだろうか。'90年代に入り、'92年のイギリスのポンド危機を皮切りに、'94年のメキシコ・ペソの切り下げと連鎖的に通貨危機は発生した。そして'97年7月タイ・バーツのドルから離脱をきっかけに高成長を続けてきた「アジアの虎」と称される他のアジア諸国（韓国、インドネシア、マレーシアなど）へと通貨危機が伝染していった。もともと、アジアの諸国通貨はドルに対して固定的な関係を保ってきていた。この通貨の固定性がアジア諸国の経済発展の要因の一つでもあった。その意味では、'97年のアジアの通貨危機は激しい通貨変動の経験が少なくなっていた諸国に発生したという点で特徴的であった[2]。

　このアジアの経済危機はさらに、翌'98年以降、ロシア・ルーブルの通貨危機とブラジル中南米通貨の危機へと波及した。'97年の通貨危機が示した教訓のひとつは、経済先進国（主要国）ばかりではなく、周辺の国々に通貨危機が発生していること、そして、現代の国際通貨危機がきわめて短期間に世界中に広がることを示したところにある。

　国際金融面における通貨危機を為替相場の大幅な、あるいは急激な変動と規定するとすれば、もう一つの特徴として指摘しておかなければならないのが円ドル相場の変動である。変動幅を見れば、円ドル相場は他のアジア諸国通貨の変動よりも大きな変動をしている。しかもそれは、'80年代後半から顕著に見られる現象である。円の対ドルに対する変動幅は、80％にのぼり、それはまさに「通貨危機」以外のなにものでもない。

　先に図8-1で示した実物経済との関係が深いと考えられる貿易取引への影響を加味した実質実効為替相場変動でみても、最も大きな変動を被っているのが円であることが理解できよう。しかもその変動幅は'80年代よりも'90年代の方が大きくなっている。

　以上、'90年代の為替相場変動と言う側面から通貨危機の特徴を見てきたが、そこで言えることは、（ⅰ）経済先進国（主要国）の為替相場変動の相対的縮小、（ⅱ）周辺国での通貨危機の発生とその広範な波及、（ⅲ）円ドル関係に集

第8章 '90年代の為替相場変動と為替市場   135

中的に現れた相場変動の不安定性（volatility）ということであろう。

2．BISによる外国為替市場の取引実態調査

　前項では、為替相場変動という価格面に着目して分析した。これに対して本節では量的な側面に目を向け、為替市場の取引量に注目する。考察にあたっては、BIS（国際決済銀行）が主導で行っている外国為替市場の取引実態調査[3]に依拠する。BISの外国為替市場の取引実態調査とは1986年から3年おきに各国中央銀行の協力のもとで行っている各国の外国為替市場の取引実態調査である。もっとも新しい調査は'98年のもので、43ヶ国が参加し、3,200の金融機関を対象に行われた。'95年からはデリバティブ取引も調査対象になっている。

　1998年の調査によると、'98年4月の世界の為替市場における1日平均の取引高はグロスで2兆3,500億ドル、重複取引などの調整を試みたネットの取引で1兆5,000億ドルに達した。この数値を同じ4月の世界の貿易額（世界全体の輸出総額）を30で除した数値と比較してみる。'98年4月に世界の貿易額（輸出額）は、4,586億1,000万ドルであったから、1日の平均は152億8,700万ドルになる。したがって、調査時点で実物経済の98倍の取引が為替市場で行われていたことになる。そのほとんどが実態経済とは無関係な貨幣資本の動きに規定されているものであると言ってよいであろう。さらに、こうした相違を比較可能な1986年の以降の調査を使って比較すると、1989年には69倍、'92年には77倍、'95年には86倍と徐々に増えていっていることがわかる。

　実需の取引（実物経済取引）と実際の為替取引との間のこの相違について東京市場を例にして見てみる。東京外国為替市場の'98年4月の1営業日平均取引高は、1,487億米ドルであり、これは前回比▲7.9％の減少であった。この年4月の平均為替相場＄1＝¥132.3で換算した同年同月の日本の輸出額は318億ドル、1日の平均額はおよそ11億ドルである。したがって、上記と同じ尺度で計れば実物経済の135倍の為替取引が為替市場でおこなわれたと考えられる。さらにここでは実物経済の大きさを経常収支の受取額まで拡大させてみる。当該月の経常収支受取額は、約519億円、1日の平均額は17億円になる。東京外国為替市場での為替取引の大きさはこれと比較すると87倍という規模であると算出で

きる。

　東京外国為替市場の'92年4月の1営業日の平均取引規模が1,202億ドル、'95年4月の同じデータが1,614億ドルである。次に、これに基づいて上記と同じような計算を行い、為替市場における実物経済と金融経済の乖離の変化を見てみる。'92年4月の日本の輸出額を当時の平均為替相場で換算した数値は、263億ドルで1日平均が約9億ドルである。したがって、実物経済の取引の約136倍の為替取引が行われたことになる。同様の計算を行うと、'95年4月の輸出額は約388億ドル、1日平均13億ドルである。従って、1営業日平均の為替取引は実物経済の124倍と言うことになる。

　スーザン・ストレンジ（S. Strange）は、「グローバルな金融システムと…国際政治経済に対してこの10年程の間に影響を与えたもっとも重要な変化」の一つとして、「市場規模」の拡大を挙げている[4]。上で見てきた外国為替市場における金融取引の拡大、言い換えれば投機的な貨幣資本の増大は、ストレンジが示した「マッド・マネー」の、言い換えれば世界経済における「バブル」の現状を実際に示すものといえる。

3．通信技術の発達と24時間市場

　こうした実物経済から大きく懸け離れた貨幣資本取引が増えた技術的な背景がある。それは通信技術の発達である。歴史的に見れば、外国為替取引が活発に行われる市場は、貿易取引量のような経済の基礎条件に左右されるとともに、為替市場での利便性（たとえば、為替の出合いがつき安いか否かというような問題）によって規定されてきたと言える。しかし、通信網や通信技術の発達というインフラストラクチャーの整備とともに進んだ金融技術の発達によって、この制約が取り除かれた。言い換えれば、'70年代以前には取引規模やその利便性によって制約を受けていた外国為替市場が、現在ではどこの外国為替市場でも対等の市場として外国為替取引が行えるようになってきている。このことは、特に短期に貨幣資本を運用しようとする資本家にとってみれば、世界中どこの外国為替市場も同じような運用の場に過ぎなくなったことを意味する。したがって、通貨はいつでも瞬時に世界中を駆け巡るようになった。つまり、24

時間いつでも世界中のどこの為替市場にも投資可能な状況の下で投機的資本が動き回っているのである。

例えば、東京市場の周辺では、ウェリントン（ニュージーランド）、シドニー（オーストラリア）、東アジアに目を向ければ香港、シンガポールといった市場がほぼ同じ時間帯に市場を開いている。このうち、シンガポールは取引量で東京市場に近づいている。

東京外国為替市場での取引量は、バブル経済が破裂した以降、減少傾向が続いており、これが国際金融市場としての東京金融市場の衰退の指標としてあげられている。東京外国為替市場での取引量の減少は基本的にはバブル不況を原因とする日本経済の縮小と金融市場の取引規模縮小とを基礎にしていると言える。しかし、その以外に上で述べた国際金融市場の形成と外国為替市場間での顧客・取引量をめぐる市場間競争も背景にあることを忘れてはならない（メガ・コンペティションの一段面）。こうした状況下で東京外国為替市場も従来の午後3時半までのルールが撤廃された。

4．国民経済に深く影響を与える貨幣資本移動

為替市場において実物経済取引とは無関係な貨幣資本取引の規模が大きくなることによって、その動向が国民経済に大きな影響を与えるようになってきている。その典型的な事例がアジアの通貨危機である。IMFおよびBISがアジア通貨危機に関する報告のなかで共通して挙げている危機の特徴は、'80年代の中南米の通貨危機と異なり、'90年代後半のアジアの通貨危機が国内経済の順調に推移していた諸国で発生している点である。つまり、一定の経済関係の中で安定的な高成長を続けてきた国民経済に大きな混乱をもたらした点に、'90年代後半のアジア通貨危機の特徴のひとつを求めることができる。通貨危機に見舞われたアジア諸国は、IMFの援助と引き換えに極めて厳しい国内経済引き締め政策を受け入れることになり、大量失業と激しい経済縮小という混乱を経験した。この点で、周辺国でおこる通貨危機は、国際機関の国民経済への介入という国家主権を脅かす事態に結びつく点でもこれまでの先進国で起こってきた通貨危機と様相が異なるといえるであろう。

以上、'90年代の通貨危機の特徴を為替市場と言う点からあげるとすれば、(i) 為替市場において実物経済取引とかけ離れた貨幣資本取引が量的に拡大したこと、(ii) その貨幣資本の移動が極めて早く、広範囲になったこと、(iii) 量的に大きくなったがゆえに通貨危機による国民経済への影響も極めて大きくなったことが挙げられよう。

Ⅲ．インフレ格差の縮小と'90年代の為替相場変動

　本節では、前章まででみてきた為替相場変動の二要因のうち名目的要因すなわち「インフレーション要因」を中心に考察していく。現代資本主義の抱える大きな問題の一つがインフレーション問題であることは疑う余地はない。戦後の国際通貨システムもインフレーション問題を抜きにして変動相場制への移行を説くことはできない。特に、変動相場制移行後の'70年代後半から'80年代にかけて世界経済はスタグフレーションと呼ばれる状況に突入し、インフレーションとスタグネーションの両方の問題に同時に対処しなければならなかった。

　戦後の国際通貨史を振り返ると一般的に言って、経済的パフォーマンス（経済の基礎条件・ファンダメンタルズ）が良い国は低インフレ・黒字国であり、逆に経済的パフォーマンスが低い国ほど高インフレ・赤字国という傾向があった。そして、両者の間では前者に対して為替相場の上昇圧力がかかり、後者に対して引き下げ圧力がかかった。このようにインフレーション格差が広がれば広がる程、外国為替相場変動にとってのかく乱要因になっていく。

　そこで'90年代の特徴をこの点から見るために、各国のインフレーション格差が各年代でどのように推移していったかを検討する。ここではその指標として各国（主要7ヶ国、いわゆるG7諸国）の消費者物価上昇率（対前年比）の標準偏差を示す。図8-2は、'70年代、'80年代、'90年代におけるその数値を同じ時系列上にならべて表示している。データは月毎のデータを使い、横軸は年次進行を示す時系列を、縦軸には標準偏差の値をとった。このデータは主要国のインフレ率格差が年々小さくなっていることを示している。このことから、為替相場変動の名目的要因が'90年代には縮小してきたと考えられる。また、同時に'70年代から'80年代前半にかけては、国際金融の部面でも各国のインフ

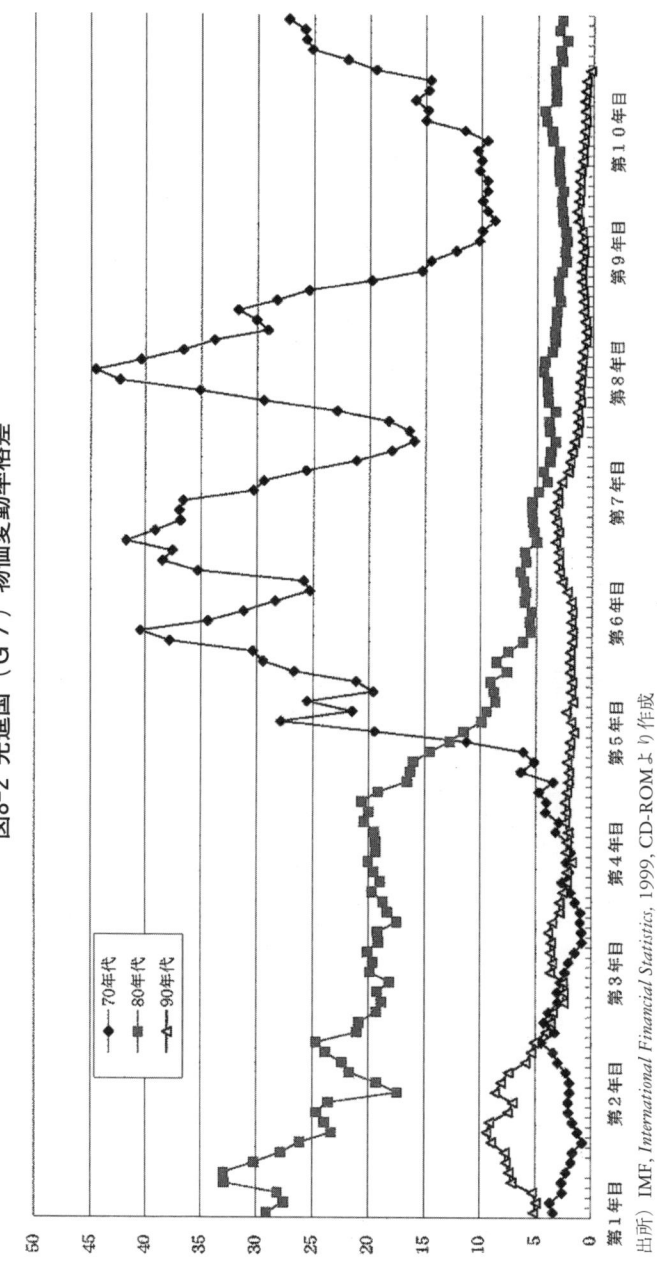

第8章 '90年代の為替相場変動と為替市場　　139

図8-2　先進国（G7）物価変動率格差

出所）IMF, *International Financial Statistics*, 1999, CD-ROMより作成

レーション格差が大きな問題の一つであったことが改めて確認できる。

ところで、近年、当該国通貨間の通貨の事実上の価格標準の格差に基づく名目的要因と為替市場における対外債権の需給関係に基づく実質的要因を区別する理論的方法に対してその意義が失われてきたという議論が出されている[5]。特に、通貨の事実上の価格標準を想定することに疑問が示されていると言ってよい。このことは、上記でみてきたように'90年代に入り各国のインフレーション格差が縮小してきたと言う事実を背景にしているとも考えられる。

しかし、こうした指摘とは逆に、いままで示してきた事実は、為替相場変動の名目的要因が縮小してきたことを意味するに過ぎないと言える。現代資本主義においてインフレーションの脅威が払拭できていない以上、為替相場変動の名目的要因が喪失したと考えるべきではない。

次に、同じIMF統計によってアジアの通貨危機についても考察してみたい。図8-3(1)、図8-3(2)、図8-3(3)はそれぞれ'70年代、'80年代、'90年代の『アジアの虎』といわれる諸国を含む東アジア諸国の消費者物価上昇率（対前年比）を

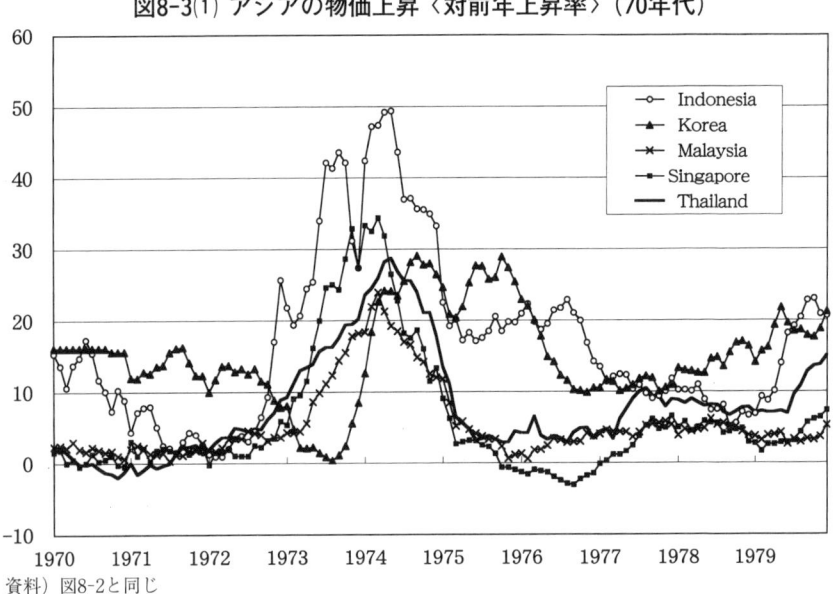

図8-3(1) アジアの物価上昇〈対前年上昇率〉（70年代）

資料）図8-2と同じ

第8章 '90年代の為替相場変動と為替市場　　　　141

図8-3(2) アジアの物価上昇〈対前年上昇率〉(80年代)

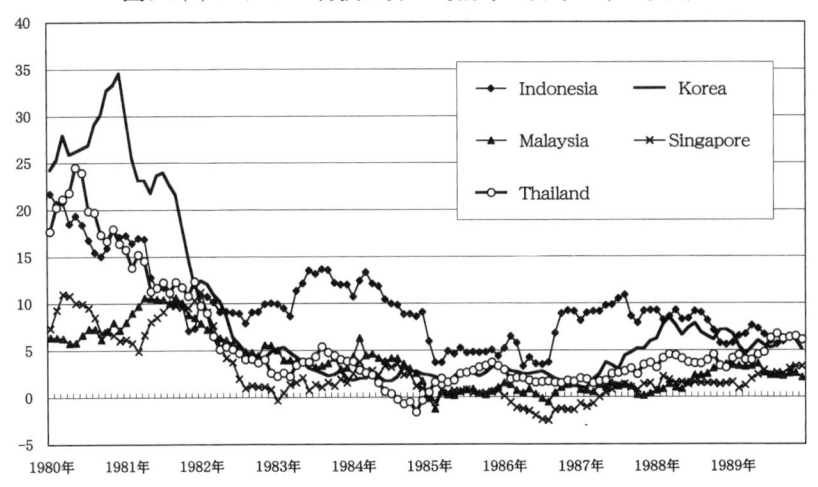

凡例: Indonesia, Korea, Malaysia, Singapore, Thailand

図8-3(3) アジアの物価上昇〈対前年上昇率〉(90年代)

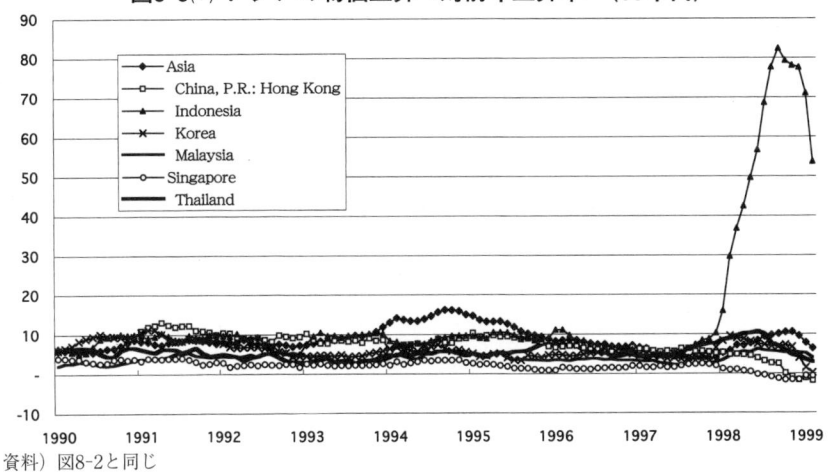

凡例: Asia, China, P.R.: Hong Kong, Indonesia, Korea, Malaysia, Singapore, Thailand

資料) 図8-2と同じ

月毎のデータでテロップしたものである。この図からわかるように'80年代後半以降急速に成長を遂げてきたアジア諸国は、'90年代には、それに先立つ20年よりも低い物価上昇率であった。アジアの通貨危機はインフレ率から判断しても、BISの報告が言う「経済的パフォーマンスの優れていた」アジアで起こったという点で特徴的であった[6]。また、こうしたアジアの通貨危機は、慢性的な国内インフレ（ハイパー・インフレを伴う）と政治的な不安定という要因を抱えた中南米諸国の通貨危機とも様相が異なっていたと考えるべきであろう。

Ⅳ．'90年代の円・ドル相場──実質的要因から──

　為替相場の変動幅の拡大と不安定が通貨危機の一つの指標であるとすれば、円ドル相場がそれを象徴的に表していることはすでに述べた。そこで、本節では'90年代の円ドル関係を実質的要因に着目して考察していく。

1．'90年代円ドル相場変動の特徴

　第5章に続いて'90年代の為替相場変動を概観してみよう。日本経済は、'90年末〜'91年初を転換点にバブル破裂による「バブル不況」に陥る。その一方、為替相場は日本の経常黒字の累積を主因に'90年以降上昇に転じ、'95年にピークをつける。'80年代半ばに続くこの急速な円高では、一時＄1＝￥70台をつける相場が現れた。この時の円高で国内産業の空洞化の危機が進行する。その後、円相場は国内不況やアジア危機等の影響で下落するが、'99年から再び上昇局面にはいっている。

　ここで円ドル相場の浮動性を指摘しておきたい。すでに第5章において為替相場の水準を規定していると考えられる事実上の為替平価を円とドルについて推計し、現実の為替相場のそこからの乖離幅を算出した。この乖離幅が相場の浮動性をみる一つの指標になるであろう。図8-4は、上記のような統計操作を行った結果算出できた為替相場水準（調整PPP）の変動と現実の為替相場変動とを全体として俯瞰したものである。この推計からわかるように、円ドル相場の水準からの乖離は変動相場移行後'95年に最大になる。乖離幅という意味

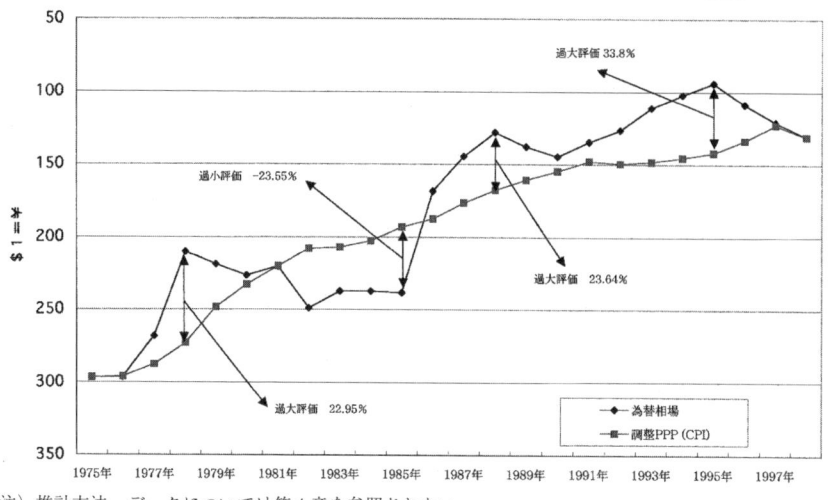

図8-4 為替相場と調整PPP（国民経済生産性格差による調整）

注）推計方法、データについては第4章を参照されたい。

では'90年代の円ドル相場はもっとも危機的な様相を呈していたと言える。

2．円の対ドル過大評価の定着とその原因

'90年代の為替相場の一つの特徴は、上記で見たように、円のドルに対する過大評価が定着したことと、過大評価の幅が大きくなったという点にあった。この原因の一つは、実質的要因を構成する貿易収支、経常収支との関連から捉えることができる。ここでその点を見てみたい。

貿易および経常収支と為替相場との関連をみるために図8-5～8-6において円建て対米貿易・経常収支と為替相場を示した。この図から'90年代においても'80年代と同様に、対米貿易・経常収支と為替相場との間の一定の関連が読み取れる。すなわち、為替相場が上昇ないし過大評価局面になると円建てで見た対米輸出額が減少し、対米輸入額が増加し、結果として対米貿易収支黒字が減少する。つまり、為替→経常取引という関係が確認できる一方、貿易収支の黒字が増大すると為替相場が上昇するという他方の関係も同時に確認できる。この関係は'84年以降の円建て貿易・サービス収支および経常収支においても

144

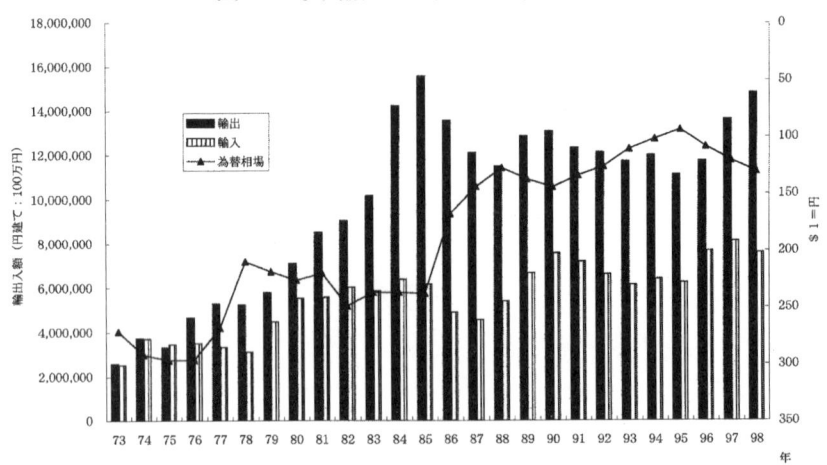

図8-5 対米輸出入と円相場（円建て）

資料）大蔵省統計、「地域別国際収支」、『財政金融統計月報』より作成

図8-6 円ドル相場と経常収支尻（円建て）

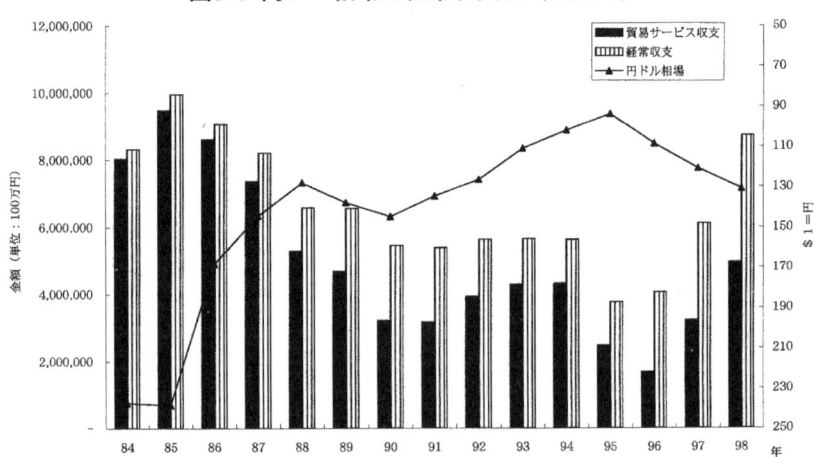

資料）通産省、『通商白書（1999年版）』、CD-ROMより作成

みられる。つまり、為替相場と経常取引の間にはなお一定の関係を無視できない[7]。

こうした関係にもかかわらず、'80年代以降日本の対米貿易黒字が高水準で維持される。こうした経常取引関係はたえずドル下落圧力と円高圧力を市場にかけることになる。言い換えれば、日本の対米貿易・経常黒字が円の対ドル相場の過大評価を定着させた。このドル下落圧力と円高圧力を押さえた一つの要因が金利差である。次にこの点を中心に見ておこう。

3．金利差が支えたドル相場

実は'80年代以降、対ドル相場と対米金利差との間にはかなりはっきりした逆相関の関係が現れる。図8-7は、日本とアメリカの短期および長期の金利の金利差と為替相場の動きを示したものである。ここから理解できることは、'80年代以降、日米の金利差が縮小すると円の対ドル相場の上昇圧力がかかり、逆の場合は逆の関係が現れていることである。そもそも基礎的には日本の対米経常・貿易黒字が存在していた。その結果、ある水準を越えて金利差が縮まると円高圧力がかかり金利差が拡大すると円安圧力がかかるという関係にあるものと推測できる。すでに第5章でバブル発生時の金利と円ドル相場との関係についてみてきた。ここではバブル崩壊の局面に焦点をあて、この点を見ておきたい。

対米協調路線をとった長期の超低金利政策によって、国内的にはバブル経済の発生という矛盾が現れる。そのため、'89年以降、日本の通貨当局は金利上昇政策へと方向転換を余儀無くされる。この結果、日米金利差は'80年中旬以来はじめて日本の金利が米国の金利を上回るところまで変化した。一方、貿易・経常収支の対米黒字の額は、円高とバブル経済に伴う輸入の延びによって減少したにもかかわらず、依然高水準のままであったので、円高圧力がかかる条件が揃ったことになる。'95年に向けた円高局面はこうして準備された。'90年代前半の円ドル相場は 国内経済の低迷とは裏腹に＄1＝¥70代という超円高にむかって進んでいく。理論的為替相場水準と言う点から見ればこの時期ドルは円に対して「暴落」に近い下落を示したことになる。

図8-7 金利差と為替相場

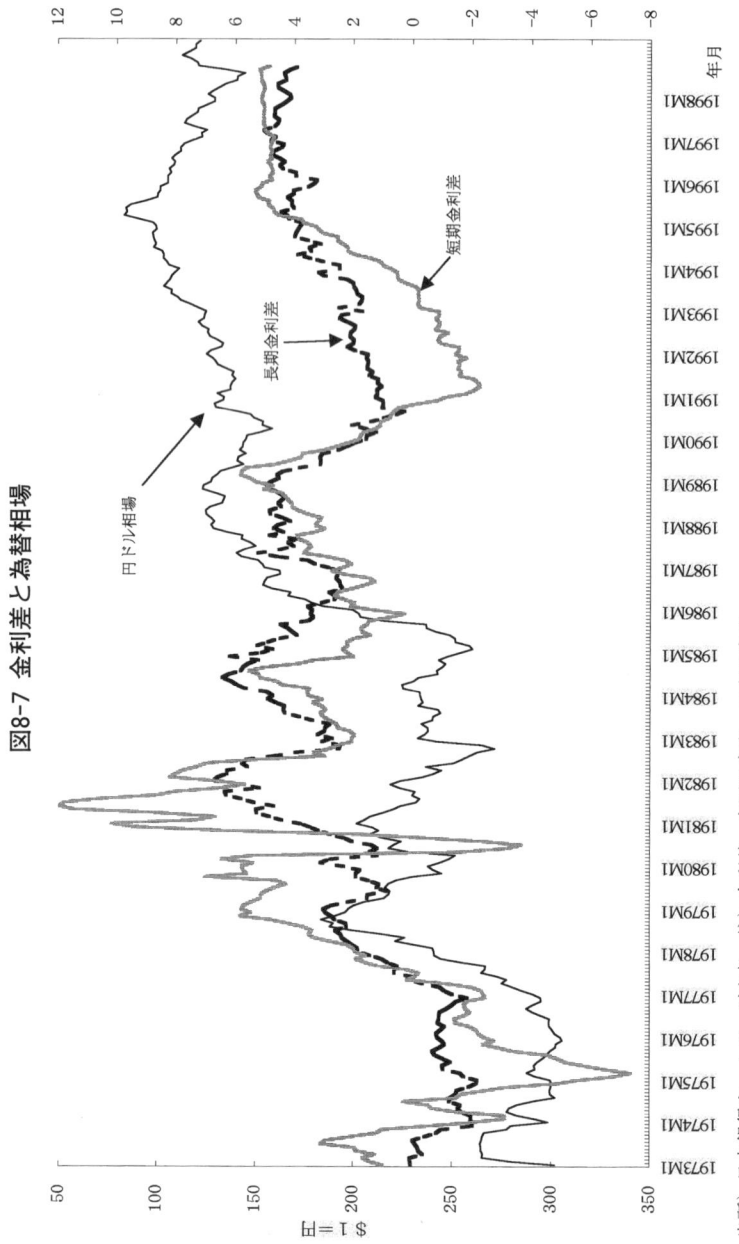

出所）日本銀行ホームページより　注）金利差＝米国の金利－日本の金利

これに対して'90年代半ば以降、対外的にはドル支持＝円高阻止に、国内的にはバブル崩壊からの国内経済の立て直しに迫られた金融当局は、公定歩合を順次引き下げ、再び超低金利政策へと転換した。この結果、日米の金利差は'80年代なかばの水準まで戻り、為替相場は反転する。
　その後、'97年のアジアの通貨危機によって円安が加速する。この円安の加速は対米貿易黒字を拡大させることになり、再び円高へ相場を向けさせている。データの制約から'97年以降は入手可能な公表データを使って簡易的な計算をおこなったが、'98年の段階で円ドル相場は理論的水準（事実上の価格標準）あたりまで円安ドル高が進行したものと考えられる。これが、対米貿易黒字の増大につながった原因のひとつと考えられる。
　さて、日本銀行は、1999年3月コール市場における史上はじめてのゼロ金利誘導を行い、徹底した超金融緩和の姿勢を明らかにした。しかし、円は貿易・経常黒字の増大を背景にドルに対して上昇を続けている。アジアの通貨危機→円安→貿易黒字の増大は今後の傾向的円高を想像させる。だが、日本は今なおバブル不況から抜け出せていない。輸出市場としてのアメリカを景気回復の梃子にしつつ、ドル暴落を金利によって食い止める。'99年の段階で通貨当局が金利上昇にむけた政策転換が出来ない理由の一つがここにある。この点では、すでに第5章で示した戦後の日本とアメリカの経済関係、言い換えれば円とドルとが抱える構造的矛盾の基本的な性格は変わっていない。

V．むすびにかえて──ドルを支えた日本の対米投資──

　以上、たえずドル下落圧力（ドル危機への助走）がかかるなかでそれを金融面から支えているのが日本経済の姿であったことをみてきた。この矛盾が国内的にはバブル経済を発生させ、その後の深刻なバブル不況を招いた。本章の最後に、'90年代の外国為替相場変動と資本取引の面からこの矛盾がどのように発生したかを見ておきたい。
　前章で分析したように、'80年代半ばから'90年代初めにかけての低金利政策とバブル発生そして金利引き上げという事態は、四つの面で国際的な投資部面へと資本の目を向けさせた。一つは、金利差が拡大したことによって米国の金

融商品への投資がより有利になったこと。第二に、バブルの膨張過程では、一方でバブルによって膨れあがった資金の投資先を、他方でバブル後半では、価格上昇余力がなくなった国内を避けてより有利な投資先を海外に求めた結果として。第三に、'89年から'90年にかけての一時的な円下落局面での為替差益期待。第四に、ドルを支えるために通貨当局自らが機関投資家中心にドル資産保有を誘導したこと。これらの要因は、本来であれば円転され、実際以上の円高圧力をかける要因となるはずの資金をドル資産という形でとどめる役割も果たした可能性がある。

　前章で触れたように、これらを基軸要因として、'80年代後半から'90年代前半にかけて日本の対外投資は対米投資を中心に急速に上昇し、資産残高も急速に膨れ上がる（図8-8）。特にこの時期、投機的な性格を帯びた不動産投資が国際的なポートフォリオ選択の一つとして急激にのびていく。

　これらの投資は、'80年代後半のドルを支えるという役割を担ったのであるが、さらに、'90年代前半の円高の過程で、為替差損を被るかたちで多くの利

図8-8 我が国対外投資残高

百万ドル

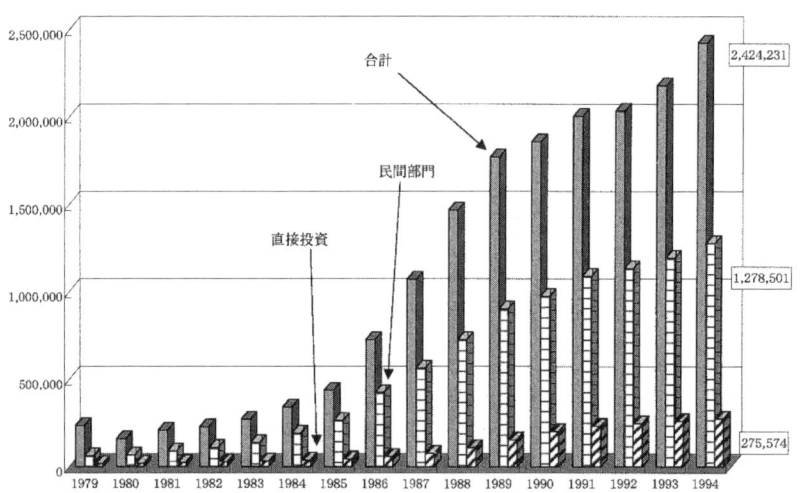

出所）日本銀行、「本邦対外資産負債残高」より作成。

第8章 '90年代の為替相場変動と為替市場　　149

図8-9 対外純資産の為替差損

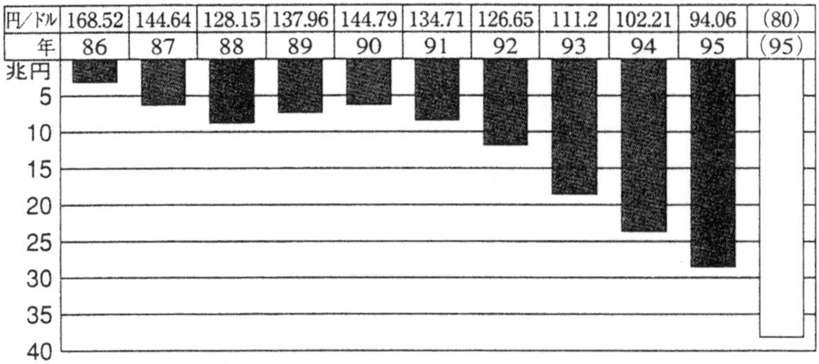

円/ドル	168.52	144.64	128.15	137.96	144.79	134.71	126.65	111.2	102.21	94.06	(80)
年	86	87	88	89	90	91	92	93	94	95	(95)

注）吉川元忠氏推定。以下の方法による。
①81年より出発し、各年の対外純資産純増は年平均円／ドルレートにより、円ベース（コスト）に換算。
②これら円（コスト）ベースの対外純資産純増を積み重ねて、各年（末）の「円（コスト）ベース対外純資産残高（A）」を算出。
③対外純資産残高（ドル建て）を、各年の年平均円／ドルレートで円換算（B）。
④（B）－（A）を各年の対外純資産の為替差益損とする。
資料）日本銀行（『国際収支統計月報』）
出所）吉川元忠『経済覇権』PHP研究所、1999年、41頁より。

益をアメリカ経済に移転させたのではないかと推測できる。例えば不動産投資をみてみると、アジア資本と資金調達が容易になってきたアメリカ国内資本とが、'90年代に入り価格の下落してきた日本資本所有の不動産を買収する動きが出てきている。また、吉川元忠氏は、'90年代に進行した円高によってどの程度の為替差損が出たかを図8-9のように推測している。その推測によれば、1995年円が＄1＝¥80になった段階で、35兆円を上回る為替差損になる[8]。日本の資本は円高によるドル資産の目減りという為替差損ばかりではなく、対米資産そのものの価格下落という形で損失を吐き出すことになった。一方の側のキャピタル・ロスは、他方の側のキャピタル・ゲインの源泉と考えられる。日本経済はこのような形で自らの所得をアメリカ側に移転させ、'90年代アメリカのストック市場を中心とする景気拡大を下支えしたのではないか？

　簡単ではあるが、本稿の最後に資本取引の面から日米関係の実相を考えてみた。ここで理解できることは、資本（金融）取引が実需（実物経済）取引を遥かに上回る規模に膨れ上がった今日の為替取引が、国際的な所得移転を促す水路の役割を担うという特徴を持っているということであろう。今日の国際通貨

危機の実相を捉えるためにはこの面をみのがすわけにはいかない。この分析は今後の課題の一つである。

（1） IMF, *International Financial Statistics* CD-ROM, 2000 March.
（2） BIS, *Supervistory Lessons to be Drawn From the Asian Crisis (Bersel Committee on Banking Supervision Working Papers, No.2)*, 1999; IMF, *The Asian Crisis: Origins and Lessons*, 1998.
（3） BIS, *Central Bank Survey of Foreign Exchange and Derivatives Market Activity in 1998*, 1999.
（4） Susan Strange, *MAD Money*, 1998.（櫻井公人他訳『マッド・マネー』岩波書店、1999年、13頁）
（5） 例えば、川本明人氏は次のように指摘する。「(19世紀に活躍した古典派経済学者ＪＳ.ミルの説明）は、金本位制下での為替相場の変動を説明するものとして用いられ、『実質的変動』は市場価格の変動であるが、『名目的変動』は金価値低下および紙幣過剰発行によるインフレーションを表現する金価格騰貴と連動してとらえられていた。金が貨幣としての役割から姿を消している現代でも上述の意味での『名目的変動』にこだわる一部の見解があるが、現実の為替相場変動論としてはその意義はうすれている。」『外国為替の基礎』、中央経済社、1999年、72頁。
（6） 確かに、インドネシアでは'98年以降急激な物価上昇に見舞われるが、これは通貨危機後の経済混乱と政治的不安定の結果と考えられ、これによって潜在的なインフレーションが通貨危機の原因になっていることの証明になると考えることは出来ないのではないか。今後この点についてさらに検討が必要であろう。
（7） 実際の国際収支統計はその統計処理上の理由から必ずしも為替需給を反映していない。この点に現代の国際収支統計によって為替相場変動要因を分析する場合のひとつの限界がある。この点を克服しようとした分析が日本興業銀行によって行われている。この分析によれば、'85年以降の円高の要因は資本収支の大幅赤字にもかかわらず、経常収支の黒字によってもたらされたことが示されている。より詳細には、日本興業銀行国際金融調査部「潜在的為替需給の推計」『国際金融調査レポート』No.170、1990年3月。および、山田喜志夫『現代貨幣論』青木書店、第8章、1999年を参照されたい。
（8） 吉川元忠『経済覇権──ドル一局体制との訣別──』PHP研究所、1999年、40～42頁。

第9章　変動相場制下の地場産業

Ⅰ．はじめに

　変動相場移行後、円は国際通貨ドルに対して長期傾向的な上昇を続けている。1980年代半ば以降その上昇率は大きく、国内経済への影響も甚大である。特に、地域経済を支えている地場産業[1]は、この円高の影響を直接受けてきたものと考えられる。

　一般に、日本の経済構造の特徴のひとつとして製造業の輸出依存度が高いことが指摘される。そして、「貿易財の国内生産能力の50％近くが輸出むけ」というこの特徴こそが、大幅な経常黒字の累積と1985年以降の急激な円高の大きな要因でもある。この輸出依存型経済構造が、「化粧品、薬品、食品など、輸出比率の低い内需依存型製造業」や輸出関連の下請け産業が多い地場産業（あるいは地域経済）に大きな影響を与えている。なぜなら、一方で、円高と経常黒字"減らし"のための規制緩和によって「安価な製品が『障壁のない』国内市場に流入してくれば」、内需依存型産業は「過剰設備、過剰労働力、過剰在庫をかかえることにな」り、他方で、生産拠点の海外移転などによって、下請け企業が集中する地域経済は「産業空洞化」の脅威に晒されるからである[2]。

　本章の目的は、こうした変動為替相場移行後の円の傾向的な上昇の地場産業への影響をタオル産業と造船業とを取り上げて検証することにある。タオル産業と造船業を取り上げた理由の一つは、次に詳しく見るように、瀬戸内・愛媛地域においてはタオル産業が内需依存型の地場産業であるのに対して、造船業は輸出中心の地場産業であるといえるからである。つまり対照的な二つの産業の動向を見ることによって円高の影響を多角的に捉えることをねらいとした。さらに、タオル産業について結論を先取りすれば、セーフ・ガード発動の必要性とその経済理論的根拠を示している。

　さて、本章では分析軸を、国際競争力（ないしは輸入商品との競争）を規定する基本的な条件である次の二点におく。その一つは、為替相場の変動であり、もう一つは、労働生産性の状況である。

II．分析方法

本書の前半で詳しい理論的分析は展開したので、繰り返しになるが、改めてここで本章の分析方法の枠組みを示すこととする。

1．国際競争力を規定する二条件

為替相場とは二国通貨間の交換比率である。この交換比率は、通貨の価値に規定されている。したがって、商品価値の尺度財である通貨の価値が変化し、二国通貨間の価値比率が変化すれば、二国通貨間の交換比率が変化＝為替相場は変化せざるを得ない。（ここでは、このように規定された二国通貨間の交換比率を正確に反映した為替相場を「あるべき為替相場」と呼ぶ。）

その一方で、為替相場は為替市場における日々の外国為替の需給関係によって変動している。この変動は、上記した通貨の価値を反映した二国通貨間の交換比率である為替相場水準（「あるべき為替相場」水準）から乖離する変動である。この「あるべき為替相場」からの乖離幅が円高・円安の程度を規定するものと考えられる。このことは、固定為替相場制をイメージして考えれば一定の類推は可能であろう。

国際貿易を考える場合には、こうした相場変動の条件のみを考えるだけでは不十分であり、もう一つの条件を考慮する必要がある。それは比較生産費構造である。ヘクシャー・オーリン理論等の現代貿易理論の基礎にある比較生産費説によれば、貿易国のどの産業が貿易を行い得るかどうかは、貿易相手国と当該国との絶対的な生産費格差ではなく、当該国の産業部門間の相対的な生産費格差によって決まる。こうした相対的な生産費格差は、輸出入商品の価格差に反映されると考えられる。したがって、個別産業の国際競争力（価格競争力）を分析する場合には、上記の為替相場変動の条件に、この相対的な生産費格差を加味しなければならないであろう。

本章では、後者の条件に踏み込む余裕はないので、前者の条件を中心に分析を試みる。

2．PPP Gap

　前項で指摘した円高・円安の程度を示すためには、「あるべき為替相場水準」を明らかにする必要がある。ここでこの点に触れておく。

　通貨は商品の価値を価格として表現する財であるから、他の条件に変化がなく通貨の価値が変動すれば当然商品価格体系全体、つまり物価に逆の変動を与える。言い換えれば、一単位の通貨で購入できる商品量（通貨の購買力）が変化する。したがって、「当該国の通貨価値を反映した二国間通貨の交換比率」である「適正な相場水準」を考える場合、従来から貿易相手国との物価水準を比較することによって推定されてきた（例えば、通産省『通商白書』平成8年版、127～128頁）。いわゆる「購買力平価説」である。

　しかし、購買力平価にはいろいろな問題が存在する。物価の変動は、「通貨価値」の変動によってのみ起こるのでない。例えば、個々の商品側での価値変動や景気循環などによる市場の需給関係の変化という周期的な要因によっても物価は変動する。したがって、一義的に物価変動をすべて通貨価値変動の逆数と置き換え、相場の「適正水準」を導き出すことには問題がある。

　また、購買力平価は、基準年や物価指数の取り方によっても様々な値が算出される。もっとも妥当性の高い指標についての確定した見解は現在のところない。したがって、いわゆる「購買力平価」は、本章で指摘した分析の結果を検証する指標としては必ずしも適当なものとは言えない。いわゆる「購買力平価説」の内容をも考えに入れるならば、むしろかなり問題があるともいえよう。しかし、本章では、他に適当な指標がない以上、近似値として購買力平価説に沿った形で統計データを加工・使用する。

　さて、「あるべき為替相場水準」を一応購買力平価を使うことによって確定すれば、現実の為替相場がどの程度そこから乖離しているかを算出できる。本書ではこの乖離分を「PPP Gap」と呼び、「円高・円安の程度」（現実の相場が過大ないしは過小評価の状態にある程度）の近似値を表しているものとみなすことにする。

　仮説に従えば、国際競争に晒されている個々の個別産業は、まずこの「PPP Gap」で示される「円高・円安の程度」に左右される価格変動を生産性上昇努

力などによって克服しなければならないはずである。次節以降この点を中心にタオル産業から検証する。

III. 愛媛のタオル産業と変動為替相場制
1. タオル産業の特徴

まず、本稿で取り上げるタオル産業の特徴を国際競争という視点から捉えておこう[3]。第一に、輸出との関連で見るとタオル産業は、1970年前後においても全国生産量のうちの全国輸出比率が約4％程度しかない。四国タオル工業組合を例にとればその数値は1995年に0.15％まで低下しており、完全な内需依存型産業ということができる（表9-1参照）。第二に、今治地区を中心とした愛媛タオル産業の生産量（検査数量）の全国シェアは54.3％（1995年）であり、日本でも有数の生産地であり、愛媛の典型的な地場産業と考えることができる。

比較優位の変化を海外生産との関係の中でさらにみてみる。まず、日本のタオルの輸出入量の合計額のうち輸出入がどの程度を占めているかを示している貿易特化指数[4]は、－0.97～－0.99に達し、日本のタオルの貿易量のうちほとんどを輸入が占める状態になっていることがわかる。もっとも、輸出シェアそのものがあまり大きくなかったタオル産業の場合、この事例だけでは輸入特化したとは断定できない。そこで、国内供給量のうちどの程度を輸入が占めているかを示している輸入浸透度[5]でみてみると、1970年には1％であったものが

表9-1 総生産量しめる輸出分の比率の推移

(単位：トン)

	全国生産量 (A)	四国生産量 (B)	全国輸出 (C)	四国輸出 (D)	C/A	D/B
1961年	19,971	9,649	2,613	1,444	13.08%	14.97%
1965年	38,942	21,539	2,118	1,535	5.44%	7.13%
1970年	51,148	28,648	2,031	1,932	3.97%	6.74%
1975年	55,943	28,814	613	639	1.10%	2.22%
1980年	65,487	37,660	293	225	0.45%	0.60%
1985年	62,476	47,583	646	505	1.03%	1.06%
1990年	61,856	48,710	264	130	0.43%	0.27%
1995年	74,931	48,016	134	73	0.18%	0.15%

出所）1990年までの全国数値は日本タオル工業組合連合会の提供、1995年の全国数値および四国の統計は『えひめのタオル85年史』および四国タオル工業組合資料より

1994年には32%まで上昇している。

図9-1は、物量を尺度にした輸入浸透度と貿易特化指数の両者をあわせて示したものである。ここからわかるようにタオル産業は、'70年代以降比較劣位産業という性格の度合いが深まり、今日では輸入商品への代替がかなり進んでいるという厳しい経済環境にあることがわかる。さらに、タオル産業にとっては国際的な競争戦において昨今の円高に伴う輸入タオルの攻勢以上に、ニクソン・ショックを中心とする'70年代前半に大きな転機があったといえる（図9-2も参照）。

このように、今日の急激な円高下での厳しい経済環境も'70年代から続く傾向の延長線上にあるものと捉えることができる。この点を踏まえながら以下では、為替相場変動がタオル産業にどのような影響を及ぼしたのかを検証してみよう。

2．為替相場変動とその影響
(1) 中国と台湾からのタオル輸入量の変化と為替相場

タオルの中心的な輸出元は、1970年代は中国・台湾であった。物量でみた輸出元のシェアをみると、1970年を通して両国をあわせれば約80%～90%にのぼる。中国は'70年代後半から輸出元の中心になり、'95年には70%を越える段階にまで達している。

そこで、いくつかの基準年を設けて中国および台湾の購買力平価を算出し、両国通貨の現実の対円相場[6]が購買力平価からどの程度乖離しているか調べてみた。前章までで見てきたように本書では、この乖離分を「PPP Gap」[7]と呼び、現実の相場の過大・過小の程度の近似値を表しているものとみなしている。従って、例えば現実の相場が過大評価であるとすれば、自国の通貨の相場が過大評価にある国の国内産業は輸入品に対抗するために生産性を上昇させるなどの努力によって価格を引き下げていかなければならないであろう。

図9-3は、中国人民元対円、新台湾ドル対円、米ドル対円さらに購買力平価の考え方を応用した実質実効為替相場を示してある。計算の基礎になる物価指数として消費者物価指数をとった。消費者物価指数を使用した理由は、中国の

図9-1 輸入浸透度と貿易特化指数

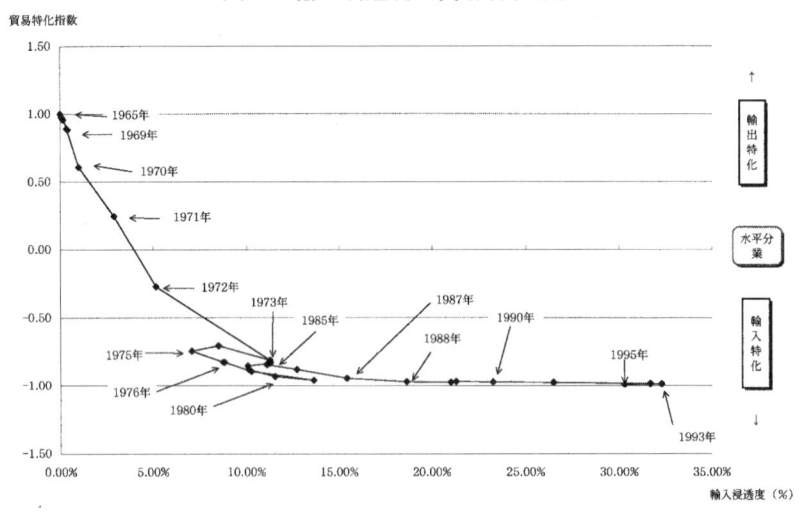

資料）表9-1と同じ

図9-2 タオルの輸出と輸入

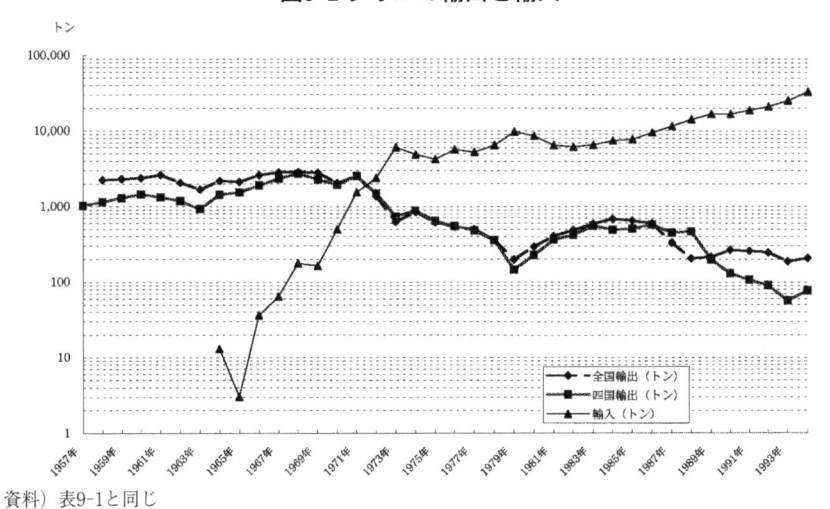

資料）表9-1と同じ

第9章　変動相場制下の地場産業　　　　　　　　　　157

図9-3　日米中台間　PPP Gap

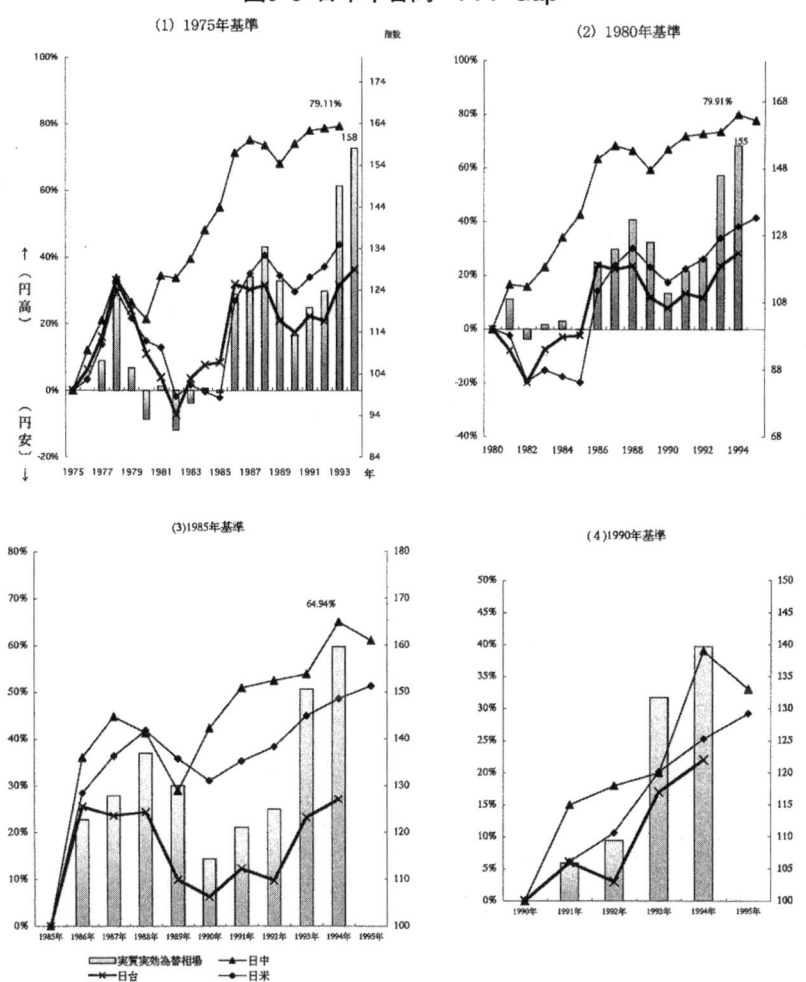

(1) 1975年基準　　　　　　　　　　　　(2) 1980年基準

(3) 1985年基準　　　　　　　　　　　　(4) 1990年基準

左軸：購買力平価からの乖離割合、右軸：実質実効為替相場
出所）IMF, *International Financial Statistics*　及び　日本銀行『外国経済統計年報』『国際比較統計』より作成

長期物価統計として消費者物価指数しか手に入れられなかったからである。消費者物価指数を購買力平価の算定に使うことにはいろいろと問題が指摘されているが、タオルが最終消費財であることを考えると消費者物価指数でも問題はないであろう。

　図9-3(1)は、1975年を基準としている。1975年を基準にとったのは、変動相場移行後の混乱が一応落ちついたものと考えられること、日本の貿易収支がほぼ均衡していることなどの理由からである[8]。また、その後の相場の過大・過小の程度の変化を見るために'80年、'85年、'90年を基準にした購買力平価からの現実の相場の乖離の程度を図9-3(2)〜9-3(4)に示した。

　さて、先に見たように'70年代に日本のタオル産業は、本格的な輸入商品との競争に晒されるようになった。その時期以降の為替相場と輸入量との関係を見てみよう。円は新台湾ドルと中国人民元に対して'75年以降、最大40%の過大評価になった。それに対応して両国からのタオルの輸入量は平均20〜30%の伸びを見せている。

　その後、数量でみた台湾からの日本へのタオルの輸入は、'79年にピークを打ち、減少していく（図9-4(1)）。また、それと前後して両国の日本に対する輸出シェアが逆転（台湾は1978年の48.9%を最後に中国にシェア1位を明け渡した。図9-4(2)も参照されたい）。この背景を為替相場との関係でみてみると、（ⅰ）'78年以降の新台湾ドルの円に対する上昇と（ⅱ）'80年以降の中国人民元の円に対する急速な下落があることが推測できる。なぜなら、'80年を基準にとった場合、ドルとほぼペッグしている新台湾ドルは円に対して過大評価になっているのに対して、中国人民元は'80年から'87年までの7年間の間に70%まで過小評価が進行するほどに円に対して急速に下落し、その一方、これにほぼ対応して両国の日本へのタオル輸出における前述の対照的な状況が現れているからである。

(2) 為替相場変動と生産性

　上記したように、為替相場が相手国通貨に対して過大評価になった場合、その割合だけ価格上不利が発生するのだから、割高になった通貨国の国内産業は

第9章　変動相場制下の地場産業　　　　　　　　　　159

図9-4(1)　台湾からのタオル輸入

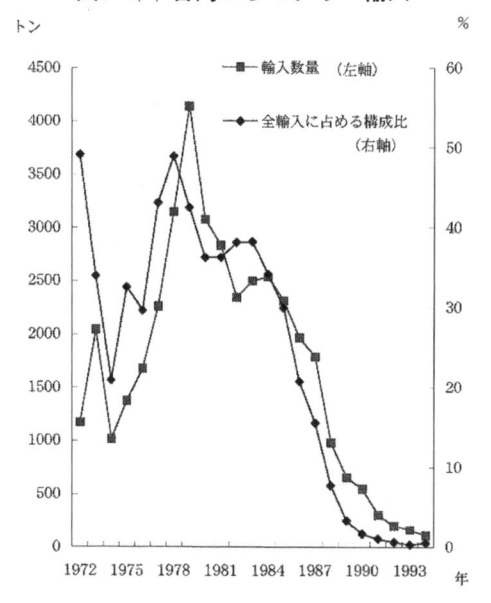

図9-4(2)　中国からのタオル輸入

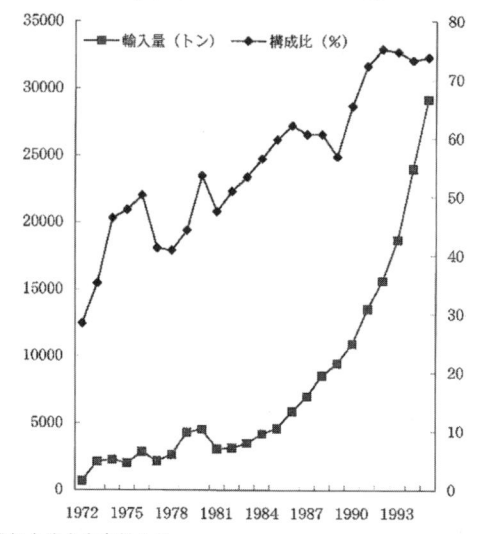

出所）日本タオル工業組合連合会資料より

その不利を克服するために例えば生産性を上昇させ、安価な輸入商品の流入に対抗していかなければならないであろう。そこで次に、今治を中心とする四国タオル産業の生産性の変化をみることによって中国人民元にたいする円の過大評価の影響をみることにしよう。

表9-2は、物量でみた四国のタオル生産の一人あたりの生産性（物的生産性）とそれを指数化してみたものである。ただ、生産量は景気循環などの一時的な影響を被るため、基準年の取り方を注意しなければならない。特に、1975年に

表9-2 四国タオル産業の物的生産性

年	生産量（トン）〈a〉	従業員数（人/年）〈b〉	一人当たりの物的生産性（一年間の生産量/従業員数）〈a/b〉	1973年〜77年の生産量・従業員数の平均を基準(指数)	1980年基準(指数)	1985年基準(指数)	1990年基準(指数)
1973年	35,623	8,399	4.24				
1974年	35,958	8,286	4.34				
1975年	28,814	8,215	3.51	100.00			
1976年	33,280	7,910	4.21	103.04			
1977年	30,589	7,420	4.12	100.96			
1978年	32,815	7,175	4.57	112.01			
1979年	36,036	7,105	5.07	124.22			
1980年	37,660	7,073	5.32	130.40	100.00		
1981年	43,124	6,730	6.41	156.93	120.34		
1982年	45,551	6,566	6.94	169.90	130.29		
1983年	46,371	6,717	6.90	169.07	129.66		
1984年	45,751	6,521	7.02	171.83	131.77		
1985年	47,583	6,474	7.35	180.01	138.04	100.00	
1986年	49,984	6,635	7.53	184.50	141.49	102.50	
1987年	50,121	6,600	7.59	185.99	142.63	103.32	
1988年	50,098	6,606	7.58	185.73	142.43	103.18	
1989年	50,383	6,598	7.64	187.02	143.42	103.89	
1990年	48,710	6,533	7.46	182.61	140.03	101.44	100.00
1991年	50,456	6,384	7.90	193.57	148.44	107.53	106.00
1992年	47,353	6,166	7.68	188.08	144.23	104.49	103.00
1993年	43,293	6,080	7.12	174.39	133.73	96.88	95.50
1994年	41,668	5,883	7.08	173.46	133.02	96.37	94.99

出所）四国タオル工業組合資料より

は不自然な生産量の減少がみられ、それが原因でその年の物的生産性は前後の年に対して低下している。そのため、1975年を基準にとるとその後の生産性上昇率が高めに計測され、実状とは異なった結果が検出される。そこで、1975年に限っては前後5年間の生産量と従業員数の平均値から算出した物的生産性を基準とした。

この表から次の点が指摘できよう。一つは、中国人民元の円に対する下落（人民元安＝過小評価）とタオルの中国からの輸入との一定の関係である。1973～77年を基準に四国のタオル産業の物的生産性の動向を見てみると、1990年前後までは円の人民元に対する過大評価とほぼ同じ程度に生産性を上昇させていることがわかる。しかし、中国人民元の円に対する下落と過小評価（円にとっての過大評価）が急速に進行した1980年を基準に見てみると人民元の過小評価の程度ほどに生産性が伸びていないことが見てとれる。特に、中国人民元の過小評価率（PPP Gap）が40％を越え、四国タオル産業の生産性上昇（1980年基準の指数）を上回った1985～6年あたりから輸入浸透度の高まりが見られるのである。

中国人民元の円に対する過小評価の程度は、1980年を基準に急速に進行し、日本の対外貿易全体への影響を考慮した実質実効為替相場よりもさらに25％以上過小評価（円にとっての過大評価）になっている。この人民元の過小評価が如何に大きいかは、後に見るように、わが国の物的生産性では造船業と大差ない上昇を確保しているにもかかわらず、タオル産業が過小評価による輸入タオルの競争力上昇を克服できていない点からも理解できる。

タオル産業はこの過小評価を一つの背景にした輸入圧力に対して生産性上昇努力によって対抗してきたことは想像に難くない。また、バブル好況などの国内市場のパイの拡大がそれを支えてきたと考えられる。表9-3はタオルの単位（匁）あたりの売値とそれを消費者物価指数と比較したものである。この表にみられるように、1975年を基準にした消費者物価の動向と比較して、タオルの販売単価は1990年では40％低いことがわかる。この数値は、一つには生産性上昇の努力が実質的な商品単価の引き下げを実現した結果と理解できよう。

はっきりとした状況の変化が現れているのが1990年以降である。1990年以降、

表9-3 タオルの単位あたりの売値と物価指数

	売値/100匁(円)	単価指数 1975年=100 (a)	単価指数 1980年=100	単価指数 1985年=100	単価指数 1990年=100	消費者物価指数 (b)	(a)／(b)
1973年	480	99.17					
1974年	446	92.15					
1975年	484	100.00				100.00	100.00
1976年	537	110.95				109.30	101.51
1977年	541	111.78				118.10	94.65
1978年	514	106.20				122.60	86.62
1979年	559	115.50				127.00	90.94
1980年	577	119.21	100.00			137.20	86.89
1981年	536	110.74	92.89			143.90	76.96
1982年	591	122.11	102.43			147.70	82.67
1983年	647	133.68	112.13			150.50	88.82
1984年	650	134.30	112.65			153.80	87.32
1985年	643	132.85	111.44	100.00		156.95	84.65
1986年	564	116.53	97.75	87.71		157.91	73.80
1987年	541	111.78	93.76	84.14		158.05	70.72
1988年	540	111.57	93.59	83.98		159.14	70.11
1989年	528	109.09	91.51	82.12		162.75	67.03
1990年	544	112.40	94.28	84.60	100.00	167.78	66.99
1991年	542	111.98	93.93	84.29	99.63	173.27	64.63
1992年	534	110.33	92.55	83.05	98.16	176.29	62.59
1993年	533	110.12	92.37	82.89	97.98	178.47	61.70
1994年	533	110.12	92.37	82.89	97.98		

出所）四国タオル工業組合資料より

タオルの物的生産性の低下が観測できる。この結果、いずれの基準をとってみても、四国のタオル産業は1990年以降円に対する人民元安（すなわち輸入タオルに対する国内タオルの価格上の不利な条件）を克服できない状態にあると理解できる。

　これには二つの要因が考えられる。一つは、バブル不況下の販売数量の落ち込み（国内市場のパイの縮小）の結果、生産量が減少し、生産性上昇に結びつかなかった。第二に、1980年代の円に対する人民元安の急激な進行（過小評価局面）に生産性上昇で対抗してきた国内タオル産業が物的生産性上昇の限界点

まで達し、生産性上昇余力が無くなった、ということである。

3．セーフ・ガード発動は必要

　タオル産業は、ここ数年海外移転が進み、1996年に入ってからは激しい輸入攻勢を主要因とする相次ぐ倒産が発生するという厳しい状況下にある。この背景を為替相場の過大・過小という要因から分析を試みた。その結果次のことが析出できた。

　第1に、'90年代に入ってからのタオル産業を取りまく厳しい状況の背景の一つに、中国人民元の大幅な過小評価が考えられると言うことである。この過小評価は、他国通貨の円相場から見ても大幅なものであり、その点でタオル産業は欧米などを主市場とする輸出産業（例えば、自動車、半導体、電機等）以上に厳しい競争に晒されていると言える。

　第2に、これに対して国内タオル産業は生産性上昇の努力によって対抗してきた。しかし、1990年以降その限界に達したのではないかと思われる数値が見てとれることである。このような状況になるのと軌を一つにして、'91年以降今治のタオル産業の中国への工場移転が進んだことに注目すべきであろう。'96年現在では6社が中国でタオル製造を行っており、海外からのタオル輸入量のうち1/4が愛媛の地場メーカーの逆輸入品と推測されている[9]。

　いままでの考察から次のような結論を導くことができよう。管理された変動為替相場制[10]を採用している中国が人為的に中国人民元の（円に対する）過小評価水準を維持しているとすれば、そこには不公正な貿易取引条件が発生していると言わざるを得ない。そして、その過小評価水準の進展が現在の地場産業の厳しい状況を生んでいることは本分析からも明らかであろう。そうであるとすれば、円の対人民元相場の過大評価に対抗する力の限界に達した地場産業を保護するために、昨今言われているセーフ・ガード（緊急輸入制限措置）の実施もやむを得ないのではないか。

　このまま放置しておけば、地場産業の崩壊につながりかねない。もちろん、従来型の生産性上昇方法とは異なった技術革新努力——具体的には、一人当たりの生産量を増やしていくと言うような単純なスケール・メリットを追求する

(「量的な」)生産性上昇ではなく、デザイン力や伝統的熟練技術に支えられた高品質化などの(「質的な」)付加価値生産性上昇努力——やタオル産業の技術を他の産業技術へ応用する努力を促進するような中長期的な地場産業育成策は当然必要であろう。しかし、当面、短期的な緊急の措置によって危機を回避すべきところまで事態が悪化[11]していることを忘れてはならない。

次節では造船業に対象を移し、同様の分析を試みる。

Ⅳ. 変動為替相場制と造船業

1. 地場産業としての造船業の概観

造船業の地域における状況について概観しておこう。竣工量で見た場合、瀬戸内圏内は全国シェアの約半分を占める一大集積地になっている(図9-5)。県別に見てみると、長崎、広島、香川のシェアが高く、今治地区に集積している愛媛のシェアは6％である[12]。

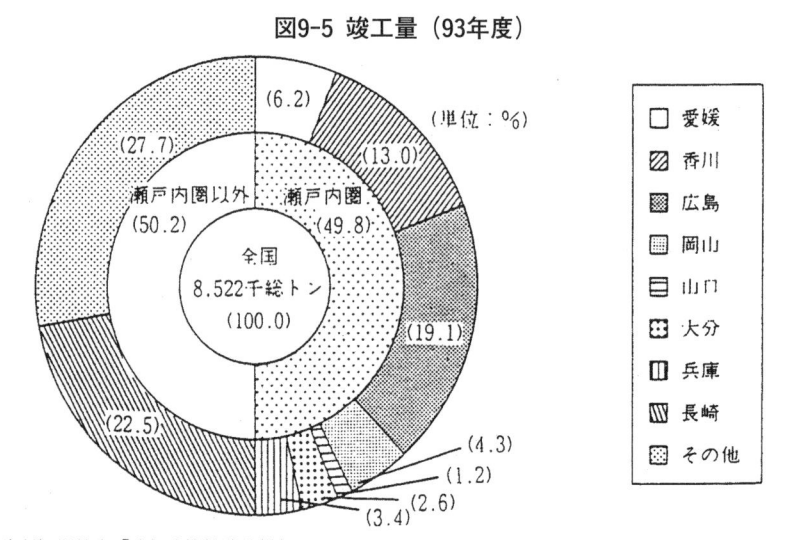

図9-5 竣工量(93年度)

資料) 運輸省「造船造機統計月報」
　　　各運輸局・海運支局の資料による
出所) いよぎん地域経済研究センター『愛媛の造船業—その現状と課題』

こうした造船業を貿易という視点から見てみる。『造船造機統計月報』による1994年の全国生産量（竣工量：G/T）のうち輸出船の割合は90％である。また、金額ベースで国内生産額の輸出割合をみるために『工業統計表』の「鋼船製造・修理業」の出荷額に対する『外国貿易概況』の船舶輸出額（円建てベース）の割合をとってみると58％（'94年）にのぼっている。これらの点から、造船業は外需依存型の地場産業と捉えることができる。

2．為替相場変動と造船不況

わが国の造船業は、石油危機後とプラザ合意後の二度にわたって深刻な不況に直面した。本節では、これら不況の造船業への影響と特徴を為替相場変動との関連でみてみる。その際、日本の造船業の主要な競争国である韓国・ウォンと米ドルと円との間の「PPP Gap」[13]及び購買力平価の考え方を応用した円の実質実効為替相場を示した図9-6をあわせて参照していただきたい。

(1) 第1次造船不況

1970年代後半、石油危機と共に発生した造船業に対する最初の不況は、世界の造船市場が縮小するというかたちで発生した。例えば、'75年に3,420万総トンでピークを達した世界の新造船の建造量（図9-7）は'80年には1,310万総トンまで減少している。つまり、この不況は、世界市場のパイが絶対的に小さくなったためにわが国造船業が過剰生産能力を顕在化させたという特徴を持っており、後述するようにこの点で後の'85年のプラザ合意以後の円高下における造船不況と様相が異なる。

そこで、為替相場の影響をPPP Gapを指標としてみてみると、'75～'81年までは日本も韓国も国際通貨米ドルに対してほぼ同程度の過大評価水準にあり、この点で国際競争力に差があるわけではない。さらに、円とウォンとの間のPPP Gapをみてみると、この時期、円はウォンに対してむしろ過小評価局面にあるといえる。従って、世界の造船業に占める日本の建造量のシェアは低下することなく約30％～40％を保持していた。また、韓国のシェアも伸びておらず、日本の競争国としての地位には至っていない。

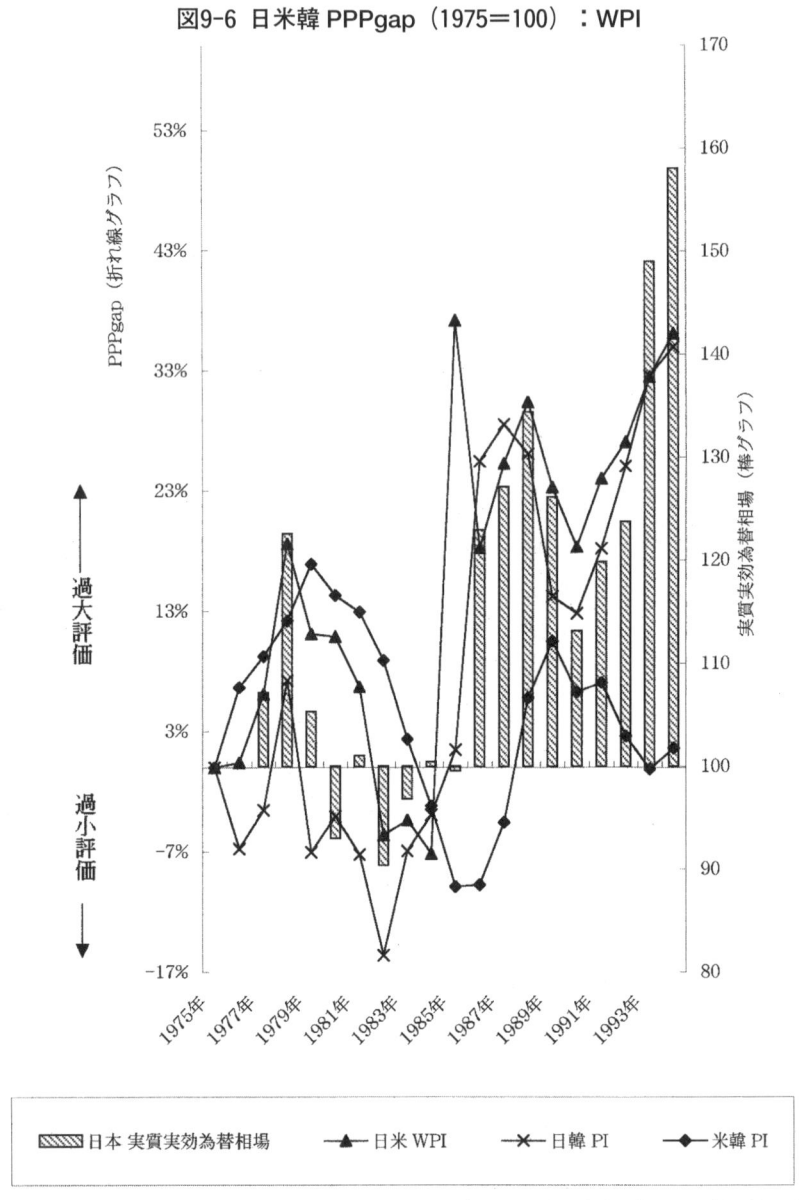

図9-6 日米韓 PPPgap (1975=100) ：WPI

凡例: 日本 実質実効為替相場、日米 WPI、日韓 PI、米韓 PI

資料) IMF, *International Financial Statistics* 及び日本銀行『外国経済統計年報』『国際比較統計』より作成

第9章　変動相場制下の地場産業　　　　　　　　　　　167

図9-7　世界の新造船建造量の推移

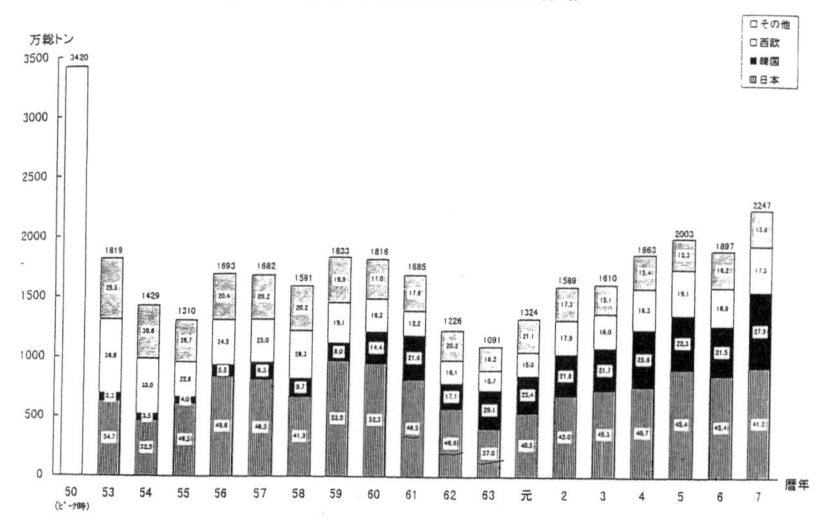

注）1．ロイド資料より作成。（100総トン以上の船舶を対象）
　　2．竣工ベース。
　　3．棒グラフの中の数値は構成比を示す。
出所）運輸省『我が国造船業の現状と展望』（平成8年度）

図9-8　従業員数とその変化

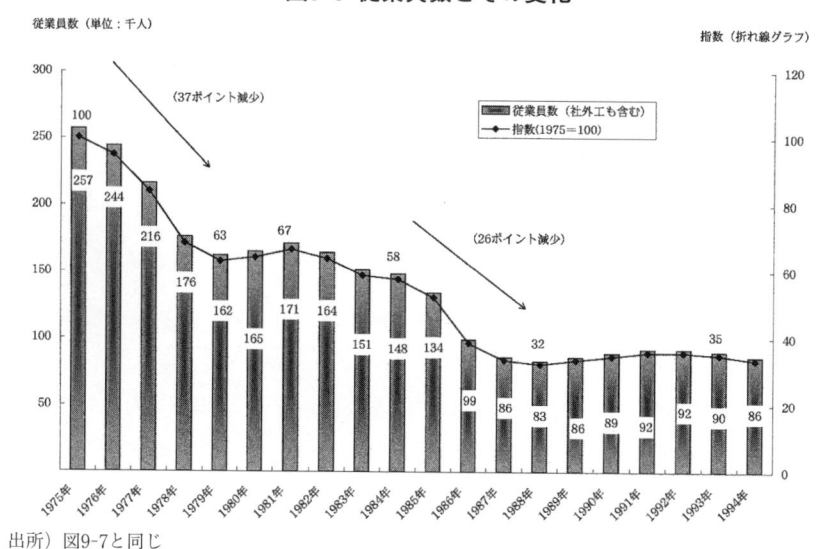

出所）図9-7と同じ

第1次造船不況の特徴が過剰生産能力の整理にあったことをさらにみてみる。図9-8は造船業の従業員数を、世界の新造船建造量がピークに達した'75年を100とした指数とともに示している。ここからわかるように、'70年代後半の不況に合わせて従業員数は減少し、第1次設備処理が行われた'79年には'75年に対して37ポイント縮小している。一方、図9-9は、わが国の造船業の従業員一人当たりの生産性（物的生産性[14]及び付加価値生産性[15]）の変化を1975年基準で指数化したものと、建造量（2,500トン以上の船舶：竣工ベース）の推移とを合わせて示したものである。この二つの点から理解できるように、従業員数を縮小するという合理化が行われているにもかかわらず、価値的には（付加価値生産性の伸びとしては）不況前の水準を回復するに止まっている。

　むしろ着目すべきは、'78～'79年あたりから受注量（図9-10）で回復してきた世界市場規模に対して、こうした合理化に基づいて削減された生産能力が一致してくると共に付加価値生産性が回復し、不況直前の水準で'80年代前半を推移していく点である。また、市場規模の回復に伴ってわが国の受注船価（図9-11）も回復しており、この面でも生産性の伸びを支えていると考えられる。さらに、国際分業の度合いをみるための貿易特化指数を船舶の輸出入額から算出してみると、'79年に0.5まで低下したこの数値は'80年代前半には0.7台まで回復している。

(2)　第2次造船不況

　'88年の第2次設備処理を底とする第2次造船不況について次に考察する。この不況の原因は、第1に世界の造船市場の縮小にある。例えば、世界の造船受注量は'80年代のピークである'83年から'88年にかけて800万総トンの減少がみられた。第2にこの市場縮小と同時に進行したわが国の受注船価の低下があげられる。

　この2要因に加えてわが国の造船業に大きな打撃を与え、特に後者の要因に拍車をかけたのが世界市場での韓国の追い上げと急激な円高であった。世界の造船業で力をつけてきた韓国は'80年代前半には世界の受注量で10%～20%、建造量で10%のシェアを確保するまでになっていた。しかし、その一方わが国

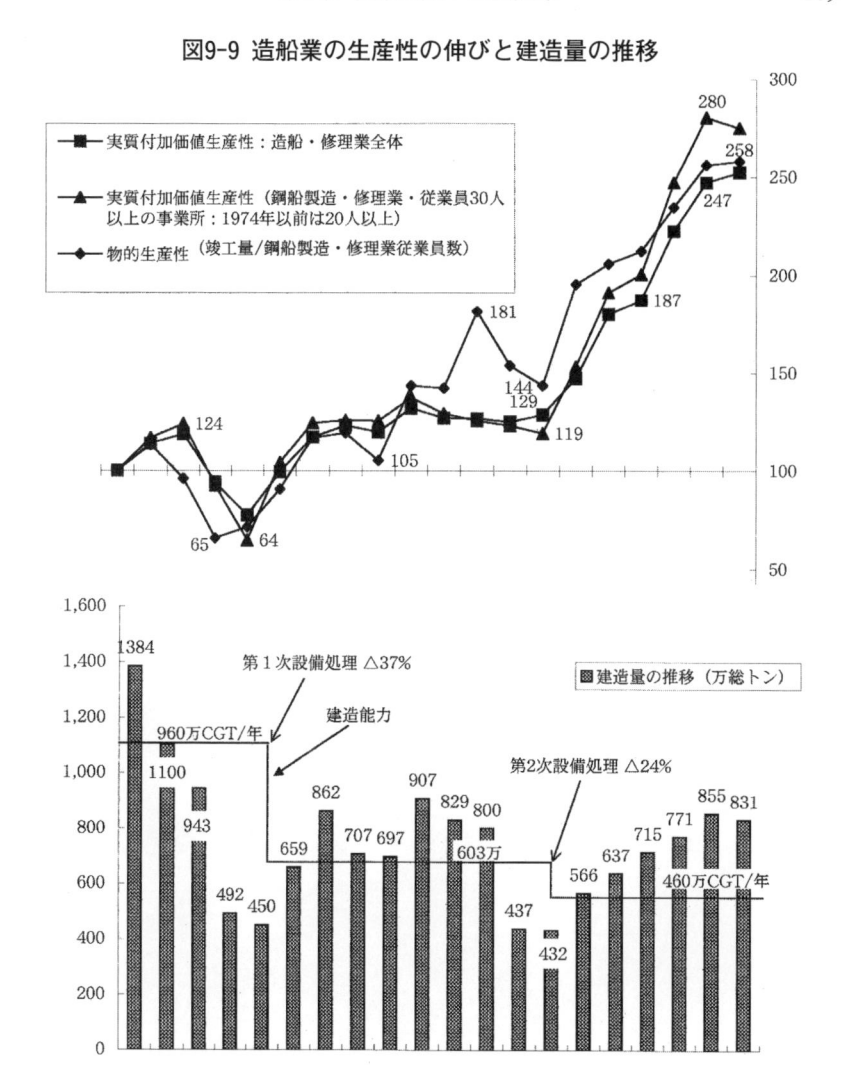

図9-9 造船業の生産性の伸びと建造量の推移

凡例:
- ■ 実質付加価値生産性：造船・修理業全体
- ▲ 実質付加価値生産性（鋼船製造・修理業・従業員30人以上の事業所：1974年以前は20人以上）
- ◆ 物的生産性（竣工量/鋼船製造・修理業従業員数）

上段グラフ数値：124, 65, 64, 105, 181, 144, 129, 119, 187, 247, 280, 258

下段グラフ（建造量の推移（万総トン））：
1384, 1100, 943, 492, 450, 659, 862, 707, 697, 907, 829, 800, 437, 432, 566, 637, 715, 771, 855, 831

注記：
- 第1次設備処理 △37%
- 960万CGT/年
- 建造能力
- 第2次設備処理 △24%
- 603万
- 460万CGT/年

出所）運輸省海上技術安全局『わが国造船業の現状と展望』（平成8年度）、通産省『工業統計表』（各年）、日本銀行『経済統計年報』（各年）より作成

図9-10 世界の新造船受注量の推移

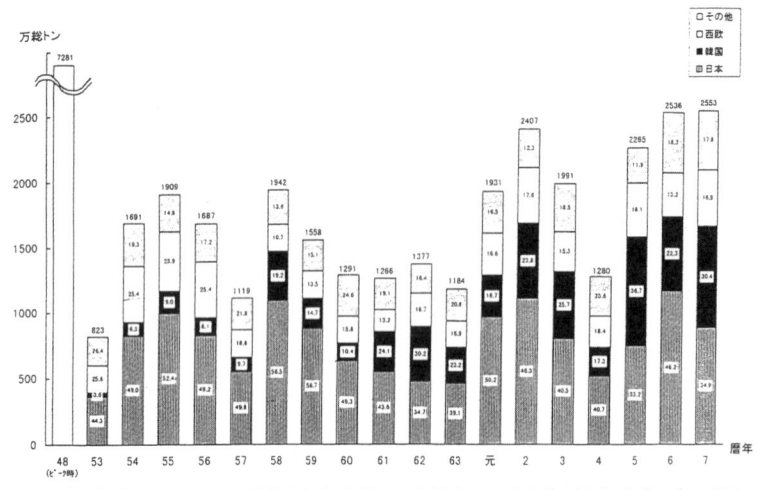

注) 1. 平成6年まではにほん船舶輸出組合資料、7年以降はロイド資料より作成。(100総トン以上の船舶を対象)
2. 棒グラフの中の数値は構成比を示す。
出所) 運輸省『我が国造船業の現状と展望』(平成8年度)

図9-11 新造船受注船価の推移

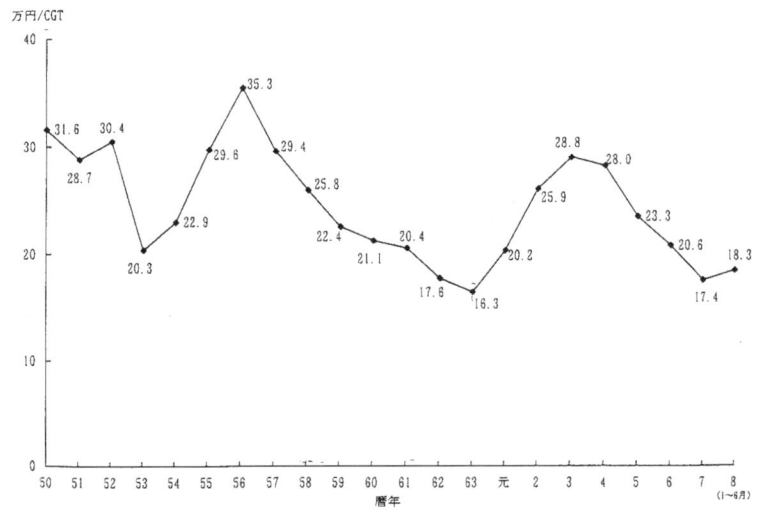

注) 2,500総トン以上の船舶を対象とする。
出所) 図9-10と同じ

の世界市場におけるシェアも減少することなく、約1/2のシェアを維持し続けていた。

こうした状況は、プラザ合意後の円高以降一変する。'85年を境にわが国造船業の世界市場におけるシェアは10％余り減少し、逆に韓国のシェアは10％余り増加する。為替相場の過大・過小評価の程度をみてみると、'85年には円は米ドルに対して40％近い過大評価になっている。その時期、韓国のウォンは米ドルに対して逆に約10％の過小評価になっている。したがって、わが国は米ドルに対する為替相場の水準で評価した価格競争力という点からみると韓国に対して最大約50％不利な状況に置かれていたことになる。

'85年〜'88年の米ドルに対する円の過大評価・ウォンの過小評価という状況が日本の造船業に大きな影響を与えたことは、'87年〜'88年にかけてわが国の受注船価が第1次造船不況期の最低価格以下に低下したという点からも推測できる。

また、このことは、生産性と建造量（ないしは受注量）との推移をみることによっても捉えることが可能であろう。世界市場の縮小の影響によって生産量そのものが急激に減少し、一人当たり生産性が急激に低下した'78〜'80年とは対照的に、第1次設備処理後に回復した生産性の水準は'80年代に入り一貫して維持されてきた。この時期の生産性水準は、付加価値生産性も物的生産性も第1次造船不況前の水準を保っていたといえる。従って、価格面からすればわが国の造船業は'78〜'80年水準でも対応できる生産性水準にあったことになる。しかし、それにもかかわらず、'85年以降わが国造船業の世界市場におけるシェアの低下、従って供給量の減少をもたらしたのは、為替相場変動に伴う価格面での不利な状況を生産性上昇によって克服できなかったからであると言えよう。

最後に、今までの考察に関連して第2次設備処理の意義について述べておく。上記したように、第2次造船不況の大きな要因の一つは、為替相場変動による価格面の不利にあった。従って、第2次設備処理は価格面での不利な条件を克服するための合理化という意義をも持っていたのではないだろうか。このことは従業員の減少率がほぼ第1次造船不況と同じであったにも関わらず、生産性

が著しく減少していないことからも推測できよう。この点で、世界市場の縮小に合わせた生産能力削減を主目的としたと考えられる第1次設備処理と様相が異なるといえる。

このことを示すように、'88年以降、韓国ウォンの対ドル相場が上昇し円の価格面での不利な程度が小さくなり、わが国の受注船価が回復してくると、一人あたりの付加価値生産性も急速に回復してくる。また、バブル不況期の円高局面での受注船価下落時においても生産性の低下を引き起こすことなく、世界市場でのシェアを維持した。このような生産能力の基礎が第2次設備処理の時期に確立したと言えるのではないか。

V. むすびにかえて

以上、造船業とタオル産業をみることによって、変動為替相場の地場産業への影響についてある程度明らかにできたのではないだろうか。本稿で明らかにしたことは、為替相場変動の方向そのものよりも為替相場の過大・過小評価の程度が産業の動向に影響を与えていることである。同時に、重要なことは為替相場変動によって現れた過大評価（価格面での不利）を当該産業が生産性の上昇によって克服できるかどうかにあった。その点、加工組立型の産業であり、国内市場よりも世界市場を中心的な市場にしている造船業にとっては、生産性上昇が実現できたというところに構造的な不況と'93年以降の円高を乗り切ることができた大きな要因の一つがあったと考えられる[16]。内需依存型のタオル産業と対照することでこのことはかなりはっきりしたものと考えている。

さて、ヘクシャー・オーリン理論等の現代貿易理論の基礎にある比較生産費説によれば、貿易国のどの産業が貿易を行い得るかどうかは、貿易相手国との絶対的な生産費格差ではなく、当該国の産業部門間の相対的な生産費格差によって決まる。したがって、たとえば、比較劣位にある当該産業部門の国内の比較優位部門との生産費格差が、比較優位にある相手国の当該産業部門の相手国内の比較劣位部門との生産費格差よりも大きければ大きいほど、比較劣位にある当該産業部門の製品は相手国からの輸入に代替されてしまう可能性が高くなる。最後に、今後の分析の参考として、この点から他の輸出産業を含めた生産

性の伸び率を示し、本稿の締めくくりとしたい。なお、タオル産業は付加価値生産性がとらえることができなかったため物的生産性を示してある。

表9-4には、日本の製造業と輸出産業の中心である自動車、電機、精密機械の1975年基準の1992年の付加価値生産性指数を示してみた。タオル産業は四国タオル産業の物的生産性指数を示すことしかできなかったので単純な比較はできないが、一見して生産性の伸び率格差の拡大（すなわち国内での相対的生産費構造格差の広がり）が見て取れるであろう──タオル産業と他の輸出産業部門との生産費格差の拡大──。上記の命題に従えば、タオル産業はこの面からも輸入攻勢に晒される状況下にあることになる。つまり、為替と比較生産費という二重の不利な条件を克服しなければならないという十字架を地場産業であるタオル工業は背負っている。

他方、注目したいのは、第2次設備処理後の造船業の付加価値生産性の伸びである。第2次設備処理までは、他の輸出産業よりも低い伸び率だったものが、設備処理後急速に他の産業に追いついている点である。したがって、第2次設備処理は比較優位産業として造船業を生き残らせたという意義も見て取れるのである。

本稿の分析は、為替相場と生産性の変化という限られた視点での分析に留まった。しかし、国際的な競争を考える場合には、比較生産費構造というもう一つの条件を考慮する必要がある。たとえば、中国側の生産性格差の状況がつかめていない点や変化率のみで絶対値での検証が行われていない点など不十分な面がある。この点今後の課題として残っている。

表9-4 生産性の伸び率の比較

(指数)

	1975年	1985年	1993年
製　造　業	100	157	218
自 動 車 工 業	100	218	308
電 気 機 械 工 業	100	623	1459
精 密 機 械 工 業	100	306	379
鋼船製造・修理業	100	129	275
タ　オ　ル	100	180	174

注）「鋼船製造・修理業」は30人以上の事業所をとった
出所）タオルは、四国タオル工業組合資料より。その他は、社会経済生産性本部『労働生産性の国際比較（1996年版）』

(1)「地場産業」の定義については、例えば、以下のようなものがある。「地元資本による同一業種に属する多数の中小企業が特定の地域に集積して産地を形成し、地域内に賦存する自然資源・原材料を利用し、もしくはそれらを地域外から移入、あるいは海外から輸入し、地域内の労働力によって産地に集積された技術・技法を駆使して、いわば経営資源を活用することによって特産物——主として消費財に関する完成品、あるいは中間製品・半製品——を多分に労働集約的な生産方法に依拠して、当該製品などの販路を地元はもとより、広く国内市場、あるいは製品によっては海外市場まで求めているものである」(石倉三雄、『地域経済と地場産業』ミネルヴァ書房1989年、29頁)。この定義は地場産業を限定して解釈しすぎている点が見受けられるが、「特定の地域に集積し、地元の経営資源を活用する」産業という指摘には肯首できる。
(2) 佐和隆光『平成不況の政治経済学——成熟化社会への条件——』、中央公論、1994年、137〜138頁。
(3) 四国タオル産地の取引実態については、水口和寿「四国タオル産地の取引実態——産地取引実態調査結果を中心に——」『IRC調査月報』(いよぎん地域経済研究センター)、第89号、1995年、および、いよぎん地域経済研究センター「業界調査 タオル産業の課題と対応策」『IRC調査月報』(いよぎん地域経済研究センター)、第50号、1992年などの報告がある。本稿をまとめるにあたっては、水口和寿教授より資料の提供を受けた。この場を借りて感謝の意を表したい。
(4) 貿易特化指数=(輸出額-輸入額)/(輸出額+輸入額)
(5) 輸入浸透度=輸入量/(国内生産量-輸出量+輸入量)
(6) 両国通貨の対円相場は、ドル相場を媒介とするクロス・レートで算出した。
(7) PPP Gap = (購買力平価-現実の為替相場)/購買力平価
(8) 経済企画庁の『物価レポート』もほぼ同様の理由から1975年を基準年としている。
(9) 愛媛新聞、1993年10月29日。同、1996年10月17日。
(10) 例えば、以下の論文は、中国の為替調整政策が外貨獲得を目的として「輸出を拡大するために、企業の輸出コストの変動に応じて為替相場を調整」していると指摘している。事実、中国は1989年末に人民元の切り下げを行い、1990年には貿易収支黒字転換し、年末には87億ドルという巨額黒字を達成したにもかかわらず、その年の11月に為替相場の再切り下げを行っている。この論文の著者によれば、この切り下げの目的のひとつに輸出企業の輸出コスト(外貨獲得コスト)引き下げがあるとしている。このように、中国は輸出促進のために人為的な為替相場の切り下げ(過小評価の現出)政策を採っているように推測できる。許少強「人民幣為替相場の調整と購買力平価説」『世界経済評論』(世界経済研究協会)、第35巻第12号、1991年12月。

(11) 本稿の分析から判断する限り、すでに1990年段階ではセーフ・ガード発動を行い、中長期的地場産業育成策への準備を進めるべきであったと思われる。

(12) 組立型産業である「造船業は愛媛を代表する地場産業の一つで、今治地域を中心に集積している。中小造船では対岸の広島と並び、全国でも有数のポジションで、…（中略）…地域において大きな位置を占めている」。愛媛の造船業の特徴は、造船所内外の多くの関連業者が存在し、「完成物のユーザーである船主（海運業者）が地場に集積している」ところにある。（いよぎん地域経済研究センター、『業界調査報告書　愛媛の造船業──その現状と課題──』、1頁）

(13) 基礎になる購買力平価の算出には、卸売物価指数及び生産者物価指数を用いている。

(14) 物的生産性については、運輸省『造船統計要覧』等の鋼船竣工量を同じ統計の鋼船造船所従業員数（社外工も含む）で除することによって求めた。

(15) 授業員一人当たりの付加価値生産性の算出には通産省『工業統計表』のデータを用いた。また、インフレーションの影響を排除するために、卸売物価指数によってデフレートし、実質化した数値を示してある。

(16) もちろん、生産性上昇の要因には単なる合理化ばかりではなく、他国に比べた日本の造船業の技術水準の高さも含まれていることを忘れてはならない。

第10章　地域経済から見た金融ビッグ・バン

I．はじめに

　「日本版金融ビッグ・バンのフロントランナー」[1]である改正外為法が1998年4月に施行され、外国為替取引が自由化された。これにより、おそらくわが国戦後最大の金融制度改革になる「日本版金融ビッグ・バン」が本格的にスタートを切った。「金融ビッグ・バン」とは、戦後わが国ではじめて実施される金融市場の包括的かつ急進的な規制緩和策・自由化策であり、それゆえに多くの注目を集め、新聞やテレビなどマスコミは連日金融ビッグ・バン関連のニュースや番組を流し続けた。「ドルで買い物ができる」、「金券ショップで外貨への両替を開始」、「24時間テレフォン・バンキング」などの報道や外資系銀行による派手な宣伝や売り込み攻勢などをみると、ビッグ・バンの影響が確実に広がり始めたように見える。

　このビッグ・バンをめぐる一連の動きは都市圏ではかなりハッキリと実感できるのであるが、地方都市に在住する者にとってはそれほどハッキリと実感できるわけでは無い。それでは、地方にビッグ・バンは波及しないのであろうか。こうした素朴な疑問が地方都市に住む人間には当然出てくる。しかし、少なくとも筆者の知る限り、ビッグ・バンの地域経済への影響を考える基本的な枠組みを示した研究は意外と少ない。本章は「ビッグ・バン」の内容を概観し、それを推進している背景を明らかにすることを目的とするが、さらにその考察からビッグ・バンの個人や地域経済への影響を考える場合の基本視点と今後の課題を明らかにすることを目的としたい。

　ところで、本章における二つの基本的な問題意識に触れておく。第1に、後に見るようにビッグ・バンは、長期的にみれば日本の金融構造が大きく変化した結果として余儀なくされた金融制度改革であり、短期的にはバブル崩壊とそこからの立ち直りを模索する中で打ち出された金融制度改革である。その意味で、本章はバブル経済の結末を国内の金融制度改革という側面から分析しようとするものである。

第2に、戦後わが国地域経済は、日本型経済成長＝資本蓄積の結果として生まれた大都市圏との間の経済格差拡大に直面してきた。現在、地方経済は急速な高齢化とバブル崩壊に伴う財政赤字累積によって戦後もっとも困難な時代を迎えている。こうした中で本章の分析では、従来から多くの研究蓄積が残されたわが国の「地域経済論」の問題意識を堅持したい。すなわちそれは、現在の地方経済が抱える経済格差を克服するために地域の「内発的発展」の可能性をさぐるという大きな課題である[2]。
　次節では、まず、金融ビッグ・バンの概要と背景を見ていく。

Ⅱ.「ビッグ・バン」という言葉

　周知のように「ビッグ・バン」とは宇宙誕生の大爆発をさす言葉である。この言葉を、急進的な金融制度改革を形容する言葉として最初に使用したのはイギリスであった。1986年10月イギリスにおいて株式手数料の自由化など一連の自由化を一気に実施するショック療法的規制緩和・自由化政策がとられた。それまでの制度・規制を段階的にではなく、ある一時点をもって瞬間的に撤廃しようとする手法が「宇宙の大爆発」になぞらえて「ビッグ・バン」と名付けられた。こうした金融・証券市場における自由化の流れは世界的なもので、アメリカではイギリスの「ビッグ・バン」に先立って1975年5月1日に証券市場の手数料自由化が行われていた。これは「メーデー」と呼ばれている。
　どちらの事例からも理解できることであるが、「日本版ビッグ・バン」の先例になる欧米の金融（特に証券）市場の自由化（特に手数料の自由化）は、ある特定の時点をもって自由化するというドラスティックな効果をねらったものであった。しかし、日本の「ビッグ・バン」は期間を設け、段階的に自由化・規制緩和を行うものであり、明らかに欧米のそれとは異なっている。
　日本の金融制度改革が「ビッグ・バン」の名に値するとすれば、それは「瞬間性」、「ショック療法」にあるのではなく、制度改革・規制緩和の範囲の大きさ・広さにあるといえよう。欧米の「ビッグ・バン」が証券市場の手数料自由化を中心にしたものであったのに対して、日本のそれは金融・証券・保険・外国為替・企業会計原則に至るまで広範囲に渡っている。したがって「日本版ビ

ッグ・バン」は、それが看板通りに進むとすれば、日本の金融システムにはじまり、さらには日本の株式会社制度の慣行までを包括する「構造的な変革」になるという意味での「ビッグ・バン」と言える。

次節ではこのことを念頭に置きながら、ビッグ・バンの具体的な内容とその背景を見ておきたい。

Ⅲ．金融ビッグ・バンの概要
1．ねらい

かねてから言われているように、この金融制度改革の大義名分は、沈滞化している我が国金融市場を（ⅰ）フリー：市場原理が働く自由な市場——参入・商品・価格等の自由化——、（ⅱ）フェアー：透明で信頼できる市場——ルールの明確化・透明化・投資家保護——、（ⅲ）グローバル：国際的な市場——グローバル化に対応した法制度、会計制度、監督体制の整備——として再生させるところにある。そのために、1999年度から2001年度までにあらゆる側面での規制緩和と自由化を押し進める。

2．具体的な内容

日本のビッグ・バンの具体的内容については、大蔵大臣の諮問機関である金融制度調査会、証券取引審議会、保険審議会、外国為替等審議会、企業会計審議会が検討を続けてきた。そして、1997年6月13日に前3審議会がそれぞれ答申・最終報告書を提出したことで骨格が明らかになった。さらに、1998年6月企業会計審議会が時価評価主義への転換を示し、この面でもビッグ・バンの動きが進んでいると言える。

多岐にわたる具体的な内容のうち基本的な事項を次に紹介する（表10-1も参照されたい）。

（ⅰ）為銀主義の撤廃＝外国為替取引の自由化（1998年に先行して実施）。従来、我が国では外貨の取引など外国為替取引は認可を受けた金融機関が専一的に行ってきた。この規制が撤廃され、例えば、1998年4月からは外貨

表10-1 日本版ビッグバンの主内容
(カッコ内を除き実施は98年12月)

〈資金運用手段の拡充〉
○ 会社型投信や私募投信の解禁
○ 銀行による投信の窓口販売の解禁
○ 証券デリバティブの全面解禁

〈魅力あるサービスの提供〉
○ 損保料率の自由化（98年7月）
○ 株式売買委託手数料の自由化（99年末まで）
○ 証券会社の免許制から登録制への移行
○ 投資信託の免許制から認可制への移行
○ 銀行系証券子会社の業務範囲制限を撤廃（99年度下期中）
○ 保険と銀行の相互参入を全面解禁（2000年度末まで）

〈利用者保護の枠組み構築〉
○ 連結ベースの情報開示に移行（99年4月）
○ 保険契約者保護機構の創設
○ 投資者保護基金制度の創設

資料）「日本経済新聞」1998年3月10日付

の両替えや外貨預金（外国の銀行との直接取引）などが国内の金融機関を通さなくても可能になった。このねらいは、資本の内外の交流を自由化し、促進しようとするところにある。

(ⅱ) 金融・証券・保険分野での業態規制の撤廃と相互参入の完全自由化。我が国の戦後の金融制度の特徴のひとつは、業態規制による「専門金融機関制度」にあった。長期・短期の金融機関、証券と銀行の分離、損保と生保の分離など役割ごとに金融機関を分け、相互の参入を規制した。今後はこの「垣根」を撤廃し、さまざまの金融機関、企業が金融・証券・保険の各分野に参入することが可能になる。身近なところではすでに生命保険会社と損害保険会社との間の垣根が取り払われてきており、外資の攻勢も加わって保険会社間の競争が激しくなっている。

(ⅲ) 金融持ち株会社の導入。持ち株会社とは、他の企業の株式を所有することにより企業を支配することを目的とした会社である。金融持ち株会社の場合、複数・多業態の金融機関の株式を所有する持ち株会社を指す。金融持ち株会社のねらいは、さまざまの金融業態を一元的に同一企業が支配し、金融資産の集約化、資本の集約化を行おうとするところにある。言い換えれば、一元的支配による多角化のメリット（「範囲の経済性」）がその誘因

のひとつになっている。

　しかし、その一方で、金融持ち株会社の設立によって、「経営と所有」がますます分離され、責任の所在があいまいになってくる問題や、資本の過度の集中に歯止めをかけるという独占禁止法の観点からの批判が展開されている。

　さらに問題として指摘されているのは、上記（ii）にも関わっている「利益相反」の存在である。そもそも貸付を行う銀行と証券投資を行う顧客との間には利益の衝突が存在している。その結果、業態規制が撤廃された場合、例えばある金融機関の銀行部門が一般投資家の知ることのできない情報を利用し、証券部門を使って自らの利益追求と顧客への損失の転嫁を行う事例が発生する恐れがあると指摘されている。

（iv）デリバティブ（金融派生）商品など金融商品の開発・販売の自由化。金融の技術革新、自由化、グローバル化は、金利、市場価格、為替相場、先物といったさまざまな変動要因を生み出した。金融機関はその技術と経験によってこれらの諸要素を組み合せた金融商品を開発・提供することが可能になった。しかし、従来から金融商品の開発・販売には大蔵省の許認可という規制があった。金融ビッグ・バンによってこの規制を取り払い、多くの金融商品が提供できるようにする。

（v）証券手数料の自由化、証券取引の取引所集中義務の撤廃等の証券取引の自由化。従来、我が国では証券売買手数料は法律による固定制がとられていた。それを1999年末までに完全自由化する。この改革と表裏一体をなすのが証券取引所集中義務の撤廃である。我が国では証券取引は取引所集中原則が確立していた。しかし、時間優先・価格優先を前提とする取引所への集中によってコストの固定化、取引執行の遅れなどのデメリットが現れていた。このデメリットを複数の市場取引の場を顧客に提供することによって解消しようと意図したのがこの改革である。競争を促進し、市場原理を最大限機能させようとする金融ビッグ・バンにおいて証券手数料の自由化と取引所集中義務が一体で進んでいるのはある意味では当然と言える。

（vi）ストック・オプション制度の導入。ストック・オプションとは自社株を

買う権利のことで、一種の成功報酬制度であり、企業（特に資金力がない企業）が人材を確保するための手段と言える。ストック・オプションによって株式を取得した社員（役員も含めて）は、株式の額面価額（払込資本）と株式の時価の差である「創業者利得」を取得する機会が広がる。
(vii) 保険料の自由化。損害保険料率は従来、算定会において一律に決められていたが、1998年から各社自由に決められるようになった。

IV. 金融ビッグ・バンの背景

ここでは、こうした急進的な改革を急いでいる背景を短期的側面と長期的側面とに分けて整理してみる。

1. 短期的側面

まず、短期的側面に着目すると、まず第1にバブル崩壊後種々の面で日本の金融市場が停滞し、それが日本経済の回復の足を引っ張っていると言う事情がある。具体例を挙げてこの点を示してみると、まず第1に、一歩先に自由化・機構改革を行った欧米の金融・資本市場が活況を呈しているのに対して、株式市場を中心に日本の金融市場が停滞し、国際的に遅れをとっていることが挙げられる。例えば、図10-1は株式市場の平均株価指数の変化のグラフであるが、欧米の株式市場に比べ日本の株式市場が立ち後れていることが理解できる。また、表10-2は外国為替市場の取引高を示している。ここでも欧米の市場に比べた東京外国為替市場での外貨取引の落ち込みが見られる。このことは東京市場が国際金融市場として停滞していることを示している[3]。

第2に、上記した金融市場の立ち後れの原因でもあるバブル崩壊後の不況が深刻化し、金融機関の不良債権処理が遅れていることが挙げられる。そのため金融システムの不安定性が払拭できていない。このことがさらに景気の悪化と金融不安を増幅させるスパイラル的な状況悪化が現れている。

しかしながら、その一方で日本には1,200兆円という個人資産が存在している。ここでいう「個人金融資産」とは、日本銀行が発表している「資金循環勘定」統計に示されている数値である。その内訳は、1997年末の数値（速報）で

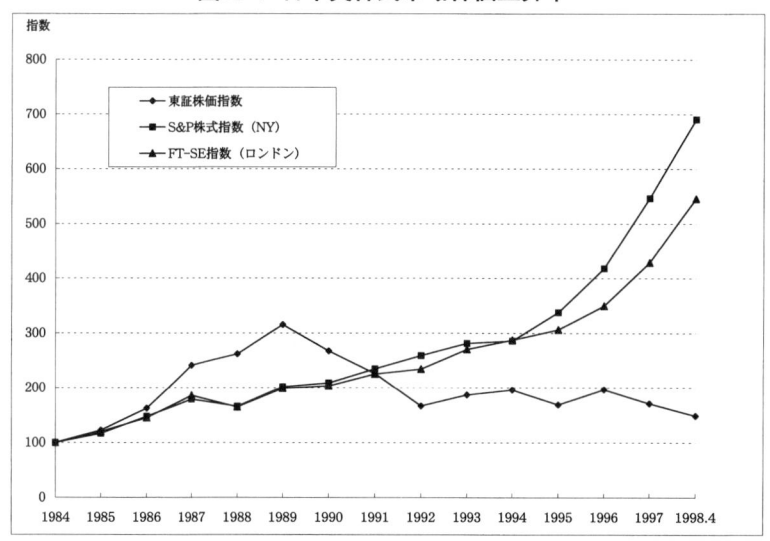

第10章 地域経済から見た金融ビッグ・バン

図10-1 日米英株式市場株価上昇率

（東証株価指数、S&P株式指数（NY）、FT-SE指数（ロンドン））

出所）日本銀行『経済統計年報』、『国際比較統計』

表10-2 主要外国為替市場における出来高シェアの推移（円ドル取引）

（単位：％）

市場名＼時点	Mar.86	Apr.89	Apr.92	Apr.95
ロンドン	19.2	21.1	22.3	31.5
ニューヨーク	21.2	24.9	26.4	19.7
東　　京	59.6	54	51.2	48.7

（注）ネットの1日平均ベース
（資料）Bank for International Settlements, "Central Bank Survey of Foreign Exchange and Derivatives Market Activity" により作成。

は預金55.1％、保険が25.6％、有価証券が7.3％などとなっている。ビッグ・バンのねらいのひとつは、大部分が預貯金で占められているこの個人金融資産を株式などのストック市場に振向け、停滞している株式市場の活性化と金融不安を払拭しようというところにある。

　欧米においても規制緩和後、個人金融資産が預貯金から投資信託等へと変化した。アメリカでは個人金融資産のなかで預貯金の占める割合は、メーデーが実施された時の26.6％から1995年の16.2％へと20年間でマイナス10ポイント変化した。年平均低下率に換算すると0.5ポイントである。また、イギリスでは

ビッグ・バン時の27.8%から1995年の20.4%へと11年間でマイナス7.4ポイントの変化であった。こちらを年平均低下率に換算すると0.7ポイントである[4]。

すでに述べたように日本の場合、欧米に比べ預貯金の割合が2倍近く大きく、そのためビッグ・バン以降の資産シフトは急激なものになると予想されている。それだけに停滞しているストック市場の価格と取引量を引き上げる効果の大きさが期待されている。

ところで、1,200兆円という数値には注意も必要である。というのも、個人金融資産に対して個人金融負債もあるからである。同時期のそれは378兆円であり、その負債を差し引いたネットの個人金融資産額は851兆円余りに減少する。また、「個人金融資産」の項目は個人事業者の分も含んでいる。さらに現金や企業が積み立てている企業年金、個人事業者の運転資金のための貯蓄等も含まれているため、純粋な意味での個人金融資産はもっと少ないものと見積もる必要がある。

いずれにしても、日本版ビッグ・バンが押し進められている背景の短期的な側面とは、金融市場の活性化と金融面からの景気のてこ入れ、そのための個人資産の誘導という特徴をもっていると言える。

2．長期的側面

次に、日本版ビッグ・バンの長期的・構造的背景を見ておこう。

日本版ビッグ・バンを押し進めている長期的背景には、1980年代以降進行してきている日本の金融の自由化がある。日本版ビッグ・バンは徐々にすすめられてきた金融自由化・規制緩和を包括的に行おうと意図されており、この意味では金融自由化・金融制度改革のゴールという性格がある。

1980年代以降の日本の金融自由化・金融制度改革は、「二つのコクサイ化」（国債化・国際化）が推進力になってきた。1973年の第1次石油ショック以降、発行額が急増した「特例国債」（赤字国債）の発行がその後も続き、建設国債をあわせた普通国債の発行残高は1983年度末に111兆円を超え、1996年度末で240兆円に達した。当初、シンジケート団加盟銀行の引受と一年後の日本銀行への銀行保有国債の売却で凌いでいた国債消化も限界に達し、保有国債の流動

化を可能にする流通市場の形成を促した。この流通市場は利回りを市場が決定する自由金利市場であり、この市場の規模が大きくなるにつれて他の金融市場へと自由化が波及した。

　一方、この国債市場における変化は、国債と連動している公社債市場のさまざまな債券の取引に影響を及ぼした。この影響は公社債の現先市場を形成させ、銀行預金の公社債現先市場へのシフトをひき起こし、銀行の譲渡性的預金（CD）の導入と預金金利自由化の道を開いた。

　次に国際面からの自由化の動きを見てみる。貿易収支の赤字累積に見られるように、製造業の国際競争力の低下したアメリカは、メーデーの実施などいち早く金融制度改革を行い、さらには、Ｓ＆Ｌの危機や南米の不良債権問題を通じて銀行資本の整理・淘汰を進め、金融資本を集中・強化してきた。この結果、アメリカ金融業の国際競争力が上昇した[5]。

　こうした理由に加え、レーガン政権下で形成された「双児の赤字（財政と貿易の赤字）」をファイナンスするため積極的に外資を導入する必要からも、アメリカは特に日本に対して資本移動の自由化（金融の自由化）の圧力をかけた。1984年の日米円ドル委員会報告書以降、外国為替取引や株式市場などの資本市場における制度面での自由化が進んだ。

　このように「金融ビッグ・バン」は国内的要因と国際的要因の二つの面から押し進められている金融自由化の区切り、すなわち、金融自由化の最終ゴールという意味を持っている。実はこうした金融の自由化や金融ビッグ・バンは、日本の金融の基礎的・構造的な面（「金（カネ）の動き」）における変化にその起動因があるといえる。そのことを次に触れておきたい。

　そのひとつは日本経済における過剰な貨幣資本の存在と経済成長の鈍化である。高度成長期には企業部門は慢性的な資金不足であり、これを銀行の貸出し（信用創造）がカバーしていた。戦後日本の金融制度は、資金供給を銀行の貸出しに依存していた「間接金融優位の金融システム」という特徴を持っていた。しかし、高度成長が終わり低成長期に移行すると、企業は設備投資を減少させた。特に、プラザ合意後の円高期には投資額を抑制すると同時に金融機関への返済を増加させた。また、高度成長期を通じて企業内部には内部留保と言う形

で資本が蓄積されていった。表10-3は、金融・保険業を除く営利法人企業の内部留保率と内部留保の額を、さらに表10-4では資金調達に占める資本準備金、利益準備金等の大きさを示してある。

銀行は、低成長による企業の設備投資の縮小と内部資金の蓄積と言うフローとストックの両面から「金余り」＝資金過剰に直面することになった。そのため、貸付先が狭まった銀行は資金の運用先のひとつとして資本市場へと向かわざるを得なくなった。企業も銀行以外の資金の調達・運用先を求めて資本市場に参入した。ここに間接金融から直接金融への金融方式の大きな変化が起きた。表10-5は企業の資金調達の構成の変化を示したものであるが、直接金融の比重が高まっていることが理解できる（セキュレタイゼーションあるいはストック経済化）。また、表10-6では金融取引による利益を含む営業外収益の大きさの変化を営業利益と比較して示しておいた。こうした点からも日本企業の姿の変化がわかる。

表10-3　内部留保額及び内部留保率

年	内部留保額(億円)	内部留保率(内部留保／当期純利益)%	年	内部留保額(億円)	内部留保率(内部留保／当期純利益)%
1969	21,282	61.9	1985	52,823	61.5
1970	21,236	59.5	1986	49,968	61.5
1971	15,364	51	1987	82,560	68.9
1972	23,470	58.9	1988	121,587	74.1
1973	44,804	67.6	1989	129,868	72.2
1974	27,882	56	1990	124,487	70.9
1975	1,573	7.1	1991	86,114	61.1
1976	19,213	47	1992	29,540	37.9
1977	22,729	51.2	1993	−7,592	−20.3
1978	37,971	61.5	1994	−2,086	−4.6
1979	60,303	69.6	1995	27,025	35.2
1980	62,944	68.3	1996	25,651	29
1981	42,486	58.4	1997	32,965	39.8
1982	40,740	58.5	1998	−56,836	−1065.7
1983	40,828	58	1999	−26,802	−123.6
1984	55,635	64			

資料）大蔵省「法人企業統計」『財政金融統計月報』より作成

表10-4（資本準備金＋利益準備金＋その他剰余金）／総資本
（全産業） （単位：億円）

年	資本準備金	利益準備金	その他剰余金	総資本	％
1965	9,790	36,960	—	602,550	7.76%
1970	9,550	100,833	—	1,253,640	8.80%
1975	27,091	235,459	—	2,939,095	8.93%
1980	51,156	30,480	348,393	4,613,571	9.32%
1985	118,270	41,887	616,404	6,481,977	11.98%
1986	164,787	45,071	692,030	7,035,660	12.82%
1987	178,784	47,301	774,129	7,476,750	13.38%
1988	203,753	51,408	850,804	8,521,053	12.98%
1989	251,518	54,119	988,315	9,582,315	13.50%
1990	336,483	60,769	603,986	11,421,068	8.77%
1991	369,619	64,597	1,222,972	12,061,533	13.74%
1992	363,007	69,985	1,290,191	12,436,531	13.86%
1993	381,654	73,564	1,339,755	12,732,267	14.10%
1994	390,229	76,205	1,345,779	13,005,324	13.93%
1995	394,434	78,354	1,320,033	13,448,719	13.33%
1996	421,507	75,822	1,390,196	13,080,820	14.43%
1997	412,926	80,579	1,361,295	13,142,650	14.11%
1998	425,810	82,253	1,233,811	13,127,994	13.27%
1999	475,943	85,469	1,493,565	12,849,143	15.99%

注）1965年は会計制度が異なるためデータは連続しない
出所）大蔵省「法人企業統計」『財政金融統計月報』より作成

　低成長経済下で現実資本に転化できない蓄積された貨幣資本は、日々の価格変動を利用した運用が可能な資本市場へと向かわざるをえない。ビッグ・バンの本来的な狙いのひとつは、規制緩和と競争の促進策によって自由化された金融・資本市場を、今述べた貨幣資本の投下先へと広げることにあるといえる。さらに、情報化によって狭まった世界中の資本市場がそれに加わる。資本市場は金融市場として拡大し、従来からの銀行を主体とする間接金融に対して、株式や債券などを利用する直接金融の比重が高まる。
　さらに、間接金融から直接金融への金融システムの変化において見過ごせないのは資本市場における「機関化現象」である。「機関化」とは資本市場における機関投資家（生命保険会社、年金基金、投資信託など）の売買シェアが高

表10-5 企業部門の外部資金調達構成比の推移

(単位:%)

	1966～70年	1971～75年	1976～80年	1981～85年	1986～90年	1991～95年	1996年
借入金	85.5	86.3	83	84.5	66.2	74.2	-551.5
(民間金融)	76.7	78.4	71.7	77.3	58.9	24.4	-441.7
証券発行	11.6	10.9	14.2	16.2	22.3	32.8	354.4
(事業債)	3.5	4.3	4.7	2.9	3.8	35.3	387.8
(株式)	7.8	6.2	7.9	8.2	9.7	7.0	139.1
(外貨債)	0.2	0.3	1.6	5.1	8.9	-9.5	-172.4
C P	—	—	—	—	5.8	-7.4	18.1
対外借入	2.9	2.8	2.8	-0.6	5.7	0.6	278.9
	100	100	100	100	100	100	100

出所) 日本銀行『経済統計年報』

表10-6 法人企業の営業利益に対する営業外収益の割合

1960年～64年	1965年～69年	1970年～74年	1975年～79年	1980年～84年	1985年～89年	1990年～94年	1995年	1996年	1997年	1998年	1999年
39.61%	43.26%	47.08%	57.94%	55.57%	60.01%	64.14%	64.45%	63.84%	58.47%	75.54%	66.39%

注) 営業外収益/営業利益の5年ごとの平均を算出
出所) 「法人企業統計」大蔵省『財政金融統計月報』より作成

まる現象をさす。戦後の経済政策の結果として年金制度が整備され、それに伴って年金基金の運用も拡大した。また、保険会社を通した私的年金や生命保険・損害保険の増大も資本市場での機関投資家の運用を大きくした。

　今まで見てきたことから理解できることは、直接金融へのシフトと言っても個人投資家が自らの金融資産を直接金融へとシフトさせたのではなく、銀行、企業、機関投資家といった法人企業がその運用・調達を直接金融へシフトさせているということである。金融ビッグ・バンはこの流れをまず加速することになるのであって、一般投資家への直接的な変化はその後になるであろう。地域経済の中でビッグ・バンが実感できない理由の一つがここにある。

　さて、資本市場への資金のシフトは、資本市場での価格変動を大きくし、高収益をもたらす可能性を広げると同時に逆にハイリスクをももたらす。このことは金融機関に対して高度なリスク・ヘッジの技術も要求する。国際的な面でも同様である。国際金融面では、為替相場の変動、各国の金利差、各国証券市

場価格の変動とその格差、カントリー・リスクなど様々の変動要因が存在する。特に、変動為替相場制によって各国通貨間の交換比率は絶えず変動し、それがその他の経済変数——金利、証券価格——の変動を誘引し、資本移動を激しくさせた。こうした国際金融市場や国内の資本市場で競争を行っていくためには、リスクを管理する能力と商品開発力が求められるようになる。ビッグ・バンは金融機関がこのようなリスク管理能力、商品開発力を持つために必要な制度改革だったとも言えよう。金融ビッグ・バンは経済の構造変化に伴って発生した金融の変化が必然的に要請する制度改革と言って過言では無い[6]。

V. 地域経済と地域金融

　ここではまず地域金融ないし地域金融機関が一般にどのように捉えられているのか明らかにしておきたい。金融制度調査会第一委員会は1990年に出した報告の中で、この二つを次のように定義している。

　地域金融とは、「一つは、地域内の個人、それから企業とくに中小・零細企業、農林漁業者等からの総合的金融ニーズに綿密かつ的確に対応するのが地域金融である。第二として、地域内の地場産業等地域内産業企業の育成、地域開発計画に金融的に貢献することを通じて地域経済の活性化に寄与することである。それから、第三として、図書館等の地域の文化施設、育英資金等地域内の教育制度の充実に寄与することである」[7]。

　地域金融機関とは、「地域に密着して地域とは離れては存在し得ない金融機関、地域で調達した資金をその地域内で運用する金融機関と地域といわば運命共同体的関係に立つ金融機関を地域金融機関というのである。また、ある程度効率性、収益性を軽視しても地域に結びつくことを使命とする金融機関とも言えよう。具体的に民間金融機関の中で示すと地方銀行と共同組織形態の金融機関をさすことになろう」[8]。

　戦後、地域金融機関が地域で地場産業の育成など重要な役割を担ってきたことは否定できない。しかしその一方で、都市銀行の地方における資金の吸収窓口という性格もあった。例えば、高度成長期について熊野剛雄氏は次のように指摘する。

「高度成長期は、6大資本集団の形成期で」あるが、都市銀行は、信用創造による通貨供給という手段によってその重要な役割を担った。しかし、信用創造によって預金創造をすれば都市銀行からの「リークはどうしてもさけられない」。リークした預金は「中央から地方へと散布され」、財政支出によっても「かなり拡散していく」。「こうして、…地方に濃密な店舗網をもつ相互銀行・信用金庫の（預金の――引用者）比重が増大し、都市銀行の比重低下がはなはだしく」なる。「資金遍在」問題の発生である。結局、「金融市場を整備し、インターバンク取引をつうじて資金余剰機関から準備預金を借り入れ、都市銀行の準備を補強することにならざるをえない。都市銀行の信用創造のリークと財政資金の散布を受ける側の機関（中小企業金融機関、農林系統金融機関）は資金が余剰となり、余剰市場での資金の出し手となる。高度成長期までの金融市場は、コール市場として発展した」[9]。

また、近年の傾向について、数阪孝志氏は地方銀行の地元比率を分析し、次のように結論付けている。「バブル経済の進展とともに、地方銀行もその業務比重を東京へ一定シフトさせたのであるが、バブル崩壊後地元回帰の傾向をみせている。だが、地元回帰傾向は数値上はあらわれてはいるが、都市銀行の中小企業貸出の積極化や地元での競争激化など、銀行の地元での営業は新たな問題に直面しているといえる」[10]。

いずれにしても、地域の金融機関は「基本的に預貯金業務が収益源」であり、その結果「預金量が貸金量を上回り、コール・手形市場で資金の出し手になることが多い」[11]という性格を有している。

それでは、地域経済あるいは地域金融機関の役割は金融ビッグ・バンによって変化するのであろうか。この点をさらに見てみよう。

VI. 金融ビッグ・バンと地域金融

今まで、見てきたように金融ビッグ・バンは間接金融から直接金融への金融方式のシフトという構造変化を基礎として、その流れを一層加速させる金融制度改革であると言い換えることができる。問題は、こうした直接金融への変化が地域経済を支えている地場の中小企業にとっては資金調達面からみれば決し

てメリットのあるものではないというところにある。なぜならば、資本市場から直接に資金を取り入れることができる企業は、株式市場に上場している企業ないしは債券格付けに適合する企業に限られると考えられるからである。表10-7に見るように、わが国の上場企業は、わずかに0.06％にすぎない。また、表10-8には規模別の法人企業の資金調達の構成を示しておいた。この点から中小企業における間接金融依存の状態が理解できる。地域に多く存在する中小企

表10-7 日本の企業の姿（1997年度）

	全企業	上場企業
法　人　数	2,433,951	1,554　（0.06％）
有形資産（10億円）	324,319	63,028　（19.4％）
売　上　高（10億円）	1,467,424	370,269　（25.2％）
経常利益（10億円）	33,074	11,690　（35.3％）
従業員数（万人）	3,757	405　（10.8％）

（注）「全企業」は大蔵省「法人企業統計年報」による全国全株式会社。
　　　「上場企業」は東京証券取引所上場会社（金融・保険業除く）。
（出所）日本経済新聞社編『ゼミナール日本経済入門 2001年度版』日本経済新聞社、2001年、473頁。

表10-8　法人企業規模別負債・資本構成（1999年度）

	大企業	中堅企業	中小企業
流動負債	36.31	51.88	44.16
（金融機関借入：短期）	11.46	20.20	14.99
固定負債	32.14	28.91	42.47
（社債）	9.74	0.69	0.08
（長期借入金）	14.75	20.78	33.86
（金融機関借入：長期）	13.38	18.24	29.12
（引当金）	3.94	2.68	0.81
特別法上の準備金	0.04	0.00	0.00
資本	31.51	19.21	13.37
（資本金）	9.03	3.64	4.28
（資本準備金）	7.64	1.15	0.24
（利益準備金）	0.99	0.42	0.39
（その他剰余金）	13.84	14.00	8.47
計	100	100	100

（注）大企業＝資本金10億円以上、中堅企業＝資本金1億円以上10億円未満、中小企業＝資本金1億円未満
（出所）「法人企業統計」大蔵省『財政金融統計月報』580号、2000年8月より作成

図10-2 地域別の水準（スーパー定期）～東日本地域
（92年8月～93年1月の単純平均）

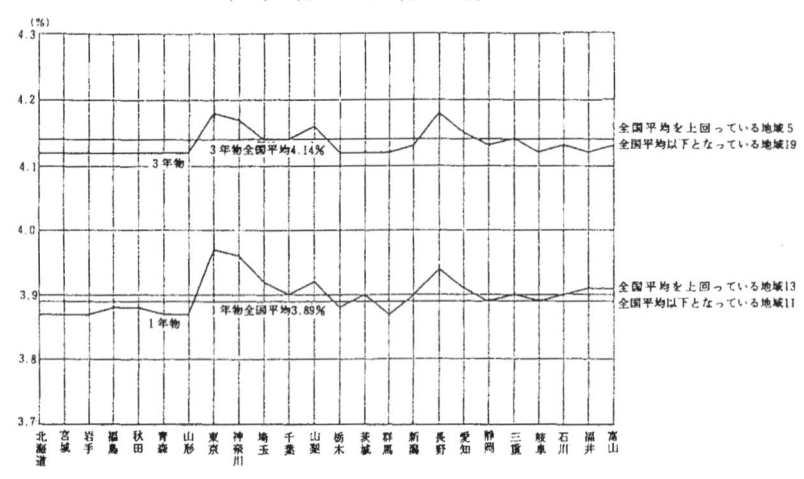

図10-3 地域別の水準（スーパー定期）～西日本地域
（92年8月～93年1月の単純平均）

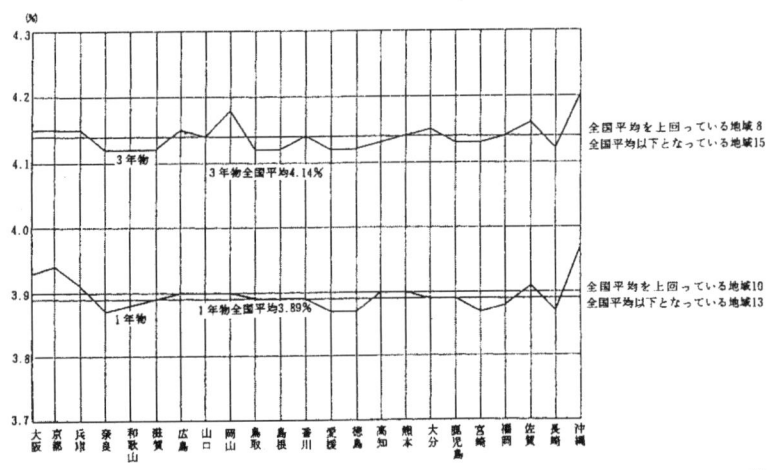

出所）原司郎（1994年）「地域金融の意義とその影響」『生活経済学会特別公開シンポジューム報告書』

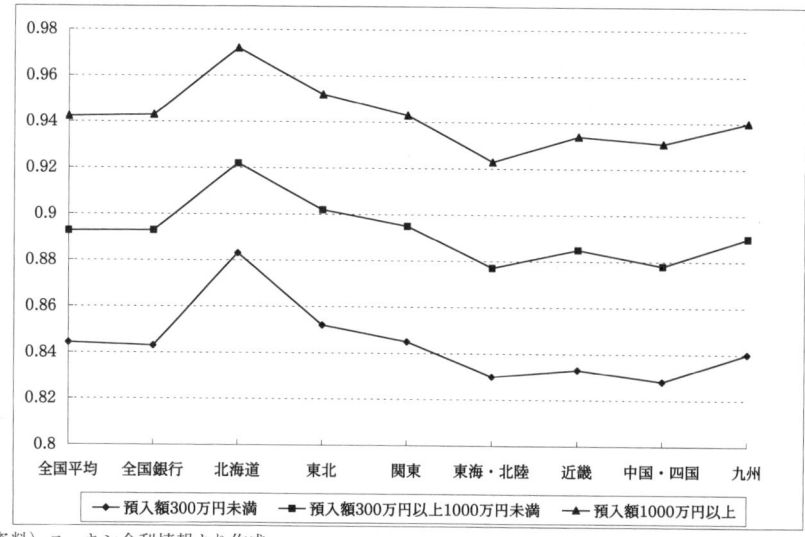

図10-4 地域別定期預金金利（3年もの：1997年3月末現在）

資料）ニッキン金利情報より作成

業はそのほとんどが株式市場（資本市場）に上場不可能な、間接金融に依存した企業といえる。地域の金融機関がビッグ・バン後の競争の結果、投資信託等へと運用資産の構成や提供する金融商品内容を変化させるとすれば、地場の中小企業が資金調達のパイプが細くなる可能性が考えられる（一種のクラウディング・アウト現象）。

近年日本においても、「技術開発型のベンチャー企業の株式公開を促す店頭特則市場が創設され」[12]、成長可能な中小企業にも資本市場への接近の道が開かれた。しかし、その将来性はいまだに未知数であり、評価できる段階には無い[13]。

実は金融商品の内容の変化・多角化は、地域金融機関にとって別の変化ももたらすかもしれない。なぜなら、都銀・他の大手金融機関や外資系金融機関との競争が激化するようなことになれば、地域金融機関の商品開発力、資本力が問われることになるからである。具体的には、競争激化の中で資本力に限界のある地域金融機関が大手金融機関の「持ち株会社の傘下に合同」するという見方[14]にそのことが示される。また、商品開発力を補うために大手金融機関の

開発した商品の下請け的な販売を行うということも考えられる。そうなれば、地域金融機関は都市部の金融機関や外資系金融機関の資金の吸収窓口という性格を一層強めることになる。その結果、地域の資金が中央へ吸い上げられる事態が起こりかねない（資金のストロー現象）。

　わが国の現状ではどうであろうか。わが国ではすでに金利自由化という形で金融の自由化が先行している。その結果、地域間で金利のばらつきが見られる。図10-2と図10-3では1992年8月から1993年1月までの都道府県別の金利の状態を、図10-4では1997年3月現在の地域別の金利の状態を示してある。これだけで一概に「地域間格差」を主張することはできないが、本来使用価値的に差が無い以上、国民経済全体で「単一価格」がつくはずの「利子生み資本」に地域間での相違が出ていることに注目すべきであろう。

　さらに、日本においては店舗展開において地域間の格差が従来から見られてきた。その結果、金融サービスの提供に一定の格差が現れてきているといえる。例えば、地域独自の育英奨学基金や財団を運用するための手段がないために、遠距離の金融機関に運用を委託せざるを得ない状態になっているとの報告もある[15]。このことは、地域金融の役割の一つである「図書館等の地域の文化施設、育英資金等地域内の教育制度の充実に寄与する」という役割が十分に果たされていない現状があることを示している。

　以上のような状況をみるとき、金融ビッグ・バンによる直接金融方式への金融のシフトの加速は、地域金融機関の存在意義と地域におけるその役割を高めることはあっても低めることはないと考える。

Ⅶ. 金融ビッグ・バンで予想される格差の広がり

　以上、ビッグ・バンによって予想される変化と問題点について、「地域間格差（特に都市部と地域経済）のひろがり」ということを中心に見てきた。ここでは、「格差の広がり」をキーワードにさらに考える。

　日本版ビッグ・バンの目標は、言い換えれば金融システムへの徹底した市場原理の導入である。経済行動を市場メカニズムへゆだねることは利潤追求原理へ経済調整をゆだねることになるのであるから、利潤原理を基準とした大口取

引の優遇と非効率な小口取引の切り捨てにつながる危険性がある。例えば、リテールを強化しているシティー・バンクは、顧客に24時間バンキングなどの様々な金融サービスの提供を行っている一方で、預金残高30万円以下の顧客から口座開設手数料を徴収している[16]。また、ビッグ・バンの元祖であるロンドン証券市場では大口取引の証券手数料は下がったものの、小口取引の証券手数料は上昇した[17]。このように、市場メカニズムへの経済調整の無制限の依存（自由化）は金融機関・企業による顧客の選別（セグメンテーション）を促し、零細・小口の部門（例えば、家計）にマイナスの影響を及ぼす可能性がある。

　セグメンテーションは、単に小口・大口というところに止まらない。前に見てきたように、経済力格差のある地域間問題も同様の範疇に含まれる問題である。アメリカの住宅金融への金融革命の影響を分析したギャリー・ディムスキーとドレーヌ・アイゼンバーグは、金融の自由化・証券化が地域間格差や所得間格差を広げたとして次のように分析・結論している。

　アメリカでは金融革命の結果、住宅金融は「一般金融市場に統合」された。住宅金融は「住宅金融革命の前より、証券化の程度を強め」、その結果、金融機関が住宅ローンの貸付を行う場合の判断基準として、住宅ローンによって発行される住宅モーゲッジが第2市場（一種の流通市場）で引き受けられるか否かが重要な要素となった。このことは、「第2市場の適格性基準が」、住宅ローン貸付の審査基準になることを意味した。問題は、「第2市場の参加者に用いられる引き受け基準が」明らかに「社会的・人種的偏向に縛られて」おり、「マイノリティ居住地域」や「低所得・中所得者向けの住宅」へのローンは排除される傾向が生まれたことにある。つまり、「人種と所得水準に関する中立性が悪化した」のである。

　さらに、こうした第2市場基準が審査基準になるということは、次のような問題をも引き起こす。すなわち、第2市場基準が審査基準になれば、「地方支店による評価があてにされなくな」り、「ローン当たりの支店維持費が上昇し」、「支店が閉鎖」される。支店が閉鎖された地域では「貸出能力が減少し」、その地域の資産価値が低下する。このことが、「資本市場の漏出効果（spillover effect）」を呼び起こし、支店が閉鎖されて貸出機会の失われた地域の近隣地域

の資産価値をも低下させる。「漏出効果は、小規模な金融機関では克服できない市場の失敗を誘導」し、「発展可能な住宅市場における一定地域の地盤沈下をもたらす」[18]。

　この結論は、金融市場の自由化・証券化が、近い将来わが国の地域経済(特に経済地盤の弱い地域)に及ぼす影響を予想させるものである。すなわち、資本市場に「適格」でない経済力の地域では、貸出機会を奪われ、さらに経済効率追求のために支店が閉鎖・撤退し、金融サービスの提供の面でも格差が拡大することになろう。

Ⅷ. CRA (Community Reinvestment Act) について

　以上見てきたビッグ・バン後に予想される「格差」の拡大に有効な手だては無いのか。本稿の最後に、従来から注目されている「地域再投資法(Community Reinvestment Act)」を簡単に紹介する[19]。

　アメリカでは、消費者保護という観点から金融面においても種々の政策がとられてきた。一方、公民権運動の流れの中で差別是正の動きが強まった。この流れに沿って1977年10月、住宅および地域開発法の第8章としてCRAが制定された。この法律の目的は、金融機関の健全経営を追求しながら、金融機関の特定地域への差別的な融資姿勢を禁止し、地域社会の信用需要を満たすことにある。この法律では、金融機関の地域への貢献度が住民によって監視され、各種許認可申請の諾否がその監視結果によって左右されることになった。例えば、住民の訴えなどによって金融機関の地域への信用供与の態度に差別的な状況が明らかになった場合、支店設置などの許認可申請が否認される可能性が出てきた。

　この法律の主旨は、地域の差別是正を目的としたものであって、特に地域に対して優遇的な割り当てをしようと意図したものではない。しかし、この法律制定後金融機関の多くは、融資計画に対して差別非難を避けるための考慮を払い、さらには、当局への各種許認可申請への異議申し立てを防止するために、地域住民団体と協議すると同時に地域開発計画に融資することを約束するという動きが現れたと言われている。

　このように、CRAは人種差別とマイノリティへの配慮を目的とした法律で

あって、さまざまの移民がコミュニティーをつくり生活圏を形成しているアメリカ独特の法律と言える。今日の経済社会では資金はとかく中央に集中しやすく、地域住民は資金配分において差別を受けやすい立場に置かれていると考えられる。こうした資金配分のゆがみを是正し、資金配分の公正確保をめざしたことがこの法律の第一の意義であるといえる。

　そうした法律がわが国で注目される背景には、金融改革とビッグ・バンを前に地域金融機関の再編淘汰が進行し、金融面での地域間格差の問題が今まで以上に広がることが避けられないからである。すなわち、地域金融重視・資金の地域への公正配分という考えに決済性預金（通貨）という公共財を提供する銀行のあり方をめぐる議論が結びつき、一つの政策的着地点としてCRAに目が向けられているものと思われる。

　その点で、CRAが今後の地域金融政策を考える上での重要な雛形になるであろうという結論は筆者も否定しない。しかし、考えなければならない点もあるように思われる。たとえば、アメリカにおける「コミュニティー」と日本の「地域経済」を同一レベルで取り扱って良いかどうかという問題である。アメリカの「コミュニティー」が抱える問題と日本の「地域」が抱える問題はおそらく異なっており、その意味でCRAをそのまま日本に適用できるのかどうか疑問の残るところである。

　ところで、カーター政権下の差別撤廃運動の中で制定された地域再投資法は、レーガン政権下の規制緩和によって意義が変わってくる。それまで規制されていた州際業務が認められ、それによって金融機関の合併・吸収が進み、銀行業務が広域化（スーパーリジョナル・バンク）・国際化してきたからである。そのため、「地域への貢献」の内容が変化した。このように、その後のCRAの意義・役割にも注意しながら、日本への応用が可能か否かを考える必要があろう。これらは今後の研究課題の一つである。

IX. 求められる行政の役割——自己責任原則の落とし穴——

　ビッグ・バンがめざす「市場原理が働く自由な市場」は「自己責任原則の確立した市場」でもある。この自己責任原則とは市場に参加する経済主体（企業

や個人）が、今までのような国家の後ろ立て（『護送船団方式』といわれるような「銀行を潰さない」政策や預金保険機構などのいわゆるセイフティーネット）に守られるのではなく、自らの責任で投資先や金融機関を選択する原則である。従って、金融機関が倒産し自らの投資資金（債権）が回収できなくなってもその補償を受けることはできない。それゆえ、この自己責任原則の確立（市場原理の徹底）と対をなす形で「フェアな市場――ルールの明確化・透明化――の確立」がビッグ・バンの目標の中にもられているのである。

　ビッグ・バンによって家計（「一般投資家」）もまた弱肉強食の市場メカニズムのなかに否応無くほうり込まれる。にもかかわらず、マーケットの基本原理であり、ビッグ・バンの最も「崇高な」目標であるフリーとフェアは家計・個人に保証されるとは限らない。例えば、角川総一氏によれば「驚くべきことだが、この問題については、これまで各種審議会、部会などの論議においてほとんど俎上に上った形跡がない」[20]という。すでに述べたように、直接金融へのシフトも実は「機関投資家」や「法人」のレベルでの話であって、一般投資家は金融機関を通して（言い換えれば、金融機関の販売する金融商品を媒介して）資本市場に接近しているのである。このことは一般投資家が資本市場に参入する能力、資金力に限界を持っていることを示している。この意味では、ビッグ・バンによってもっともフリーかつフェアではない状態で市場競争に立ち向かわなければならないのは、資本市場へも接近できず、評価選択手段・能力をもたない小口貯蓄者＝一般家計であることを忘れてはならない。

　ビッグ・バンによって金融商品の開発・提供の規制が大幅に緩和される。一見すると金融商品の選択肢が増えるように思われるが、その一方でリスクの高い商品が増えることも考えられる。販売方法も電話・郵便での取引からインターネットを利用した販売に至るまで展開していくだろう。取引相手も世界にまたがる可能性が出てきた。当然、豊田商事事件やシステム金融のような悪質な経済犯罪が今まで以上に巧妙かつ一見合法的に行われる可能性が出てくる。

　したがって、行政を中心に金融ビッグ・バン以降の経済犯罪へ対応する体制を整えることが望まれる。また、こうした状況下で地域の金融機関には、健全な投資資産を地域の顧客に提供する役割を果たす責務と金融商品を提供する際

の説明責任が今まで以上に求められるようになると思われる。

X．むすびにかえて

　以上、限られた紙幅のなかではあるが、金融ビッグ・バンと地域経済について考える場合の基本的な視点・枠組みのようなものは示すことができたのではないかと考えている。今取り上げてきた問題はそれぞれさらに深く展開するべき課題ではあるが、本章を締めくくるに当たり、なお検討しておきたいことを挙げることにする。

　日本における金融ビッグ・バンはすでに述べたように一方での現実資本の蓄積低下と他方での貨幣資本の蓄積が基礎にある。このことは「金融機関の過剰」という言葉で言い換えられる。この「過剰な金融機関」を整理淘汰する過程で金融ビッグ・バンが行われようとしている。

　ところが、どの程度の金融機関が「過剰」であるのか、実証的に示された研究は少ないように思われる。その一方で、地域金融機関をはじめとする中小金融機関は「決して過剰ではない」という議論もある。事実、バブル崩壊以後も中小金融機関は地域において確実に貸出残高を増やしているケースもみられる。このように、「現実に金融機関が過剰であるのか否か」、「過剰であるとすれば、どこを対象にした、どの程度の金融機関が過剰なのか」について実証的な研究が是非必要であると筆者は考えている。

（1）一般に「金融ビッグ・バンのフロント・ランナー」という言葉は、外為法の改正がビッグ・バンにおける制度改革の先頭であることを表現している。
（2）地域経済学の課題・方法などについては、宮本・横田・中村編『地域経済学』有斐閣、1990年を参照されたい。
（3）東京金融資本市場の空洞化の現状については、インターネット上の富士総合研究所の報告が参考になった。アドレスは、http://stsn02.fuji-ric.co.jp/service/kudo/kudo_txt.html。
（4）日本総合研究所「衝撃ビッグバン──金融業再生への道──」『日本経済新聞』、

1998年4月8日。
（5）すでに見たように、イギリスはロンドン証券市場の自由化を行った。しかし、イギリス系の証券会社はアメリカ金融資本の国際競争力の前に太刀打ちできなかった。現在、ロンドンでは地元イギリス資本の証券会社は完全に淘汰され、米系を中心とする外資が証券市場を完全に支配している（ウィンブルドン現象）。金融技術面でもアメリカの改革がたんに持ち込まれたに過ぎないという評価がある。（淵田康之『証券ビッグバン』日本経済新聞社、1997年）日本でもイギリスと同様の状態になることが危惧されている。
（6）日本版ビッグ・バンの背景・評価については次の論文も参考になる。長谷部孝司「ジレンマを深める金融ビッグバン」現代日本経済研究会編『日本経済の現状1998年版』学文社、1998年。
（7）金融制度調査会第一委員会報告「地域金融のあり方について」、1990年。
（8）同上。
（9）熊野剛雄「日本の金融」熊野・龍編『現代日本の金融（現代の金融、下）』大月書店、1992年、13頁から14頁。
（10）数阪孝志「地方銀行の地元比率」『季刊経済研究』大阪市立大学、1995年。
（11）日本総合研究所「衝撃ビッグバン——金融業再生への道——」『日本経済新聞』、1998年4月8日。
（12）福光寛『証券分析論』中央経済社、1997年、7～9頁。
（13）むしろ、最近ではネット・バブルといわれるようなきわめてゆがんだ現象が現れている。
（14）日本総合研究所「衝撃ビッグバン——金融業再生への道——」『日本経済新聞』、1998年4月1日。
（15）外山茂樹「北海道における地域金融の現状と課題」『生活経済学会特別シンポジューム報告書』、1994年。
（16）角川総一「家計から見たビッグバン」『エコノミスト』、1997年7月8日号。
（17）証券団体協議会「英国証券市場の現状と問題——ビッグ・バン後5年を経て——」、1992年。
（18）ギャリー・ディムスキー、ドレーヌ・アイゼンバーグ（岡田徹太郎訳）「アメリカ住宅金融における社会効率性と『金融革命』」渋谷、井村、中浜編著『日米の福祉国家システム』、日本経済評論社、1992年。
（19）CRAについては、以下の論文を参考にした。福光寛「CRA（地域社会再投資法）について」『立命館経済学』第42巻第1号、1993年；＜再録＞『銀行政策論』同文館、1994年。
（20）前掲「家計から見たビッグバン」『エコノミスト』、1997年7月8日号。

あとがき

　残された今後の研究課題については、本文においてすでにふれているのでここでは繰り返さない。ただ、このように本書を書き上げ、読み直してみると様々な面で不十分な点が目に付く。特に気になるのは、本書が、愛媛大学赴任後書き上げた論文を中心にまとめたものであるため、対象とした現実問題が日々変化しているなかでは、執筆した内容もすぐに陳腐化してしまう点である。しかし、分析の方法、視点、主張については、現在でも十分に意味のあるものだと考えている。

　時代を超えて生き抜く力のある理論的・体系的内容をもった著作をまとめることは、今の筆者には余りある仕事である。とはいえ、今も刻々と変化している現実経済の本質を一貫した理論で捉え、それを体系的にまとめられるように今後も精進を続けていきたいと思う。

　最後に、基本になった諸論文を以下に掲げるが、内容構成を変えているために各章と完全に対応しているわけではない。また、本書は大学院以来続けてきた研究全体が基礎になっているということも記しておきたい。

（1）「バブルと円高——「バブル不況」はどう克服されるべきか——」『経済科学通信』第75号、基礎経済科学研究所、1994年3月10日。
（2）"The Crisis of Japanese Economy"、『愛媛経済論集』第15巻第1号（愛媛大学経済学会）1996年3月25日（独訳："Die Krise der japanischen Wirtschaft", Roderich Wahsner (Hrsg.), *Japans Arbeitsbeziehungen und Arbeitsrecht in Geschichte und Gegenwart — Soziale Schattenseiten eines Modells —*, Schriften der Hans-Bockler-Stiftung Band 28, Nomos Verlagsgesellschaft Baden-Baden, 1996）。
（3）「外国為替相場変動の2要因」『経済理論学会年報』第33集、青木書店、1996年10月1日。
（4）「変動為替相場と今治のタオル産業——セーフガード発動は必要——」『IRC調査月報』第102号、いよぎん地域経済研究センター、1996年12月1日。
（5）「為替相場変動の地場産業への影響——造船業を中心にして——」、1997年1月27日『郵政研究所月報』第101号、郵政省郵政研究所。
（6）「為替相場・比較生産費構造・内外価格差」、日本金融学会編『金融経済研究』

第11・12号、東洋経済新報社、1997年3月31日。
（7）「日銀特融はインフレマネーの供給になるのか」『行財政研究』No.35、行財政総合研究所、1998年2月25日。
（8）"Difference between the Appreciation or the Depreciation of Yen and the Overvaluation or the Undervaluation of Yen",『愛媛経済論集』第17巻第3号、愛媛大学経済学会、1999年3月25日。
（9）「円高・円安の分析視角——外国為替相場変動の2要因に基づいて——」、『信用理論研究』第16号、信用理論研究学会、1998年5月。
（10）「地域経済から見た金融ビッグ・バン」『経済科学通信』第87号、基礎経済科学研究所、1998年7月1日。
（11）「金融ビッグ・バンの概要とその背景」『IRC調査月報』第122号、いよぎん地域経済研究センター、1999年8月1日
（12）「現代の外国為替市場と為替相場」、上川・新岡・増田編『通貨危機の政治経済学』、日本経済評論社、2000年12月5日。
（13）"The de facto standard of price and the cost price of gold: estimating the depreciation rate of the Dollar", *The 2001 Value Theory Mini-Conference*, 2001/2/24, (http://www.greenwich.ac.uk/~fa03/iwgvt/2001/sessions.html)。

2001年8月

松　本　　朗

著者略歴

松本　朗（まつもと　あきら）
　　　1958年　東京都に生まれる。
　　　國學院大学経済学部卒業
　　　國學院大学大学院経済学研究科博士課程後期課程単位取得満期退学
　　　愛媛大学法文学部講師、助教授
　　　カリフォルニア大学リバーサイド校客員研究員を経て
　　　現在　愛媛大学法文学部　教授

　　専攻：金融論

　　主要論文著書
「為替相場・比較生産費構造・内外価格差」、日本金融学会編『金融経済研究』第11・12号、東洋経済新報社、1997年。
「円高・円安の分析視角——外国為替相場変動の2要因に基づいて——」、『信用理論研究』第16号、信用理論研究学会、1998年。
上川・新岡・増田編『通貨危機の政治経済学』、日本経済評論社、2000年（共著）。

など

円高・円安とバブル経済の研究

定価（本体5524円＋税）

2001年9月20日　初版印刷
2001年10月1日　初版発行

著　者　　松　本　　朗
発行者　　井　田　洋　二
製版所　　㈱フォレスト

〒101-0062　東京都千代田区神田駿河台3の7
発行所　電話　03(3291)1676㈹　FAX03(3291)1675　株式会社　駿河台出版社
　　　　振替　00190-3-56669

印刷／製本　三友印刷

ISBN4-411-00338-4　C3033　¥5524E

http://www.surugadai-shuppansha.co.jp